당신이
주인공
입니다

마이성공스쿨
소프트전략경영연구원

당신이 주인공입니다

자신의 기본을 확립하라 – 성공원칙 기본편

저　　자 ┃ 박동준　　　　　　발 행 처 ┃ 소프트전략경영연구원
발 행 인 ┃ 박동준　　　　　　편 집 인 ┃ 박소현
본문편집 ┃ 초록우체통 02-6673-0421
디 자 인 ┃ 박가애 woho0508@naver.com
주　　소 ┃ 서울 마포구 성산동 133-3 한올빌딩 6층 한결미디어출판 COMPLEX
전　　화 ┃ 02-704-6691 , 02-704-3360
초판발행일 ┃ 2011년 12월 1일
등 록 일 ┃ 1993년 2월 10일
등록번호 ┃ 제22-146호

소프트전략경영연구원 부설
마이성공스쿨
www.aiasm.com

ⓒ 2011 박동준, Dong Joon Park, Printed In Korea

ISBN 978-89-7736-128-7　03320

당신이 주인공입니다

박 동 준

Today's 성공원칙 제 1 권 기본편
6주간 스스로 확립하는 자기 성공의 기본원칙

마이성공스쿨
소프트전략경영연구원

성공전략과 성공전략지능 테스트와 관련된 추가적인 자료나 정보는
소프트전략경영연구원 마이성공스쿨 웹사이트에서 참고할 수 있습니다.
www.aiasm.com

"성공기본원칙을 강화하라"

자기 자신의 성공을 진심으로 바라고 있는가?

대부분의 사람들이 자신이 성공하기를 진심으로 바라고 있다고 생각하고 있다. 그러나 냉철하게 살펴보면, 자신이 성공하기를 진심으로 바라는 사람들이 생각보다 많지 않다.

진심으로 자신의 성공을 바라기 보다는 '어떻게든 하면 되겠지'와 같이 애매하게 생각하고 있을 뿐만 아니라 자기 현실에 대응하는 행동 또한 제대로 실천하지 않고 있다. 자신의 성공을 제대로 설계하려고 하지 않으며 자신의 성공을 위하여 확실하고 철저한 대응을 하지도 못하고 있다. 그러면서도 내심으로는 자신의 성공을 희망하고 있는 것이다. 그와 같은 생각과 태도, 행동을 지속하면서 스스로 자신의 현실에서 성공실현을 어렵게 하고 있다.

더욱이 자신의 현실 성공과 무관한 엉뚱한 행동으로 자신의 소중한 시간과 능력을 소진하고 있을 뿐만 아니라 자기 자신의 현실행동을 제대로 교정하려고 하지 않는다. 그와 같은 일상을 반복하면서 자신의 현실성공 창조와 실현을 스스로 외면하고 혼란과 방황 속에서 실패와 좌절을 반복하고 있는 것이다.

생존의 현실법칙

누구나 알고 있는 생존의 현실법칙이 있다. 그것은 약자는 강자에게 먹힌다는 약육강식弱肉强食의 법칙이다. 세상이 발달하고 변화해도 약육강식의 법칙은 여전히 적용되고 있다. 그러한 사실을 모르고 있는 사람들이 있을까? 대부분의 사람들이 강자의 지배법칙을 인지하고 있음에도 자신이 스스로 약자가 되어가고 있음에 대하여는 경계하지 않는다.

스스로 패자敗者가 되어도 분발하려고 하지 않는 사람도 있으며, 심지어는 취약하고 사악한 마음의 교란에 자살로 인생을 마감하는 사람들도 늘고 있다.

우리는 더욱 강해져야 한다. 세상이 복잡해질수록 더욱 강해져야 한다. 나약한 의지나 정신으로 자신의 현실에 대응해서는 곤란하다. 나약한 행동, 나약한 태도나 자세로 자신의 인생을 그르치게 할 수는 없다.

강함이란 무엇인가?

강함이란 경쟁력과 담대함을 결합적으로 실현하는 것을 의미한다. 경쟁력이 없이 담대함만으로 현실에 대응한다면, 경쟁성과를 보장하지 못하고 실패하게 된다. 경쟁력은 있지만 담대함이 부족하다면, 불확실한 현실에 용감하게 대응하여 성공을 실현하는 일이 어렵게 된다. 경쟁력도 담대함도 부족하다면, 강자의 지배원리와 법칙에 따라 순응하며 살아갈 수밖에 없다.

상대방과 겨루는 것이 아니라 자기 현실에서 자기와 겨루어야 할 경우에도 상황은 마찬가지이다.

자기의 통제에도 엔트로피의 법칙이 적용되는 것일까? 자신과 주변의 현실을 둘러보면, 늘 노력하고 분발하려는 자기보다 쉽게 살아가려고 하고 생각 없이 기분에 따라 행동하려는 자기가 자신을 지배하려고 한다.

자신과 현실을 통제하고 대응하는 데에도 어리석음, 과욕과 타협, 쉽게 포기하려는 자기와 싸워 이겨내야 자신과 현실을 제대로 통제할 수 있다. 자기에 대한 경쟁력이 요구되는 이유가 바로 여기에 있다.

경쟁력뿐만이 아니다. 자기의 내면에 대하여 과감히 맞서 대응할 수 있어야 한다. 자기를 이끄는 강함을 발휘하려면, 경쟁력과 담대함을 갖추어야 한다.

지혜로워야 한다

경쟁력을 갖추려면 우선 지혜로워야 한다. 스스로 지혜를 터득하건, 또는 다른 분들의 지혜를 습득하건 지혜롭지 않으면, 경쟁력을 확보할 수 없게 된다. 경쟁력은 지혜의 소산이다. 자신의 삶의 경쟁력을 높이려면 삶의 지혜를 부단히 넓히고 심화시켜야 한다.

담대함을 넓히려면, 자신의 삶의 태도와 감내할 수 있는 도량의 크기를 넓히고 확장해야 한다.

어떤 사람들은 천부적으로 경쟁력과 담대함을 갖추고 태어나기도 한다. 그러나 대부분의 사람들은 경쟁력과 담대함, 즉 대담성을 학습과 경험에 의하여 터득하고 스스로 발전시켜간다. 경쟁력과 대담성은 자신의 현실대응 지능의 소산이기 때문이다.

이 책의 핵심주제

이 책의 핵심주제는 성공이다. 여기저기에서 다양한 성공에 관한 책자와 방법들이 소개되고 있고 많은 사람들이 서로 경쟁적으로 성공방법들을 따라 대응하고 있음에도 실제로 성공을 실현하는 사람들은 많지 않다. 왜 그럴까?

그것은 성공의 출발점이 제각기 다를 뿐만 아니라, 성공의 지향점인 목표도 제각기 다르기 때문이다. 성공전략은 그와 같은 서로 다른 점을 기민하게 인식하여 대응하는 것에서 출발한다. 20여 년간 초우량 기업들과 정부조직에 대하여 전략경영의 기법과 논리, 방법론과 실천전략을 지도해오면서 여러분들에게 그와 같은 전략논리를 개인이 활용할 수 있는 방법을 저술해달라는 요청을 받아왔다.

전략성공원칙을 개인화

이 책은 그러한 요청에 부응하여 전략경영의 핵심적인 이론과 방법, 그리고 필자의 노하우를 중심으로 정리된 성공전략의 원칙들을 개인화시킨 것이다. 여기에서 언급되는 대부분의 성공원칙들은 필자가 그동안 연구하고 지도해온 전략경영 성공원칙에 입각하여 수행해온 기업과 공공부문의 전략지도활동과 조직의 전략과 조직내

경영간부와 관리자들에게 성공전략의 코칭 활동을 해올 때, 활용하던 전략원칙들을 발췌하여 개인에게 적용하고 성공전략과 성공지능의 원칙으로 간략하게 요약 정리하여 제시한 성공원칙들이다.

현실 성공은 자신과 자신의 현실을 어떻게 이끄는가에 따라 결정된다. 자신의 성공현실을 어떻게 이끌어 갈 것인가? 어떠한 성공전략과 성공철학으로 자신의 성공을 이끌고 실천해야 하는가?

개인이 자신의 현실 성공의 실천과정에서 추진해야 할 성공원칙은 당신의 현실에서 생존의 기본을 확립하고 현실을 정비하며, 새로운 현실을 창조함으로써 스스로 성공을 주도하는 일이다.

모두 성공에 관한 기본적 유의사항을 필두로 하여 총20장의 성공원칙을 구성하여 이 책의 제1권에서는 기본편으로 자신의 생존과 성공원칙의 기본을 확립하는데 필요한 자기의 현실인식의 전환과 생존전략을 강화한다. 제2권에서는 당면하고 있는 현실에서 성공하기 위한 주요 성공원칙과 경쟁전략의 실천방법을 다루고, 제3권에서는 새로운 현실을 창조하기 위하여 필요한 주요 성공원칙과 창조전략의 성과를 높인다.

제1권 기본편에서는 현실에서의 생존과 기본전략, 그리고 자기 현실에서의 성과를 제고하기 위하여 필요한 성공전략과 원칙을 살펴보고 있다.

워밍업과 맨 마지막의 제 3부 성공에 관한 기본적 유의사항에서는 성공에 관한 기본적인 유의사항과 성공전략의 유형 및 일반적 원칙, 그리고 자기 현실에서의 성공에 대응하기 위하여 간략하게 자기의 현실대응유형에 관하여 살펴본다.

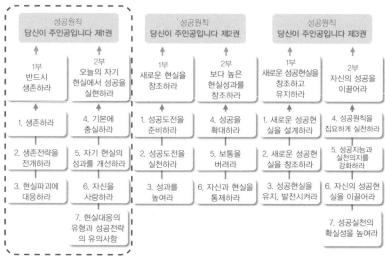

성공원칙의 단계적 내용구성

제1주부터 6주간에서는 현재의 자기 현실에서 실패를 줄이고 생존을 강화하며, 성공을 유지하기 위하여 유의해야 할 실패 최소화와 생존전략, 현실성과를 개선하고 자기통제와 확실성의 추구를 위한 기본적인 성공원칙들을 서술하고 있다.

이 책의 저술 동기

최근 자살이 사회적 이슈가 되고 있다. 필자도 1년 사이에 가깝게 또는 멀리 알게 된 사람들을 셋이나 잃었다. 대부분 자신과 주위 사람들, 그리고 자신이 속한 조직의 성공을 위해 열심히 노력했던 사람들이었기 때문에, 주변의 사람들을 더욱 안타깝게 했다.

이 책의 주제와 내용은 바로 이와 같이 성공을 추구하던 사람들이 좌절하고 실패하는 현실에 대하여 어떻게 하면, 도움을 줄 수 있을까하는 간절한 마음에서 선정하게 되었다.

이 책은 독자 여러분의 성공 실천을 위한 성공 멘탈리티를 어떻게 구성해야 하고 자신의 성공현실을 이끌 것인가에 대한 핵심적인 성공원칙을 중심으로 자신의 성공지능을 강화하는 논리와 인식의 방법, 실천적 관점과 방법을 안내하고 있다. 이 책은 당신의 현실에서 성공의지와 성공지능, 성공전략, 성공실천의 성과를 높이기 위하여 필요한 실천 성공원칙들을 정리한 책이다.

스스로 강화하고 스스로 성공을 이끌어라. 당신이 현실의 주인공이기 때문이다.

이 책을 늘 가까이 두고 참고하면서 여러분의 성공전략과 성공지능을 강화시켜, 자신의 인생성공, 성공현실의 창조와 유지, 성장에 유용한 도움이 되고, 이 책을 통하여 보다 많은 사람들이 자신의 성공 현실을 창조할 수 있기를 기원한다.

이 책을 쓰는 동안 변함없는 마음과 정성, 큰 이해로 지지해준 사랑하는 가족과 지인 여러분께 깊은 감사를 전한다.

2011년 12월
박동준

| 목차 |

머리말 _ 5

 반드시 생존하라 _ 16

워밍업 _ 18

제1주 생존하라 _ 30

1.1 버티고 견뎌라 _ 32

1.2 기민하게 움직여라 _ 42

1.3 생존의 균형 상태를 유지하라 _ 44

1.4 현실의 구속을 지배하라 _ 50

1.5 불필요한 적을 만들지 말라 _ 58

1.6 패키지로 묶어서 대응하라 _ 63

1.7 생존 프로그램을 실천하라 _ 68

1.8 자기를 이겨내라 _ 70

제2주 생존전략을 필사적으로 전개하라 _ 78

2.1 생존전략으로 현실 상황을 타개하라 _ 79

2.2 3최 전략원칙을 전개하라 _ 89

2.3 피해 최소화의 생존전략을 실천하라 _ 95

2.4 난국돌파의 생존전략을 실천하라 _ 102

2.5 축소의 생존전략을 실천하라 _ 106

2.6 자기보호의 생존전략을 실천하라 _ 111

2.7 희생의 생존전략을 실천하라 _ 118

2.8 생존전략능력을 강화하라 _ 129

제3주 자신의 소중한 현실의 파괴에 대응하라 _144

3.1 잘못된 돈과 미인계에 빠지지 말라 _ 146

3.2 과욕, 과속에 빠지지 말라 _ 152

3.3 편안함에 길들여지지 말라 _ 157

3.4 파괴욕구를 억제하라 _ 159

3.5 좌절과 타협하지 말라 _ 166

3.6 그릇된 생각이 자신을 지배하게 하지 말라 _ 172

3.7 시간을 낭비하지 말라 _ 182

3.8 자신의 지능을 정체시키지 말라 _ 189

오늘의 자기 현실에서 성공을 실현하라 _ 200

제4주 기본에 충실하라 _ 202

4.1 기본을 갖추어라 _ 203

4.2 기본을 단속하고 유지하라 _ 208

4.3 기본의 변화에 대응하라 _ 211

4.4 항상 준수해야 할 기본에 충실하라 _ 215

4.5 기본의식을 강화하라 _ 219

4.6 기전략을 전개하라 _ 225

4.7 본전략을 전개하라 _ 230

4.8 항상 감사하라 _ 234

제5주 자기 현실의 성과를 개선하라 _ 242

5.1 실패를 관리하라 _ 247

5.2 행동성과를 높여라 _ 256

5.3 행동 패턴을 수정하라 _ 268

5.4 중지하고 제거하라 _ 278

5.5 자신이 현실의 주인공이라는 사실을 알라 _ 280

5.6 자신이 원하는 현실을 알라 _ 286

5.7 자기의 유형을 교정하라 _ 295

5.8 책임을 완수하라 _ 300

제6주 자신을 사랑하라 _ 314

6.1 자기를 품고 사랑하라 _ 317

6.2 자기 자신을 납득하라 _ 319

6.3 자기 자신을 납득시켜라 _ 325

6.4 현실을 납득하라 _ 333

6.5 자기 현실을 이끌어라 _ 338

6.6 자신과 대화하라 _ 343

6.7 자기와 자기 현실을 용서하라 _ 346

6.8 자기를 실현하라 _ 352

 ## 현실대응 유형과 성공전략에 관한 유의사항 _ 360

1. 성공에 관한 유의사항 _ 362

2. 성공전략의 유형과 일반적 원칙 _ 373

3. 현실대응의 유형 _ 388

4. 현실대응의 유형별 성공전략 _ 393

5. 출발 현실에 따라 다른 성공전략 _ 403

맺은말 _ 419

저자소개 _ 423

도표목차

도표 1 생존전략의 유형 _ 81

도표 2 생존전략능력의 구분 _ 130

도표 3 기본의식의 전개 _ 221

도표 4 현실성과의 구분 _ 243

도표 5 성공행동의 실천을 강화하라 _ 244

도표 6 현실의 행동전개와 성공실천의 핵심요소 _ 259

도표 7 자기 현실에서의 성공추구 경로 _ 290

도표 8 실현가능성에 따른 성공현실추구의 경로 _ 290

도표 9 납득의 성립과 실천의 핵심요소 _ 327

도표 10 냉정한 사람의 태도의 원인과 현실성과 대응 _ 349

도표 11 성공전략의 기본 프레임워크 _ 377

도표 12 성공전략의 프레임워크와 전략의 전개 _ 380

도표 13 현실대응의 유형구분 _ 389

도표 14 성공전개의 라이프사이클과 프레임워크 _ 408

도표 15 성공원칙의 내용전개 _ 422

표목차

표 1 총력대응의 비교 _ 104

표 2 현실구성요소와 실천행동 _ 289

표 3 현실목표의 격차해소 _ 292

표 4 현실대응의 유형별 문제점 _ 296

표 5 현실대응원칙 _ 303

표 6 현실대응 실천원칙 _ 305

표 7 납득의 내용과 수준 _ 329

표 8 성공전략의 기본 8영역 _ 379

표 9 항목별 점수집계 및 분석표 _ 392

제1부

첫3주간 대응해야 할 기본 원칙

"반드시 생존하라"

성공은 자신의 성공지능과 성공의지,
그리고 자신의 전략적 실천을 통하여 자신이 이룩하는 것이다.

자신이 나약해지고 현실이 가혹해져서 생존이 힘들다면,
보다 더 지능적이고 전략적으로 대응하라.
전략은 힘들고 어려울 때 활용하는 것이다.
힘들고 어려울수록 자신의 생존전략을 발휘하여 대응하라.
자신의 생존현실을 파괴하는 것들에 대하여 대응하라.
자신이 공을 들여 어렵게 확립한 자기 현실도 자신을
파괴하려는 것들에 제대로 대응하지 못하면 허무하게 파괴된다.

힘들면 성공하라

자신을 되돌아보면서 새로운 시작을 준비하라.

"산다는 게 뭐 있겠나? 그저 훅~ 하고 떠나면 그뿐이지."

"어디 그게 맘대로 되는 인생인가?"

"이 보게나, 인생 뭐 있나? 떠날 수 없다면 주변의 잡다한 것들일랑 툴툴 털어버리게나. 인생 훅~하고 날려버리고 다시 한 번, 시작해보지 않을 텐가?"

"인생 훅~?"

"그래, 인생 훅~이야!"

＊

"그 친구가 엄청 성공을 했다지?"

"대단해, 그 정도면 우리 동창 중에 최고로 성공한 거잖아?"

"그 친구, 성공철학이 아주 확실한 친구야."

＊

"그러면 당신은 왜 그렇게 살아요?"

"내가 몰라서 그러나? 못해서 그렇지!"

"그러면 왜 못해요? 하면 되지!"

"그게 방법을 몰라서 그러는 게 아니야. 그런 걸 하려면, 이것도 필요하고 저것도 갖춰져야 하고, 무엇보다도 돈이 없어서 그래"

"돈이 있으면, 돈을 왜 벌어요? 돈이 없으니까 버는 거죠. 돈 버는 사람들이 처음부터 돈 가지고 돈 번거 아니잖아요?"

＊

이럴 때, '인생 훅~' 한번 날려보는 것이 어떨까? 힘들면 성공하라. 평생 현재처럼 살아가도록 내버려 둘 것인가?

지금부터라도 다시 제대로 해본다면, 못할 것도 없다. '인생 훅~' 하고 날리는 기분으로 실패의 인생을 '훅~'하고 날려버리고, 성공의 인생을 창조해가자.

"어떻게?"

아주 간단하다. 실패를 향하여 나아가던 현실의 바퀴를 성공을 향하여 가게 만들면 된다. 그리고 자기 현실의 바퀴를 힘차게 굴리면 되는 것이다. 성공을 향하여 나가가기 시작하면 누구나 성공에 이르게 된다.

*

"힘들면 성공해!"
"인생 뭐 있나 훅~하고 날려버려!"
"당신이 주인공이야!"

좋다. '인생 훅~'하고 날려버릴 수 있는 그런 쾌활함이 좋다. 복잡하고 혼란스럽고, 힘에 겨운 인생에서 '인생 훅~'하고 날려 보내는 경쾌한 생각과 행동이 멋져 보이지 않는가?

그래. '인생 훅~'하고 날려 보내는 것처럼, 어제까지 잘못된 일들일랑 '훅~'하고 날려 보내자. 그리고 이제부터는 성공을 향해 그동안 잘못된 것들을 한번에 한 가지씩만 고쳐가자. 당신은 당신 현실의 주인공이기 때문이다.

잘못된 일들을 하루에 한 가지씩만 성실하게 고쳐가다 보면, 2~3주 뒤면 벌써부터 변화되어가고 있는 자신의 인생이 보이기 시작한다.

대체로 인간의 행동이란 비슷하기 마련이다. 성공한 사람이나 실패하는 사람이나 살아가는 방법은 대동소이하다. 다른 점이 있다면, 몇 가지의 사고방식과 행동특성들에서 약간의 차이를 보일 뿐이다. 그 약간의 차이를 극복하고 지속적으로 실천하면, 당신도 당신이 소망하는 성공을 크게 달성할 수 있다.

성공은 이 세상에서 소수의 몇 사람만이 누리는 특권이 아니다.

성공成功은 누구나 공功을 투입하여 마침내 이루게成 되면, 얻게 되는 현실의 결과이다. "하면 된다"는 말은 공功 들여 실천'하면' 성공하게 '된다'는 말의 줄인 말이다.

즉, 성공을 위하여 자신의 시간과 노력, 그리고 헌신과 열정을 들여서, 그에 대한 정당한 대가로 성공하게 되는 것이다.

그런데 자신의 성공을 위하여 노력을 하는 사람들 중에는 열심히 노력은 하지만, 쓸데없는 것에 자신의 노력과 열정을 낭비하게 되어 열심히 하면서도 성공을 실현하지 못하는 사람들이 있다. 이와 같은 경우, 자신의 성공 목표와 방향에 대한 초점을 새로이 정비할 필요가 있다. 뿐만 아니라 자신의 성공추구의 방법이나 실천이 잘못되어 성공하지 못하는 경우도 많다.

만약, 목표나 방향의 설정이 잘못되었다면, 목표나 방향을 바로잡아야 한다. 또한 방법이나 실천이 잘못되어 제대로 이루지 못하게 된다면, 잘못된 것을 고쳐 실천하면 된다.

잘못된 것을 고쳐나가면, 누구나 자신이 추구하는 성공인들과 같이 성공인생의 생활방식을 살아갈 수 있다. 사회 각계각층에서 많은 사람들이 현실에서 더욱 더 많은 성공인생을 살아가게 되면, 사회도 더욱 더 성공하는 사회가 된다.

주변의 달콤한 유혹이나 즐거운 만족들은 '훅~'하고 털고, 잊어버리자. 힘들고 씁쓸한 시간이 다가올지라도, 성공을 향해 나아가는 길에는 또 다른 기쁨과 행복이 있다.

신기하게도 실패의 인생을 살고 있던 자신이 하루하루 매일 성공을 향해 나아가고 있는 인생으로 변화되고 있는 것이다.

'인생 훅~'하고 성공 인생을 시작해보자. **바로 나 자신이 내 인생의 주인공이다.**

자기 현실에서 성공을 실천하라

성공은 아름다운 것이다. 어떠한 분야, 어떠한 일이건 성공은 아름답다. 그러나 아름다운 성공을 추구하고 실천하는 일은 결코 쉬운 일은 아니다. 쉽게 성공할 것을 기대하지 말라. 그릇된 기대가 실패를 촉진한다.

현재 자기 현실에서 성공을 위하여 스스로 자기는 무엇을 어떻게 하고 있는지에 대하여 생각해보라.

일반적 성공원칙과 고유한 성공원칙을 통합적으로 활용하라

상대편과의 시합에서 아주 어려운 골을 잘 넣고도 시합에서 지는 경우가 있다. 일을 수행할 때에도 아주 어려운 당면과제들을 잘 해내면서도 현실적으로 안타까운 실패를 경험하게 되는 경우가 종종 있다.[1]

무엇인가 잘못되었기 때문이다. 난공불락의 요새를 훌륭하게 공략하여 점령하고 난 후, 오히려 적들에게 포위되어 자멸하는 격과도 같이 힘든 일에서는 성공하고도 결과적으로는 자신의 현실과 인생에서 실패를 경험하게 되기도 한다.

따라서 자기의 현실대응의 성공전략에서도 중요하고도 기본적인 성공원칙들에 대하여는 스스로 엄정하고 부단한 자기점검을 통하여 정비하고 강화할 필요가 있다.

다섯 가지의 일반적 성공원칙을 강화하라

개인의 현실에 있어서 일반적 성공원칙은 기업조직이나 군사조직의 전략 성공원칙과 크게 다르지 않다. 그것은 추구하고자 하는 현실이나 상황, 또는 목표를 성공적으로 달성하는 것이다.

성공 실현의 일반원칙

제1원칙 당면하고 있는 현실에서 우선 생존하는 것이다.
제1원칙을 「생존원칙」이라고 한다.

제2원칙 추구하고자 하는 현실이나 상황, 또는 목표를 설정하는 것이다.
제2원칙을 「현실인식과 목표설정의 원칙」이라고 한다.

제3원칙 「성과창조의 원칙」으로 제2원칙을 달성하기 위하여 필요한 기본전략과 필수적인 요소들을 결합하여 대응하고 성과를 달성하는 것이다.

제4원칙 「성과유지의 원칙」으로 제3원칙에서 획득한 성과를 지속적으로 유지하는 것이다.

제5원칙 「실패 최소화의 원칙」으로 성공기본 원칙들의 실천에 있어서 실패를 최소화하는 것이다.

이 다섯 가지의 원칙을 성공실현에 관한 일반 원칙이라고 하고 간

략하게 **성공의 기본원칙**이라고 한다

이와 같은 성공의 기본원칙이 확립되면, 이를 중심으로 자신이 어떠한 성공현실을 추구하며, 어떠한 성공전략을 추구할 것인가를 결정할 수 있다. 뿐만 아니라 성공의 기본원칙을 중심으로 추가적으로 필요한 세부적 실천 원칙들을 만들어 내고 적용할 수 있다.

예를 들어, 자기의 현실에서 생존하기 위하여 **생존의 제1원칙**을 중심으로 자신이 언제까지 어떻게 생존할 것인지에 대하여 **생존전략의 원칙**을 전개할 수 있다.

현실인식과 목표의 설정의 제2원칙을 중심으로 당면하고 있는 현실이나 상황, 또는 목표 설정에 있어서 효과적으로 현실과 상황을 분석, 판단, 추구해야 하는 목표와 기본전략을 효과적으로 설정하기 위한 원칙들을 수립하기 위하여 필요한 세부적 원칙이나 관련된 전략을 전개할 수 있다.

또한 **성과창조의 제3원칙**을 중심으로 현재보다 높은 성과를 창조하기 위한 기본전략의 실천행동과 실천원칙들을 만들어 적용함으로써 보다 행복한 현실성과를 창조하고, 확대해나갈 수 있다.

성과유지의 제4원칙을 중심으로 자기 현실과 자기의 노력성과를 파괴하는 요소나 현상들에 대응하는 원칙들을 만들어 그에 대응할 수도 있으며, 기존 현실의 성과유지뿐만 아니라 새로운 현실창조를 위한 원칙들을 추가하여 지속적으로 더욱 더 높은 성공을 창조하고 실현해나갈 수도 있다.

이와 같은 성공의 창조와 실현의 전개에 있어서 **실패 최소화의 제 5원칙**을 중심으로 당면하게 되는 시행착오와 실패를 줄이고 성공의 효과성을 높여나간다.

이제부터는 이와 같은 성공의 기본원칙을 중심으로 자기의 성공원칙을 만들어내고 강화하기 위하여 필요한 인생 성공전략과 전략원칙을 만들어 적용하는 방법을 살펴보도록 하자.

다시 한 번 강조하지만, 누군가에 의하여 만들어진 성공전략에 의지하거나 크게 의존하지 말라. 나만의 성공전략을 스스로 창조하고 편성하라. 당신도 자기 자신만의 고유하고 독창적인 성공전략을 만들 수 있고 실현할 수 있다.

성공을 인식하고 창조해가는 방법도 제각기 다르다

이 책의 제3부에서 설명하고 있는 바와 같이 대부분의 사람들은 자신의 특성에 따라 자기중심적으로 현실을 편향적으로 조망함으로써 자기의 현실을 '있는 그대로' 사실을 바라보려고 하지 않는다. 때로는 자기와 현실을 종종 전혀 다르게 동떨어진 것으로 생각하기도 하고, 심지어는 자기와 현실을 동일시하기도 한다. 자기와 현실과의 관계를 제대로 이해하지 못하거나 제대로 설정하지 못한 채로 현실에서 성공을 추구할 경우, 무엇이 성공인가를 제대로 판단하지도 못한다.

학생은 좋은 대학에 입학하는 것을 성공이라고 하지만, 그 대학의 졸업생들은 현실적으로 취업 때문에 심각한 고민에 빠져있다. 그런데 취업을 이룬 사람들조차, 자기의 현실에서 여러 가지의 실패를 경험하고 있다.

현실에서 성공하려면 어떻게 해야 하는가? 도대체 성공이란 무엇인가를 진지하게 고민할 사이도 없이 시간은 매일의 일상을 쏜살같이 넘겨버리고 있다.

또한 대부분의 성공전략이나 성공철학은 자기의 현실에 적용하기에는 거리가 먼 것처럼 보인다. 최선을 다하는 노력, 지혜로운 성공의 전략들도 자신이 실천하려면, 의외로 잘 되지 않는다. 어째서 자신은 잘 되지 않는 것일까? 무엇이 문제일까?

어떠한 성공전략을 추진해야 할까를 알아보고 터득하려고 하는 사람들이나 학생들은 자기의 현실에서 대응하기 어려운 성공전략을 접하면서 오히려 혼란에 빠지게 되기도 한다. 심지어는 자신이 성공전략을 제대로 추진할 수 없다고 경솔하게 판단하여 자기의 성공능력을 낮추어 보기도 하며, 자신이 늘 해오던 기존의 방법으로 다시 복귀해버리고 만다. 성공의 가능성은 낮아지게 되고 그동안의 일상이 다시 반복된다. 자기 현실을 제대로 이해하지 못하고, 어떻게 성공전략을 적용할 것인지에 대하여 제대로 실천해보지도 못한 채로 실패의 상황들이 반복되는 것을 스스로 안타깝게 생각하면서도 어쩔 수 없이 지내는 것이다.

하지만 자신과 자기의 인생에 대하여 조금이라도 애정과 관심을 가지고, 이와 같은 일상에서 크고 작은 실패를 거듭하다 보면, 누구나 자신의 성공을 위하여 무엇을 해야 할 것인지를 알고 싶어 하는 욕구가 일어난다.

그렇다면, 이제 어떻게 해야 할 것인가?

전략적으로 대응하라

우선 초조하고 성급하고, 불안한 마음으로 성공을 구하려고 하지 말라. 침착하라. 되지 않을 일이 서두른다고 해서 되는 것은 아니다. 성공의 전 과정에서 침착하라. 침착성을 잃지 말라. 침착성을 유지하면, 실패하게 될 경우에도 그 규모와 피해를 어느 정도 줄일 수 있다. 성공의 마지막 단계에 도달하게 되어도 침착성을 잃지 말라. **침착성**과 **작정**作定은 성공의 시작과 끝까지 당신이 함께 해야 할 **자기통제의 행동지침이다.**

현실에서 자기의 성공을 위하여 전략적으로 다음과 같은 점에 유의하라.

우선 생존하라

생존해야 성공할 수 있기 때문이다. 자신의 생존현실을 제대로 직시하고 이해하라. 자신이 어떠한 현실에 처하고 있으며, 또한 현실을 어떻게 대하고 있는지를 알아야 한다. 자신의 현실을 잘못 이해하면, 현실에 대응하는 방법도 잘못되게 된다.

준비하여 실천하라

이어서 마음과 생각을 바로잡아 성공을 위해 무엇을 버리고 무엇을 준비해야 할 것인지를 알라. 무엇이든 열심히 하면 성공한다는 단순한 생각은 버려라. 아무리 열심히 해도 제대로 하지 못하면 실패한다. 그래도 용기를 잃지 않고, "계속 열심히만" 하다가, 계속 실패를 반복하고, 마침내는 무기력한 실패자가 되어 더 이상 아무 것도 시도조차 할 수 없는 사람이 되어 버린다. 자신은 열심히 살아왔는데, 그 결과는 비참한 현실로 되어버리는 것이다.

무엇인가 잘못되었기 때문이다. 무엇이 잘못된 것일까? 이제부터 성공을 위하여 점검하고 학습하며 노력해야 할 원칙과 요령들을 한 가지씩 살펴보도록 하자.

이 책에서는 현재의 자기 현실에서 성공을 추구하기 위하여 필수적으로 유의해야 할 성공원칙에서 우선적으로 점검해야 할 기초적인 내용들을 정리하고 있다.

앞에서도 언급하였지만, 성공전략의 기본 원칙은 크게 다섯 가지로 구분된다. 성공전략의 기본 원칙은 생존하는 것으로부터 출발한다.

생존하지 않으면 성공할 수 없다. 우선 생존하라. (실천원칙1)

이어서 자신과 현실을 통찰하라. 자기 자신과 현실을 제대로 통찰하지 못하면, 자기 현실에서 성공을 추구하기 어렵다. (실천원칙2)

자기와 자기 현실을 통찰하면, 자기 현실을 바람직한 상태로 이끌고 유지하기 위하여(실천원칙3), 그리고 새로운 성공 현실을 창조하기 위하여 지혜와 정성을 들여서 성공을 실현하는 행동을 실천하라.(실천원칙4)

이와 같은 실천적 노력에도 불구하고, 종종 많은 사람들이 현실적으로 실패하는 이유는 자기와 자기 현실을 파괴하는 함정과 덫들이 여기저기에서 마구 뛰쳐나오는 것에 대하여 제대로 대응하지 못하기 때문이다. 따라서 자기 현실을 파괴하는 함정과 파괴 요소들에 철저히 대응하라. (실천원칙5)

이 다섯 가지의 실천 원칙을 중심으로 자기가 당면하고 있는 현실에서 성공하기 위하여 명심하고 지켜야할 성공 원칙들을 한 가지씩 점검해보도록 하자.

우선 내 자신의 현실을 대응하는 생존전략의 원칙부터 살펴보자.

생존하라

생존하라. 생존해야 성공도 할 수 있다.

제1주 출발점에서는 자기 현실에서 좌절하고 있지만 이를 극복해야 할 상황에 처해있는 성공도전자들이 대응해야 할 자기의 현실 극복에 관한 기본적인 원칙을 살펴보도록 하자.[1]

제1주의 주요내용

1. 버티고 견뎌라 2. 기민하게 움직여라 3. 생존의 균형 상태를 유지하라
4.현실의 구속을 지배하라 5.불필요한 적을 만들지 말라
6.패키지로 묶어서 대응하라 7.생존 프로그램을 실천하라 8.자기를 이겨내라

생을 살아가다보면, 도저히 어떻게도 할 수 없다고 느껴질 때가 있다. 자신이 자기 현실에 대하여 아무 것도 할 수 없는 절망적 상황에 처하게 되면, 견뎌내지 못하고 자포자기自暴自棄하기 쉽다. 자포자기란 절망상태에 빠져 자신을 스스로 버리고 돌보지 않음을 의미한다.

아무리 상황이 힘들어도 결코 자포자기하지 말라. 자포자기로 얻는 것이 무엇인가를 주목하라. 아무리 자기의 상황이나 현실이 힘들어도 초점과 중심을 잃지 말고 생존하라.

자포자기의 충동은 나약한 마음과 어리석은 회의감이 결합될 때, 더욱 강하게 자기 자신의 정신과 생각, 마음을 파고든다. "이런 현실에서 목숨을 부지하는 것이 무슨 의미가 있는가?"와 같은 어리석은 회의감이나 나약한 마음을 과감히 떨쳐버려라.

아무리 힘들어도 악착齷齪같이 버티고, 끈질기게 견디면 산다. 버티고 견디어내라. 상황과 현실이 험악하고 힘들면, 당면하고 있는 현실에 맞추어 자신을 좀더 지독하고 모질게 만들어 대응하면 그뿐이다. 상황과 현실이 힘들다고 느끼는 이유는 자기가 그에 합당하게 대응하지 못하기 때문이다. 대응하기가 힘들다고 해서 자신을 포기하지 말라. 자신의 정신과 생각, 마음, 행동, 관계를 자신이 처하고 있는 환경 현실에 합당한 수준으로 지독하고 모질게 전면 개편하여 대응하라. 그것도 곤란하다면, 종교적 신神을 찾아 의지하라.

제1주에서는 자기 현실에서 생존하기 위하여 염두에 두어야 할 생존전략과 생존원칙을 중심으로 살펴보도록 하자. 생존해야 성공도 가능하기 때문이다.

버티고 견뎌라

버티고 견뎌야 생존할 수 있다면, 현실과 상황이
아무리 힘들고 어려워도 악착같이 버티고 견뎌라.

이 세상에서 생존보다 더 중대한 가치는 없다. 자포자기 하지 말라.

이것을 확실히 하라. 그것은 현재 살아있다면, 당신은 성공할 수 있다는 사실이다. 성공은 살아있는 사람만이 창조할 수 있는 창조적 인생예술이기 때문이다.

생존전략의 관점에서 볼 때, 생존하고 있다면, 그것은 일단 성공하고 있다고 보아도 무방하다. 어떻게 살아 갈 것인가도 중요하지만, 살아 있다는 것도　중요하다. 삶의 상대적인 형식과 내용은 우선 살아서 절대적으로 생존하고 있을 때에만 논의할 가치가 있는 것이다.[2]

자신이 생존해야 세상도 있는 것이다. 반드시 생존하라.

버티고 견뎌라. 자포자기하지 말라.

환경이 아주 극심하게 어려운 상황에서 더 이상 대응의 방법이 없는 현실에 처하게 될 때, 생존에는 크게 두 가지의 방법이 있다. 첫째는 자포자기의 방법이고 둘째는 버티고 견디는 방법이다.

자포자기는 언제나 그리고 누구나 쉽게 선택할 수 있는 방법이지만, 자기 현실의 실천 과정에서 시간이 지날수록 점점 더 큰 어려움에 봉착하게 된다. 그것은 자포자기의 원인이 현실 적응의 실패에 기인하고 있기 때문이다. 자포자기는 어떠한 경우이건 자기가 당면하고 있는 문제나 적응 실패의 현실에 대하여 진정한 해결책이 되지 못한다. 당면하고 있는 상황을 더욱 악화시켜 자기 회복을 어렵게 하기 때문이다.

어떠한 경우에도 자포자기 하지 말라. 스스로 자포자기 하는 일은 반드시 억제되어야 한다.[3] 현실적응에서 실패했다고 자포자기 하게 되면, 자포자기를 선택한 순간부터 시간이 흐를수록 상황은 더욱 악화되고, 현실 상황극복의 여지는 더욱 줄어들게 된다. 어떤 사람들은 자기의 상황대응의 여지가 줄어들어 더 이상 대응할 수 있는 방도가 없기 때문에 자포자기 하게 된다고 하기도 한다.

그러나 주역의 원리에서도 이르는 바와 같이 끝까지 이르러 더 이상 어떻게든 대응할 수 없는 상태에 이르면 변하게 되어있고, 변하게 되면 통하는 길이 생기게 된다. 그리고 통하게 되면, 지속적으로 살아갈 수 있게 된다.[4] 따라서 궁즉통窮卽通이라고 하기도 한다.

상황이 아무리 곤고해도 어느 정도까지 이르면, 상황이 변하게 된

다는 것을 미루어 알고 그때까지 버티고 견뎌야, 살아나갈 수 있는 방도를 찾을 수 있게 되는 것이다.[5]

현실에서 버티고 견디는 일을 자포자기와 같은 것이라고 생각하는 사람들도 있다. 그러나 자포자기와 현실에서 버티고 견디는 일은 다음과 같은 세 가지의 관점에서 큰 차이를 보인다.

첫째, 상황대응의지의 면에서 자포자기는 외부적 현실에 대하여 대응하는 일을 포기할 뿐만 아니라 자기 스스로를 돌보지도 않는다. 따라서 현실에 대응하는 자기를 더 이상 통제하지도 않으며, 현실을 이끌어가려고 하지도 않는다. 소위 속수무책束手無策으로 될 대로 되라고 하면서 자신이 어떻게 되건, 자기 현실이 어떻게 되건, 난 모른다는 식으로 생존하는 것이다.

그러나 버티고 견디는 방법은, 외부적 현실에 대하여 대응할 수 있는 방법은 부족하지만 상황의 변화추이를 주시하면서 그에 대응할 수 있는 타이밍과 방법을 모색하는 점에서 자포자기의 방법과는 큰 차이가 있다.

또한 현실에 대응하는 자기를 통제하고, 가능하다면 자기의 현실을 유리하게 이끌어가려고 한다. 이와 같이 자포자기와는 다른, 정신과 생각, 마음, 행동, 관계에 대한 대응에서의 독특한 특성이 자기의 생존내용과 방식에서의 차이를 가져오게 한다.

둘째로 상황대응행동의 차원에서, 자포자기를 선택하는 사람은 자기가 당면하고 있는 어렵고 힘든 현실에 대하여 스스로 일방적인 포기를 선택하지만, 버티고 견디는 사람들은 당면하고 있는 환경이나 현실, 상황에서 요구되는 생존의 요건을 파악하여 그에 따라 대응한다는 점이다.

이러한 관점은 성공적 전략대응의 논리와 맥락을 같이 하는 것이다. 즉, 당면하고 있는 상황과 현실에서 요구하는 바가 자신이 추구하는 바와 다르다면, 당면하고 있는 현실과 환경에 적합한 대응을 위하여 필요한 것들을 선별하고 그에 맞게 자신을 만들어 대응하는 전략성공의 논리에 입각하고 있다. 예를 들어 현실의 환경에서 소극적인 사람들 보다는 적극적인 사람들을 요구한다면, 그에 맞추어 자신을 적극적으로 변화시키는 것이다.[6]

이와 같은 관점에서 볼 때, 자포자기는 현실 대응방식에 대한 선택의 문제라기보다는 현실 적응에서의 능력의 문제라고 할 수 있다.[7]

셋째는 상황대응의식에서의 차이점으로, 아무리 힘들고 어려운 현실이라도 버티고 견뎌내는 사람은 다시 유사한 고난의 상황에 처하게 될 경우에도 자기 자신과 현실을 견디며 이끌어갈 수 있지만, 쉽게 자포자기 하는 사람들은 비슷한 상황에 처하게 될 경우, 자신의 상황대응 능력과 의식을 약하게 함으로써 더욱 더 쉽게 자포자기를 반복하게 되어 성공의 가능성을 스스로 제약한다는 점이다.[8]

현재 상황에서 돌파구를 마련할 수 없고 그저 참고 버티고 견뎌야 할 상황이라면 어떻게 해야 할 것인가? 그렇다면 버티고 견디면서 상황의 변화를 주시하고, 자기 자신의 능력을 변혁시켜 전략적으로 상황에 대응할 수 있는 기회와 방법을 찾아내야 한다. 이를 악물고 버티고 견디어 힘들고 어려운 상황을 극복하라. 버티고 견디어 당면하고 있는 상황의 변화에서 돌파구를 찾아내어 자신의 생존을 강화하라.

생각의 역기능을 경계하라

생각에도 종류가 있다. 좋은 생각이 있는가 하면, 나쁜 생각이 있고, 도움을 주는 생각이 있는가 하면, 해로움을 가져오는 생각도 있다. 그렇다면 자신을 자포자기 하게 만드는 생각은 어떠한 생각인지를 점검해야 한다.

포기하고 싶은 생각이 들기 시작하면, 그동안 잘 진행해온 일이나 현실에서도 자신의 행동을 잘못 이끌게 되거나, 엉뚱한 결론으로 이끌게 되기도 한다. 생각의 횡포가 자신을 지배하려고 하기 때문이다. 따라서 자포자기 하려는 생각이 일게 되면, 재빨리 그와 같은 쓸데없는 생각을 청소하고 멀리하라.

쓸데없는 생각에 빠지지 말라. 쓸데없는 생각에 빠져 허우적대지 말라. 쓸데없는 생각이 자신을 혼란스럽게 만들도록 하지 말라.

참고 인내하라

조금만 더 참으면 될 것을 못 참아서, 바람직하지 못한 사고를 치고 자기의 성공현실을 파괴한다. 조금만 더 참고 버티면 성공을 하게 될 것을 참지 못하여 정상에 이르지 못한다.[9]

인내忍耐는 참아내고 견디어 내는 것을 말한다. 약한 어린 아이에게 힘든 일을 참고 견뎌내라고 하면, 제대로 버텨내지 못하게 된다. 참고 견뎌내려면, 버티는 힘이 강해야 한다. 그러나 버티는 힘이 약하면, 아무리 인내하려고 해도 버텨낼 수가 없게 된다. 그렇다면, 자신의 성공을 위하여 스스로 인내하고 싶어도 그럴 힘이 없는 사람들에게 인내하라고 하는 것은 도저히 용납되지 않는다.

인내력이 50인 사람에게 100을 발휘하라고 하면 누구나 자신의 인내력을 제대로 발휘해낼 수 없게 된다. 상황이 100의 인내력을 요구하는 상황에서 인내력이 50 수준인 사람은 어떻게 해야 할까? 둘 중의 한 가지이다. 현실대응에 필요한 자신의 인내력 50을 추가적으로 더 채워 인내하는 방법과 50만 발휘해보고 당면하고 있는 현실을 떠나 다른 현실에 대응하는 방법이다.

첫 번째 방법은 인내를 통해 현재 당면하고 있는 현실에 대응하여 현실에서의 성과를 획득한다. 그러나 두 번째의 방법은 당면하는 현실에서는 인내심의 한계로 포기하고, 새로운 현실을 찾아 새로운 성공대응을 준비하고 실천하여 성공도전을 계속한다.

어떤 것이 더 좋아 보이는가? 인내하면서 자기를 힘들게 버티는 현실을 싫어하는 사람들은 현실의 고통을 참아내기 보다는 편하게 대응할 수 있는 현실을 찾아가는 두 번째의 방법을 선택하려고 한다. 이와 같은 사람들에게는 인내가 성공의 덕목이 아니라 실패의 덕목이라고 이야기한다.

그러나 두 번째의 방법을 선택할 경우에도, 자기 현실에서 인내해야 하는 일들을 다시 만나게 된다. 그와 같은 경우, 또다시 현실에서 인내해내는 것을 두려워한다면, 결코 성공을 하기 어렵게 된다. 인내는 두려워하거나 기피해야 할 것이 아니다. 대부분 인내를 기피하는 사람들은 인내에 대하여 잘못 생각하는 경향이 있다.

인내는 대상에 관한 것이 아니다. 대상에 대하여 계속 견지하는 것은 인내가 아니라 집착이다. 인내는 집착과는 다르다. 인내는 과정에 관한 것이다. 현재 당면하고 있는 현실이건, 또는 새로운 현실에 대응하건 그 과정에서 성공을 위하여 힘든 일이나 불편한 일, 번거롭거나 하기 싫은 일들을 참아내고 견뎌내서 완수하는 것을 말한다.[10]

인내력을 키우려면 어떻게 해야 하는가? 인내력을 키우는 방법을 찾아봐도 뾰족한 수가 보이질 않는다. 어떠한 상황에 대하여 참고 버틴다는 개념으로 이해하고 그 방법을 찾으려하기 때문이다. 그러나 다른 관점을 매개로하여 인내를 조명하면, 그 초점과 내용이 달라진다.

인내는 성과를 창조하기 위한 것이다

예를 들어 목표를 중심으로, 또는 성과를 중심으로 '어떻게 하면 좀더 인내력을 키워낼 수 있는가'를 스스로 찾아보는 것이다. 실천적 차원에서 살펴보자면, 「목표달성을 위하여 자신을 더 집중하고 몰입하게 하는 인내」와 「목표달성을 못하게 하는 요소들에 대하여 대응하고 참아내는 인내」로 나누어 대응할 수 있게 된다. 그렇다면, 자기의 '인내의 한계'는 자신이 추구하는 것에 어떻게 잘 대응하는가에 대한 한계를 의미한다.

따라서 자신이 추구하는 것을 잘 대응하게 할 수 없는 상황과 여건을 만들어 놓고 자신의 인내심을 시험하지 말라. 누구나 필요하면 인내심을 발휘하게 되어 있다. 자신이 대응하기 힘든 역경의 상황에서도 필요하다고 인지하면, 누구나 인내심을 발휘한다.

이와 같은 관점에서 볼 때, 자신의 「인내의 개념에 대한 해석」을 새롭게 할 필요가 있다. 인내는 무작정 현실에서 힘든 일을 참고 버티는 것이 아니라 「자신이 추구하는, 또는 해야 하는 것에 대하여 성공을 실현하기 위하여 힘이 들어도 필요한 대응을 지속하는 것」이다.[11]

인내는 지속과 지능 그리고 의지와 열정의 함수이다. 따라서 다음의 수식과 같이 표현할 수 있다.

인내의 실천 = 지능 × 의지 × 열정 × 지속행동

인내를 하더라도 우선 현실의 상황판단과 같은 지능적 판단을 통하여 자신의 인내의 실천을 지속하여야 한다. 현실적 타당성이 결여된 일을 지속하고 있다면, 그것은 잘못된 인내가 될 뿐만 아니라 인내의 실천성과가 떨어진다.

예를 들어 맘에 들지 않거나 대하기 싫은 사람과 한 팀이 되어 일을 하게 될 때, 무조건 싫은 내색도 하지 않고 참아가며 일을 하게 되면, 성과도 오르지 않을 뿐만 아니라, 우울증이나 스트레스로 병이 나기도 한다. 이와 같은 경우, 자신의 지능을 발휘하여 불쾌한 감정을 조절하고 팀워크의 성과를 높이는 방법을 찾아내서 지능적 대응을 전개하는 것이 자신의 인내 실천의 성과를 높이게 된다.

또한 의지와 열정을 높이지 않으면, 지속적 인내의 실천이 불가능하게 된다. 지속하고자 하는 자신의 의지를 강화하고, 그에 대한 열정을 투입하지 않으면, 인내의 지속적 추진력이 떨어지게 된다. 그렇다면, 성공적 인내를 지속적으로 실천하려면 지능과 의지, 열정의 발휘와 투입을 조절하고 강화해야 한다.

자신이 현실에서 인내를 잘 하지 못한다고 단념하거나 인내심이 부족하다고 자기비하自己卑下하지 말라. 자신과 인내행동을 동일시하지 말라. 인내는 자기 현실행동의 일부이다. 자신의 인내를 구성하는 지능, 의지, 열정의 요소와 결부된 실천행동에서 무엇이 자신의 인내행동을 이끌고 있는지를 분리하여 판단하고 무엇을 보강해야 할 것인지를 판단하라.

따라서 자신의 현실 대응에서 힘이 많이 든다고 해서 그것이 자기의 인내의 한계라고 단정하지 말라. 그것은 인내의 한계가 아니라, 필요한 능력과 대응행동의 성과의 한계라는 점을 명심하라. 만약 자신의 행동성과에서 문제가 있다고 판단된다면, 자신의 현실 성과를 올리기 위하여 지능, 의지, 열정의 투입 방법을 바꾸어 지속적으로 대응하라. 그 과정에서 힘이 들고, 하기 싫은 것을 이겨내라. 그것이 자신의 성공현실에서의 참다운 인내이다.

자신이 하기 싫어도 자기를 이끌어라. 자기를 이끌어 성공을 위한 인내의 땀을 흘려라. 인내의 즐거움이 새롭게 자신의 행복의 원천으로 등장하게 되고, 자신의 체질도 인내의 성공체질로 변화한다.

인내의 고통을 이겨내는 과정에서 역겨운 땀내가 진동한다고 해도 그것을 불편하게 여기지 말라. 인내는 감각의 차원을 초월하는 것이다. 역겨울 정도의 지독함. 그러한 각오로 인내하여 자신의 생존체질, 성공체질을 강화하고 자신의 현실성과를 개선하라.

기민하게 움직여라

기민함은 상황대응에서 빠르고 민첩한 움직임을 말한다.
기민한 대응이 상황을 제압할 수 있는 힘을 부여한다.

기민함과 서두르는 것은 다르다. 서두르지 말라. 기민하게 행동하라.
기민함은 훈련과 수련, 단련, 그리고 숙련에 의하여 터득된다.

　현실의 상황은 급변하며 움직이는데 자신의 움직임이 굼뜨게 되면, 현실의 상황의 변화를 따라잡지 못하고 이내 뒤처지게 된다. 현실의 대열에서 낙오하는 대부분의 사람들이 기민한 대응을 제대로 해내지 못하기 때문이다.[12]

　기민한 대응은 아무런 준비 없이도 실천할 수 있는 것이 아니다. 평소에 운동을 하지 않던 사람이 갑자기 몸을 잽싸게 움직이려면 허리나 관절에 무리가 생긴다. 머릿속에서는 기민한 대응이 순식간에 생각나지만, 몸이 제대로 따라주지 않는다.

　기민함은 일정한 범위의 속도를 요구한다. 속도는 시간과 행동으로 구성된다. 시간적 여유를 충분히 가지고 천천히 해내는 것이라면 누구든 해낼 수 있는 것이지만, 짧은 시간 내에 빠른 속도로 해내는 것은 아무나 할 수 있는 것이 아니다. 외부의 침략자가 급속히 공격해 들어올 때, 생각처럼 기민한 대응이 쉽지 않은 것은 평소에 빠른 속도로 대응하는 일을 훈련, 수련, 단련, 숙련시켜오지 않았기 때문이다.

서로 경쟁하는 먹이사슬의 사회에서는 기민함이 생존의 무기가 된다. 상대를 공격하는 것도 기민해야 하며, 상대방의 공격에 대응하는 수비도 기민하게 대응해야 한다. 기민성이 떨어지면, 생존의 게임은 이미 끝난 것과 다를 바 없다. 현실대응의 기민성을 잃지 말라.

기민성과 서두름은 다르다. 서두르는 것은 무조건 빨리 하려는 것을 말하지만, 기민함은 빨리 하면서도 정확히 하는 것을 말한다. 따라서 서두르는 것과 기민함은 정확함의 관점에서 근본적인 차이가 있다. 자신이 처한 상황에 대하여 서둘러 대응하려는 사람과 기민하게 대응하려는 사람의 차이가 바로 여기에서 드러난다.

기민하게 대응하려면, 현실대응에서 필요한 행동에 대하여 자신이 노력하여 훈련, 수련, 단련하고 숙련시켜야 한다. 운동을 하건, 공부를 하건, 직업생활을 하건 자신의 활동에 대하여 지속적으로 훈련, 수련, 단련, 숙련시켜라.[13]

지속적인 자기 훈련, 자기 수련, 자기 단련, 자기 숙련이 자신의 현실대응에 대한 기민성을 증대시킨다.

생존의 균형 상태를 유지하라

생존의 균형 상태를 유지하라. 균형이 깨지면 새로운 균형을 만들어라.
어떻게 해야 생존할 수 있는가에 대한 방법을 찾아내고 그 균형 상태를 유지하라.
균형을 유지하면, 균형유지의 힘이 자신의 생존력을 극대화시킨다.

환경 현실의 변화를 주목하여 언제 균형상태를 깨고 새로운 균형으로
이행할 것인지를 결정하라.

생존의 균형조건을 충족하라

동면하는 동물이나 극심한 환경 하에서 식물이 자리를 잡는 것과
마찬가지로, 당면하고 있는 현실에서 생존하기 위하여 어떻게 해야
자신의 생존균형을 가능하게 할 것인지를 찾아내라.

〈성공원칙 1.1〉에서 살펴본 것과 같이 자기의 현실에서 도저히 버
티기 힘들다고 자포자기 하지 말라. 극한의 상황에서도 자신의 현실
균형을 유지하라. 발달한 문명과 사회 환경으로 보호되고 있는 현실
에서의 생존의 문제는 인류의 상황적 과제와 문제해결에 대한 그 동
안의 역사를 반추해 볼 때, 지극히 사소한 것이 아닐 수 없다.

장기간에 걸쳐 혹한기가 진행되었던 빙하기에도 우리 인류는 생존해왔다. 필요하다면 동면의 생존전략이나 자리 잡기의 생존전략을 통하여 생존을 유지하라. 동면이나 자리 잡기는 모두 생존환경의 조건을 인식하고 그에 대하여 균형을 유지함으로써 생존을 유지한다.

이제부터라도 생존의 균형상태를 유지하기 위하여 다음과 같은 다섯 가지의 대응을 전개하라.

첫째, 생존환경의 조건이 무엇인가를 파악하라. 자신의 생존을 위하여 확보해야 하는 것과 생존을 위하여 소비해야 하는 것이 무엇인지를 인식하라. 그리고 현재 상황이 지속될 때까지는 그 상황에서 요구하는 조건과 자신이 생존할 수 있는 생존균형의 조건에 따라 자신의 현실대응을 전개하라.

이를 위하여 자기 주변의 생존환경의 상태와 변화를 주시하라. 자신이 처한 생존환경은 현재보다 상황이 더 극심해질 수도 있고, 크게 호전되는 상황으로 전개될 수도 있다. 상황이 호전된다고 낙관하거나 방심하지 말라. 또한 상황이 더 극심해진다고 비관적이거나 절망적으로 되지 말라. 어떠한 현실 상황이 전개되건 생존균형의 조건에 따라 대응하라.

둘째, 자신이 처하고 있는 현실, 자기 자신이 추구하는 현실에서 요구하는 최소한의 임계수준을 충족하고 현실의 임계치를 극복하라.[14] 만약 자신이 대응해야 할 현실에서 자신의 임계수준을 초월하는 임계치를 요구할 경우, 그에 대응하지 못하여 생존할 수 없다면 현실대응에 필요한 임계치를 충족하여 생존하라. 자신의 현실에서 요구하는 것에 대하여 대응의 임계치를 초월하면, 누구나 생존과 성장을 실현할 수 있다.

셋째, 지능적으로 대응하여 생존균형조건을 충족하라. 생존균형의 조건이 열악하다고 해서 자신에게 불리한 생존균형을 선택하지 말라. 자존심 때문에 생존균형을 불리하게 이끌고 가지 말라. 불필요한 자존심을 버려야 할 때라면, 과감히 자존심을 버리고 유리함을 택하라. 조건이 바뀌면 그때에 자존심을 세워도 되기 때문이다.[15]

넷째, 특정한 자기 속성이나 형식에 치우쳐 자신의 생존균형조건을 불리하게 하지 말라. 속성과 형식은 장기간에 걸쳐 반복적으로 배양된 현실 환경대응방식의 특징을 의미한다. 그러나 자신을 굽히고 낮추어야 하는 현실상황이라면, 당연히 굽히고 낮추어 대응해야 한다.

다섯째, 현실대응에서 그동안의 자기 방식을 고집하지 말라. 생존보다 귀중하게 유지해야 할 것이 있다면, 그것을 고집하는 것이 타당하다. 그러나 변화하고 있는 자기의 현실에서 그동안 자기가 채택해온 방법이나 방식을 무조건 고집하지 말라. 자신의 현실에 대하여 지능적으로 분별하여 새로운 현실대응의 방식과 방법을 찾아내고 새로운 자기 방식을 전개하라.

이를 위하여 자신이 스스로 한계라고 생각하는 것들을 타파하라. 자신의 능력은 현실대응을 통하여 발휘되고 확인된다. 누구나 극한의 상황에서는 극한의 대응능력이 발휘된다.

임계치를 뛰어넘어라

앞에서 살펴본 생존의 균형상태를 유지하기 위한 5가지의 대응에서 두 번째의 '임계치의 충족과 극복'에 대하여 좀 더 살펴보자.

현실에서 요구하는, 또는 자신이 추구하는 현실과 상황에 대하여 필요한 임계치臨界値, 또는 임계수준에 대응하지 못하면, 자신이 원하는 현실의 성과를 거둘 수 없게 된다.

물을 끓이려면 끓어오르는 수준인 비등점까지 가열해야 한다. 불을 붙이려면 점화온도까지 올려야 한다. 이와 마찬가지로 자기 현실에서 어떠한 현상이나 상태를 만들어내려면, 그에 필요한 임계수준까지 도달시켜야 한다.

어떠한 것이건 그 임계치까지 도달시키지 못하면, 자신이 원하는 수준이나 상태, 현상을 만들어내지 못한다. 열심히 노력을 하는 듯하면서도 현실에서 요구하는 임계수준에 이르지 못하면, 노력이 헛수고가 되고 만다. 따라서 생존과 성공을 하려면 생존의 임계치, 성공의 임계치까지 도달시켜야 한다.

외부의 병균들이 우리 몸 안에 침입을 해도, 신체의 내부적 면역 체계와 저항력을 해치지 못하면, 크게 발병하지 못한다. 병원균들도 감염의 임계치에 이르러야 신체적 병환을 만들어낼 수 있다. 만약 우리 체내의 면역의 임계수준, 즉 신체적 건강성이 높을 경우, 병원균들이 도전해도 감염의 임계수준에 미치지 못하면 우리의 신체는 쉽게 병에 걸리지 않는다.

현실이나 상황에 대하여 임계치가 작용하고 있다는 점을 이해하면, 우리 자신이 얼마나 노력해야 할 것인지를 알 수 있게 된다. 예를 들어 농사를 지을 경우, 논이나 밭의 토질을 변경해야 할 때, 퇴비나 비료를 얼마나 투입해야 바뀌는지에 대한 임계치의 수준을 알아야 퇴비나 비료의 투입을 결정할 수 있게 된다.

이와 마찬가지로 새로운 사업이나 제품을 출시하게 될 경우, 얼마나 반복적인 광고를 해야 소비자, 고객에 대한 효과적인 노출이 될 것인지를 알아야 어떻게 그리고 어디에서 어떠한 방법으로 광고를 해야 할 것인지를 판단할 수 있다.[16]

내부적 임계치와 외부적 임계치에 대응하라

자기의 현실에 대응하는 임계치에는 내부적 임계치와 외부적 임계치가 있다. 내부적 임계치는 자기 내부적 현실에서 자신이 유지하고 창조하고자 하는 현상이나 상황에 필요한 대응수준을 말하며, 외부적 임계치는 자기 외부적 현실에서 유지하거나 창조하기 위하여 필요한 대응수준을 말한다.

예를 들어, 새로운 현실에 대한 계획을 전개할 경우에도 자신이 추구하고자 하는 의지나 추진력이 일정 수준에 이르지 못하면, 자기 자신의 계획조차도 제대로 실천되지 못한다. 이와 같이 자신의 추진력이 떨어져 계획이 제대로 전개되지 못하는 것은 계획 자체가 잘못되거나 또는 계획실행상의 문제 때문에 실천이 되지 못한 경우와는 근본적으로 다르다. 즉, 제 풀에 제가 꺾이는 것과 같이 계획실천에 필요한 자기의 내부적 요소들의 내부적 임계치 충족의 실패에 기인하는 것이다.

자신의 현실에서 요구하는 임계치, 또는 임계수준을 충족하라. 학생이라면 최소한 요구되는 학업성취수준을 달성해야 하며, 사업을 추진하고 있다면 손익분기점에 도달해야 한다.

자신의 현실에서 성과를 실현하기 위한 임계수준을 달성하지 못하고 있다면, 임계치를 뛰어넘는 수준에 도달하기 위하여 스스로 분발하고 노력하라. 자기 현실에서 대응해야 할 필요한 임계수준의 내용이 내부적인 것이라면 자신의 내부적 대응을 강화하여 대응하라.[17] 외부적 대응의 임계수준에 관한 것이라면, 외부적 대응을 강화하여 임계치를 뛰어넘어라.

내부적 임계수준의 충족에서 요구하는 것이 열정이나 의지, 또는 지능, 실천행동이라면, 그에 대한 대응을 강화하라. 아주 특별한 지식이나 고도의 전문적 기술이 필요하지 않은 대부분의 직업현실에서는 내부적 임계치의 충족이 성과를 실현하기 위한 기본적인 요건이 된다.[18]

외부적 임계치에 이르지 못하여 성과를 내지 못하고 있을 때에도 마찬가지이다. 만약, 너무 큰 범위의 목표나 대상을 선정하여 그 임계치에 이르는 일이 곤란하다면, 그 범위나 대상, 수준을 조절하여 생존하고 성공하라.

시간이 많이 들거나 힘이 든다고 해서 현실의 임계수준에 이르기 전에 포기하지 말라. 자신의 목표수준을 조절하거나 자신을 현실에서 요구하는 임계치까지 반드시 끌어올려 자기 현실의 성과를 실현하라.

●●●●○○○○

현실의 구속을 지배하라

현실과 자신에 구속되지 말라. 현실과 자신을 구속하지도 말라.
구속은 자유도를 억제한다. 자기와 현실의 자유도를 억제하면
현실 적응력과 생존력이 떨어진다.

구속에는 외부 구속과 자기 구속이 있다. 구속력이 강하면
구속된 현실에 대한 적응력이 강해진다.
만약 자기 현실에서 구속이 필요하다면, 최상의 구속을 선택하라.

구속拘束은 잡아 묶어놓는 것을 말한다. 구속하거나 구속되거나
모두 자기와 현실의 자유도를 저하시킨다. 구속되는 것만 자유도가
억제되는 것이 아니다. 구속하는 쪽도 자유도가 저하된다.

자발적 구속

일상적 현실에서는 좋아하는 것이나 애착을 갖는 것이 자기를 구
속한다. 선호, 애착 또는 자기가 좋아하는 것은 자기를 특정한 방향
이나 행동으로 이끌어갈 뿐만 아니라, 그에 예속되게 한다.[19]
　사랑하고 좋아하고 무엇인가에 탐닉되는 일체의 자발적 행위가

스스로의 현실과 자기행동, 자기 스스로를 구속한다.[20]

자기 구속으로 제한되는 현실

반복적으로 특정한 행동을 전개하게 하는 자기 구속으로 습관과 사고방식이 있다. 습관은 특정한 행동을 반복적으로 전개하면서 익숙해지고 나아가서는 무의식적으로 그러한 행동을 전개하게 되어 쉽게 통제되지 못하는 것을 말한다. 습관이 행동에 관한 구속이라면, 사고방식은 인식과 판단을 전개하는 생각에 대한 구속이 된다.

때로는 길들여지고 익숙해진 구속이 자기 자신의 행동이나 사고를 편하게 한다고 믿거나 또는 구속된 상태 하에서 오히려 만족을 추구하여 적응함으로써, 자기와 현실에 대하여 왜곡되고 굴절된 시각으로 사물과 현상을 인식하는 오류를 범하기도 한다.[21]

강압적 구속

누군가 또는 특정한 조직이나 기구에서 자신을 강제적으로 구속하려고 하면, 필사적으로 저항하게 된다. 그것은 자기 생존현실의 자유도를 억압함에 따라 유발될 수 있는 피해에 대한 근본적인 불안과 공포 때문이다.[22]

피해의식과 불안감에 따른 공포는 구속에 대한 심리적 현상으로 자발적 저항을 유발한다. 이와 같은 저항의 세기는 구속 내용의 정도와 그에 따른 피해의식, 심리적 불안감, 공포감의 크기에 따라 결정된다.

강압적 구속의 성공여부는 구속력과 저항력의 크기에 따라 결정된다. 구속에 대한 저항이 크게 되면, 상대방을 구속하기 힘들게 된다. 따라서 구속자는 피구속자의 저항력보다 강력한 구속력을 발휘하거나, 좀 더 지능적으로 대응할 경우에는 피구속자의 저항을 줄이기 위하여 구속의 내용과 정도를 조절하거나 피구속자가 감지하는 피해의식, 불안감과 공포의 심리적 충격을 최소화시키는 전략을 전개한다.

자신이 구속되어 시간이 흐르기 시작하면 강입적으로 구속된 환경이나 현실이 익숙해지기 시작하게 된다. 구속된 환경 속에서 안정을 찾기 시작하면, 자기 스스로 구속된 자신을 인식하지 못하고 그것이 오히려 자유로운 상태라고 착각하기도 한다.[23]

이러한 착각이 강압적 구속 때문에 비롯되었음에도 강압적 현실 적응의 과정에서 구속의 적부와 정당성의 여부나 구속에 따른 폐단과 같은 것에 대하여 문제시하지 않고, 오히려 구속의 현실을 유지하려고 하는 경향을 보이기도 한다.

심지어는 강압적 현실 내에서 새로운 자기 만족의 대상이나 방법을 찾아내기도 하고, 강압적 구속의 현실 속에서 안정을 추구하기도 한다.[24] 여기에서 흥미로운 점은 구속과 적응의 상관관계이다. 구속에 대하여 강하게 저항하는 개인도 자신이 저항력보다 구속력이 강하면, 체념과 적응도 빨라진다는 점이다. 이러한 현상은 자유의 추구보다 생존적응의 추구가 인간에게 보다 근원적인 본능이라는 사실을 반영한다.

구속력이 적응력을 높인다

현실의 구속에는 자기와 자신이 처해있는 현실 환경에 대하여 외부적 구속과 내부적 구속이 있다. 자기 현실의 구속력은 외부적 구속력과 자기의 내부적 구속력에 의하여 결정된다.[25]

국가 현실을 보면, 새로운 정치체제를 전개하는 과정에서 필연적으로 저항이 등장한다. 이와 같은 경우, 최단기간 내에 사회적 안정과 적응을 추구하는 방법은 사회적 저항을 신속하게 제압하고 강력한 사회적 구속력을 발휘하는 것이다.

구속과 저항, 그리고 생존과 적응의 관계를 깨닫게 되면, 구속된 사람은 자기 또는 주변의 구속을 통하여 자기의 현실생존에 필요한 적응력을 높이는 방법을 지능적으로 터득하게 한다.

즉, 생존적응력을 높이려면 스스로 현실에 대한 자기 구속력을 높이는 방법이라는 지능적 판단을 내리게 되기도 한다. 이러한 판단은 구속된 현실 환경에 대하여 적극적 적응을 촉진한다.

지능적으로 구속력을 활용한다

만약 자신이 대응해야 할 현실 환경에 대하여 그 어떤 외부적 구속력도 작용하지 않는다면, 어떻게 될까?

아무도 자신을 구속하려고 하지 않는 현실에서 자유는 그 의미를 상실한다. 자유는 구속의 압력 하에서 추구되는 대립개념이다. 그 어떤 강압적 구속도 없게 되면, 이번에는 자유에 구속되어 버린다.

이와 같은 경우, 구속의 자유가 자유의 구속보다 행복하다고 느낄 수도 있다.

예를 들어 결혼을 생각해보자. 결혼은 현실생존에서 가장 강력한 현실 구속 중의 하나이다.[26]

자발적 선택에 의한 결혼이건 강요에 의한 경우이건, 결혼생활의 자기 현실에 적응하고 자기 현실의 생존과 창조에 성공하는 사람들이 있는가 하면, 실패를 반복하는 사람들도 있다. 실패하게 되는 사람들은 대부분의 경우, 서로에 대한 이해의 부족과 성격차이를 이야기 하지만, 여기에는 근본적으로 자기 현실생존에 대한 구속과 자유에 대한 자기 인식과 태도가 영향을 미치고 있다는 점을 간과하고 있다.

명백히 결혼은 자기 현실을 구속하는 것이다. 결혼은 결코 자유를 추구하는 것이 아니다. 사랑의 구속을 통하여 자기 생존과 새로운 현실을 창조해가는 것이다. 따라서 자기 현실의 구속을 통하여 새로운 자기 구속현실을 창조하고 생존을 유지하기 위한 지능적 대응을 어떻게 전개할 것인가가 성공의 관건이 된다.

기업조직의 경우, 조직구성원들의 직무전개와 사업활동의 성공적 수행에 필요한 기준이나 원칙, 가치관을 통일적으로 적용하기 위하여 조직구성원들의 행동을 일정한 틀로 구속한다. 자기 현실의 자유도를 추구하는 사람들에게는 이와 같은 조직 행동과 태도의 구속이 직무수행이나 사업추진의 행동을 전개하는 것보다 훨씬 더 부담스럽게 느껴지기도 한다.

따라서 좀 더 지능적인 사람들은 조직에서 요구하는 문화적 기준이나 틀에 적응하기 위하여 자신의 인식태도와 조직의 구속에 대한 자기 수용력을 스스로 강화하여 자기 현실부담을 경감시킨다. 즉, 자기 스스로 내부적 구속력을 발휘하여 조직현실에의 적응을 높임으로써 자기 현실성과를 강화해간다.

이와 같은 일에 서툴거나 잘 하지 못하는 사람들이 조직에 대하여 불만을 표출하기 시작한다. 따라서 신입사원의 오리엔테이션과 입문교육에서는 조직의 구속에 대한 자기 수용력을 높이는 프로그램을 중요하게 다루고 세심한 설계를 통하여 조직 적응력을 높이도록 한다.

외부 구속력이 높지 않아도 자기가 저항할 수 없는, 또는 저항하고 싶지 않은 경우에는 스스로 자기 현실에 대한 내부 구속력을 높여 현실생존의 적응력을 높이는 생존전략을 전개한다. 자기의 내부 구속력이 낮은 경우, 외부 구속력에 의하여 생존적응력을 높인다.

필요하다면 구속과 자유를 초월하라

자신의 구속현실은 구속의 내용에 따라 자기 자신과 현실 대응의 자유도를 제약한다.[27]

예를 들어 A에서 B를 향해 나아갈 때 늘 구부러진 길로 돌아가는 현실을 생각해보자. 모두가 늘 구부러진 길로 돌아가는 것에 적응하고 있다면, A에서 B로 가려면 굽은 길을 돌아가는 것이 당연한 것으로 인식되고 행동된다. 그러나 급하게 구부러진 길을 가로질러 가야할 경우, 기존의 굽은 길을 따라가던 관습적 행동의 구속은 신속히 가로질러가는 행동을 억제한다. 심지어는 가로질러갈 수 있다는 생각조차 하지 못하게 되는 경우도 있다.

이와는 반대로 자유도가 오히려 자기와 현실의 성과를 억제할 경우도 있다.[28]

바둑판처럼 격자로 구성된 길의 왼쪽 위에서 오른쪽 아래까지 가는 방법은 격자의 눈금결합의 수만큼 증대된다. 그러나 가는 방향을 오른쪽과 아래로 결정하면 어떠한 경우를 선택하건 그 거리는 마찬가지이다. 이와 같은 경우 동일한 가치를 추구하는 현실에서는 오른쪽 아래를 향하는 자기통제를 신속하게 전개하여 행동하는 것이 오히려 선택의 자유도를 부여하여 판단하고 고민하며 갈등 속에서 대응하는 것보다 성과가 높다.

생존의 관점에서는 자유와 구속에 대하여 자신의 현실생존에서 무엇을 추구하는가에 대한 삶의 가치에 대하여 큰 차이가 없다면, 무엇을 하건 선택의 자유도를 혼란스럽고 불필요하게 행사하는 것보다 구속과 통제의 효과를 높이는 것이 오히려 행복을 높일 수 있다는 혜안을 터득하게 한다.

죄를 지을 수 있는 자유와 죄를 지을 수 없는 구속 중에 어느 것이 더 좋은 현실인가?

백수의 고뇌와 바쁜 꿀벌의 비명은 각각 자유의 구속과 구속의 자유를 대표하는 현실의 특성이라고 할 수 있다. 그러나 바쁜 꿀벌은 슬퍼할 겨를이 없다.

당면하고 있는 현실 또는 새로운 현실에 대응하기 위하여 기존의
구속에서 벗어나야 한다면, 구속에서 벗어나기 위한 전략을 지능적
으로 전개해야 한다.[29]

구속이 문제가 된다면, 구속을 벗어나라. 그러나 구속이 필요하다
면, 어떠한 구속현실을 선택할 것인가를 점검하여 최선의 구속을 선
택하라. 구속은 자기 현실을 억제할 뿐만 아니라 특정한 것의 희생
을 요구한다. 새로운 구속을 설계하여 자기를 유지하고 생존현실에
서 성공하라.

불필요한 적을 만들지 말라

현실에서 자신과 대립되는 적을 불필요하게 만들어내지 말라.
적이 생기면 적에 대응하기 위하여 자신의 시간과 노력, 열정과 지능이 소비된다.
적을 줄이고 자신을 지지하는 세력을 확대하라.

부득이하게 적을 만들어야 한다면, 자신의 성공에 유용하고 도움이 되는 적을 만들어라.
대적해야 할 상대가 생긴다는 것은 자신에게 도전과 응전의 의지와 열정을 촉구하고
전략적 지능을 향상시킨다. 자기 현실에서 무기력해진다면 가상의 적을 통하여 도전하라.

　　현실의 생존활동에서 종종 다른 사람이나 조직과 대립적 관계, 또
는 대적관계에 처하게 될 수 있다. 그러나 대립관계에 처하게 되었
다고 해서 결코 곤란하게 여길 필요는 없다. 상대방과의 관계는 어
떻게 관리할 것인가에 따라 대립 또는 대적의 관계에서 우호와 협조
의 관계로 개선될 수 있다.

　　대립관계는 서로의 대립적 상황 속에서 서로를 강하게 할 뿐만 아
니라 서로의　생존지능을 강하게 한다. 따라서 주변과의 대립적 관
계를 잘 이끌어오는 사람들이 지능적 현실성과가 높아진다. 부단한
대립관계에서 생존과 승리를 쟁취하기 위한 노력이 자신을 강하게

하기 때문이다.

유의할 점은 대립관계를 전개할 때에는 상대방과의 대립 활동에 필요한 자원과 시간, 노력이 요구된다는 사실이다. 따라서 대립관계를 잘못 설정하거나 또는 잘못 이끌게 되면, 자신의 자원과 시간, 노력이 낭비될 뿐만 아니라, 대립관계에 휘말려 불리한 현실이 유발될 수도 있다.[30]

서로 건전한 성장을 위하여 경쟁적 대립관계를 유지해오던 친구들을 생각해보라. 서로 관심을 공유하고 격려와 조언, 질책을 함께 나누어 오던 친구들은 어떻게 살아가고 있는가를 보라.

쓸데없이 대립관계를 조성하여 여기저기에 불필요한 적을 만들지 말라. 적이 많아지면, 대적해야 할 일들이 많아진다. 따라서 대적에 필요한 시간과 자원, 노력이 낭비될 뿐만 아니라, 자신의 생존현실에 결코 도움도 되지 않는다.

일상의 현실에서 적이 만들어지는 과정을 주시하고 적을 만들지 않도록 하라. 적을 만들지 않기 위하여 유의해야 할 점들을 기억하라.

첫째, 사람들은 피해나 상처를 입으면 적이 된다. 사람들에게 피해나 상처를 주지 말라. 정신적이건, 심리적이건, 육체적이건, 또는 상황적이건 피해나 상처를 주지 말라. 피해나 상처를 입게 되면 쉽게 자신에게 대항하는 적이 되어버린다.

둘째, 상대방의 약점에 대응하는 일에 신중하라.[31] 상대방의 약점이나 허물을 건들게 되면, 상대방도 당신의 약점이나 허물을 들춰내어 공략하려고 한다.

셋째, 적의敵意를 일으키지 말라. 자신의 현실생존의 활동에서 부득이하게 또는 실수로 피해나 상처를 주게 되었다면, 즉시 사과를 표하고 그에 대하여 보상하여 적의를 해소하라.

넷째, 양보의 대응을 지능적으로 하라. 양보가 미덕이라고 일방적으로 상대방에게 무조건 양보하지 말라. 자신이 양보하였는데, 상대방이 양보하지 않으면 불쾌해지고 괘씸하다는 생각이 들게 된다. 이와 같은 상황이 상대방을 조금씩 적으로 만들게 된다. 양보를 할 때에도 자신이 시간이나 기회를 상대방에게 양보하고 있음을 명확하게 알리고 그에 대하여 동의를 받아 양보를 하라.

그렇지만 상대방에게서 양보를 기대하지 말라. 상대방이 양보의 미덕을 발휘한다면, 양보의 실천을 감사히 생각하고 나중에 양보의 신용credit을 되갚아 양보를 실천하라. 그러나 상대방이 양보하지 않는다고 해서 상대방에게 적의를 품지 말라.

다섯째, 상대방과의 관계에서 서로에게 피해나 상처를 입히게 될 일을 사전에 파악하여 대응하라. 복잡한 현실에서 서로 관계를 맺고 일을 하다보면, 자기도 모르게 서로에게 피해나 상처를 입히게 되기도 한다. 사전에 그러한 일에 주목하여 미리 피해나 상처를 입지 않도록 대응하여, 적을 만들지 말라.

여섯째, 상대방과 솔직하고 진정한 대화를 통하여 진심으로 소통하라. 솔직率直이란 가려지는 것들을 치워내고 드넓게 터서 곧바로 한다는 뜻이다. 따라서 이것저것으로 자신의 진의나 진심을 감추거나 안보이게 하는 것은 솔率이 아니다. 직直은 바르고 곧게, 구부러진 것은 바로 펴고, 잘못된 것은 바로 잡는 것을 말한다. 따라서 솔직하게 대응한다는 것은 머리카락만큼의 잘못이나 감추는 것 없이 터놓는다는 것을 의미한다. 이와 같은 솔직성이 상대방과의 신뢰의 기초가 된다. 사람들과 함께 생존하고 함께 살아가는 자세를 보이고 자신의 진의眞意를 전할 수 있는 소통의 관계를 발전시켜라.

일곱째, 상대방을 이해하고 배려하라. 상대방에 대한 이해와 배려는 말로만 하는 것이 아니다. 구체적으로 상대방이 어떠한 것에 불안을 느끼는지, 무엇이 부족하고 무엇을 필요로 하는지, 어떠한 것을 잘못하는지, 그 이유는 무엇인지를 이해하고 그에 대하여 대응하는 것이다.

살아가다 보면 부득이하게 적을 만들게 되거나 상대방과 대립관계를 설정해야 할 경우도 만나게 될 수 있다. 만약 그와 같은 경우에 직면하게 되어 피할 수 없다면, 적극적 대립관계를 활용하라. 즉, 자신의 성공에 도움이 되는 대립관계를 설정하여 자신의 성공을 도모하는 방법을 전개한다.

예를 들면, 쉽게 이기기 힘든 경쟁자를 대응해야 할 대상으로 선정하여 그에 대응하여 성공하기 위한 의지와 노력, 지능과 전략을 전개한다. 만약, 마땅히 대응할 만한 경쟁자를 선정하기 힘들다면, 보다 완벽한 속성과 형태를 지닌 가상의 자기 자신을 상정하라. 가상의 자기 자신에 대응하여 성공하기 위한 의지와 노력, 지능과 전략을 전개할 수 있도록 하는 것도 현실적으로 유용한 조치가 된다.[32]

이와 같이 필요하다면, 대응해야 할 대상이나 실제적 또는 가상의 대상 또는 적敵을 선정하고 활용하는 전략적 대응을 전개하여 자신과 조직의 성과를 높이고 성공을 전개하는 방법을 전개하라.

패키지로 묶어서 대응하라

현실 생존대응을 위하여 대응요소들에 대하여 대응할 수 있는
단위로 나누고 패키지(package)로 묶어서 대응하라.

패키지 대응의 성과가 떨어진다면, 패키지의 구성요소의
설계와 대응단위를 변화시켜 대응하라

자신의 생존환경, 생존현실에서 요구되는 조건이나 요소들에 대
하여 대응을 용이하게 할 수 있는 「대응 패키지package」를 개발하라.

부상이나 상처를 입었을 때, 신속하게 대응할 수 있는 구급상자를
생각해보라. 무엇이 들어있는가? 응급조치에 필요한 여러 가지의
비상약품들이 찾기 좋고 사용하기 좋게 가지런히 배치되어 있다.

이와 같이 「필요한 요소들을 하나로 묶어서 성과를 높이기 위한
방법」이 패키지로 만들어 대응하는 것이다. 생존의 현실에도 다양한
패키지가 존재한다.

결혼 역시 인생을 살아가기 위한 대표적인 패키지 대응의 하나이
다. 결혼은 두 사람이 만나서 함께 가정을 일구며 인생을 살아가는 것

이다. 따라서 결혼을 할 때에는 결혼생활을 위한 패키지를 설계한다.

대부분의 젊은이들은 결혼식과 신접살림의 눈에 보이는 가시적인 패키지를 주로 생각하지만, 실제의 결혼생활의 패키지는 사랑을 중심으로 양가의 가족과 부부, 그리고 자녀와 일상의 패키지가 현실의 중심이 된다. 이러한 일상의 패키지의 현실구성요소들에 대하여 제대로 고려하지 않고 결혼을 하려는 사람들은 종종 삶의 패키지에서 무엇이 요구되는지를 이해하지 못하고, 그 대응에 실패를 경험하게 되어 행복을 지키지 못하고 파혼을 경험하게 되기도 한다.

새로이 창업을 하여 대응하려는 사람들도 사업과 관련된 패키지의 설계와 실천을 제대로 이해하지 못하게 되면, 제대로 사업을 벌이기도 전에 실패를 경험한다. 그럼에도 '실패는 성공의 어머니'라고 믿고 계속 돈을 빌려대고 사업을 계속하게 되면, 더욱 큰 실패가 기다리고 있다는 점을 간과하게 된다.

패키지를 잘못 이해했기 때문이다. 패키지는 물건을 팔 때, 물건이 상하지 않도록 박스나 포장지 또는 컨테이너로 감싸는 것을 말한다. 또한 대응하고자 하는 일이나 목표에 대하여 여러 가지의 필요한 요소들을 구성한 계획이나 제안과 같은 의미도 있다.

따라서 패키징packaging하는 것은 단순히 단위로 묶어서 포장만 하는 것이 아니라 필요한 구성요소들을 설계하고 계획하여 하나의 실천단위로 묶는 것을 의미한다. 호텔이나 여행사에서 새로운 서비스로 패키지 상품을 개발하여 고객을 유치한다. 병원에서도 환자와 가족의 건강증진과 치료에 필요한 의료 서비스를 묶어서 의료 패키지 서비스를 제공한다.

자신의 생존활동에서도 패키징의 관점에서 생존에 필요한 현실구성요소를 새롭게 패키징하여 생존능력을 강화한다. 예를 들면, 취업대란의 경우에도 자신의 일에 대한 패키징을 변화시켜 직업활동을 전개하는 것을 들 수 있다. 일의 패키징JP: job packaging을 생각해보자. JP는 일의 구성요소들을 필요에 따라 선별하여 구성하고 그에 따라 자신의 일을 패키지로 만드는 것이다.

사무실에서 문서를 중심으로 일하는 것만을 JP로 구성하지 않고 현장에서 발로 뛰고, 원산지를 돌아다니면서 원가를 낮추는 등의 일로 자신의 JP를 구성한다면, 자신의 JP의 적용성이 한결 넓어진다. 이와 같이 생존의 패키징을 변화시켜 대응함으로써 자신의 직업생존을 강화하라.

결혼중매회사에 문을 두드리는 사람들도 자신의 결혼 패키징MP을 어떻게 설계하는가에 따라 계속 퇴짜를 맞을 수도 있다. MP를 잘못 설정하는 사람들은 아무리 중매를 서도 매칭이 잘 성사되지 않는다. 더욱이 인생에서의 생존 패키징을 잘 만들고 보완하여 성공하려고 하기 보다는 결혼의 조건을 유리하게 하고 그 조건을 충족함으로써 인생을 성공을 추구하려는 욕심이 크기 때문이다.

그러나 결혼중매회사를 통하여 비싼 중매성사비용을 들이지 않아도 자신의 인생에서 MP를 폭넓게 설계함으로써 자신의 결혼생활을 풍요롭고 행복하게 살아가는 사람들도 많다. 비록 결혼생활의 출발 상황은 미흡하고 부족한 것도 많지만, 서로 생존의 현실과 사랑의 패키징을 꾸준히 개선하고 성공적으로 자기 현실을 운영함으로써 행복한 인생을 살아가게 되는 것이다.

즉, 생존 패키징의 내용과 방식이 다르기 때문에 성공하는 것이다. 어떠한 구성요소로 패키징의 내용을 편성할 것인지를 새롭게 결정하라. 또한 그 구성과 전개의 방식을 어떻게 이끌어갈 것인지를 결정하라. 일이건, 사업이건, 또는 자신의 현실이건 생존현실의 패키징을 새롭게 하라.

현실의 패키징, 즉 자기 현실의 패키지를 만들려면, 세 가지의 원칙을 고려해야 한다.

첫 번째 원칙은 무엇을 넣을 것인가에 대한 원칙이다. 이를 현실 패키징에서의 포함의 원칙이라고 한다.

두 번째 원칙은 무엇을 뺄 것인가에 대한 배제의 원칙이다.

세 번째의 원칙은 패키징에 들어가는 요소들을 효과적으로 결합하는 결합의 원칙이다. 포함과 배제, 그리고 결합의 원칙이 결정되면, 현실에서 선택을 용이하게 추진할 수 있게 된다. 자기 현실에서 생존을 위하여 포함과 배제, 그리고 결합의 원칙을 적용하라.

예를 들어, 생존에 절실하게 필요하다고 판단되는 것이 아니라면, 그것이 소중하다고 생각되는 것이라도 과감히 배제하라. 유명한 대기업에 취업을 하려고 청년이 취업재수생이 되어, 고된 입사시험 준비의 현실을 몇 년째 살아가고 있다면, 일단 판단하라. 자기 현실에서 성공하기 위하여 반드시 대기업의 취업만이 대안인가를 신중하게 판단하라. 만약 그렇지 않다면, 그러한 대상을 배제하는 것이다.

만약, 회사의 지명도는 떨어지지만, 자기를 인정해줄 수 있는 중견, 중소기업이라도 자기의 꿈과 능력을 펼칠 수 있다면, 그러한 대상을 포함시켜라. 여기에 결합시킬 수 있는 기술적 요소와 정렬을 결합하라. 생존현실의 패키징이 변화된다.

신제품연구를 하는 사람들은 첨단 시설장비가 포함되는 조건과 형태로 자신의 연구 현실의 패키징을 설계하는 경우가 종종 있다. 이와 같은 경우, 첨단 시설장비가 없게 되면 연구 활동이 수행되지 못하게 된다. 그 이유는 첨단 시설장비가 연구 활동의 조건이 되기 때문이다. 이와 같이 현실의 조건충족에 구속받지 않도록 자기의 생존현실 패키징을 설계해야 한다.[33]

만약 자신이 구성한 현실의 패키징이 현실에서의 성과를 보장할 수 없다면, 생존 패키징을 새롭게 설계하여 대응하라. 환경현실이 아무리 심각하고 어려워도 생존의 패키징을 유연하게 폭넓게 적용하고 그 구성요소들의 설계를 변화시켜 대응하라. 자신의 생존대응의 가능성과 능력이 확대된다.

●●●●●●●○

생존 프로그램을 실천하라

프로그램은 계획의 행동방안을 실천적으로 구성한 것이다.
생존 프로그램으로 현실생존의 성과를 높여라.

생존현실에 따라 생존 프로그램을 단계적으로 변화시켜라.
처음에는 낮은 차원에서 시작하게 되더라도 생존 프로그램을 계속 향상시켜 실천하라.

　현재의 상황이 힘들고 어려울 때, 자신의 생존 프로그램을 만들어 대응하라. 생존현실에서 버티고 견디기만 할 것이 아니다. 보다 나은 내일의 생존을 위하여 내일을 계획하고 실천행동의 방안을 구체적이고 실천적으로 편성하여 바람직한 현실로의 이동, 또는 생존현실의 변화를 전개하라.

　프로그램program은 목적과 목표를 중심으로 계획을 세우고 필요한 요소들을 투입하고 결합적으로 운영하여 실천하는 것을 의미한다. 따라서 프로그램 내에 목표를 달성하기 위하여 여러 가지의 패키지들을 구성할 수 있다.

　생존 프로그램은 당면하고 있는 현실과 환경, 상황에 생존하기 위하여 편성된다. 개인이나 조직, 국가를 막론하고, 당면하고 있는 현실과 환경에 대응하여 생존하려면 적극적인 프로그램을 만들어 실천한다.[34]

조직에서도 세계 제일의 기업창조의 목표를 달성하기 위하여 전략적 계획과 프로그램을 전개한다. 개인도 입신양명과 같은 큰 목표를 달성하기 위하여 성공 프로그램을 실시한다. 이와 마찬가지로 생존이 위태로운 상황에서도 생존 프로그램을 통하여 자기의 생존을 강화한다.[35]

현재 단계에서 대응할 수 있는 생존 프로그램으로 일단 버티고 견디어낸다면, 그 다음의 생존전략을 어떻게 전개하여 자신과 종족을 유지할 것인지에 대한 프로그램이 지속적으로 전개된다.

자연과 생물의 지능적 대응이 어떻게 전개되고 있는가를 참조하고 생존 환경에 따라 자신의 생존 지능과 생존 프로그램을 단계적으로 강화하여 자신의 생존성과를 향상시켜라.

● ● ● ● ● ● ● ● ✔

자기를 이겨내라

자기 극복의 내부대응이 제대로 되어야 외부대응에서 힘을 발휘할 수 있다.
자신의 현실 성공을 억제하는 자기, 자신의 성장과 발전을 억제하는
자기를 극복하여 현실 성공, 현실 적응의 성과를 높여라.

현실적응, 현실대응을 거부하려는 자기를 이겨내라.

생존대응에는 외부대응과 생존환경에서 요구하는 자기극복의 내부대응이 요구된다.

따라서 생존대응에는 「외부적 차원에서 대응」하는 외부적 전략과 「자기를 환경에서 요구하는 바에 따라 변화시키고 대응」하는 내부적 전략이 전개된다.

자기를 극복하는 일은 상황을 극복하는 일보다 어렵다. 당면하고 있는 환경이나 상황에 대응하는 일은 아무리 힘들어도 이리저리 대응해보면서 방법을 찾아낼 수도 있지만, 대응주체인 자기의 특성이나 성격, 경향, 습관과 같은 것을 극복하는 일은 의외로 쉽지 않기

때문이다.

생존이 위태로운 상황이라면, 외부적 도전이나 압력에 대응하기 위하여 스스로 긴장을 높이게 되고, 상황에 따라 자기의 현실대응의 내용과 방법을 변화시켜 대응하게 되어 자기의 변화나 극복도 의외로 수월하게 전개할 수도 있다.

이러한 점에 착안하여 자기극복이나 자기 변혁이 힘들 때, 의도적으로 스스로 위태로운 상황을 만들기도 한다.[36]

자기극복의 문제는 사회 활동의 전개나 직업 활동에서 특히 주목된다. 자신이 선호하지 않는 일들에 대응하는 것에 대하여 힘들어하고 고통을 호소하는 사람들 중에는 일 그 자체가 힘들어서라기보다는 일에 적응하지 못하는 자기 자신의 극복을 더 힘들어하는 것을 볼 수 있다.[37] 따라서 평소에 자기극복을 해낼 수 있는 방법을 관리하고 자기극복 체질을 만들어 대응할 수 있도록 스스로 자기단련을 강화할 필요가 있다.

자기 극복을 하려고 할 때, 종종 자기의 어떠한 것을 극복해야 할 것인가에 대하여 판단이 서지 않을 때가 있다. 자기극복은 약함, 부족함, 또는 잘못된 성과를 내고 있는 자기를 스스로 변화시켜 자기 자신과 현실에 대응하는 것을 의미한다. 그렇다면 자기 현실에서 강하고 충실한 자신은 극복의 대상이 아니라 유지하고 발전시켜야 할 대상이다. 따라서 자기극복은 현실성과를 잘못 이끌어가는 자기 자신이며 바로 그러한 점들을 극복하여 대응해야 한다는 것을 의미한다.

자기극복의 대상이 불명할 때에는 다음과 같은 12가지 현상을 이끄는 자기에 주목하고, 과감하게 자기를 극복하라.

자신을 잘못 이끄는 12가지 현상을 극복하라

1. 자기의 현실에 대응하거나 적응하려고 하는 일을 기피하거나 거부하려는 자기를 극복하라.

2. 자기의 현재와 현실성과를 잘못 주도하는 자기를 극복하라.

3. 자기의 미래현실을 거부하고 외면하려는 자기를 극복하라.

4. 자기의 현실책임과 미래책임을 회피하려는 자기를 극복하라.

5. 자기 현실에서 중요한 구성원, 즉 가족, 친지, 주변의 협력자, 이해관계자들의 행복을 파괴하려는 자기를 극복하라.

6. 자기의 신체적, 정서적, 정신적 건강을 해치려는 자기를 극복하라.

7. 자기의 현실관계를 나쁘게 이끌어가는 자기를 극복하라.

8. 자기의 행동을 나쁘게 이끌어가는 자기를 극복하라.

9. 자기의 생각이나 마음을 나쁘게 이끌어가는 자기를 극복하라

10. 자기의 정신이나 자기 현실을 파괴하려는 자기를 극복하라.

11. 편협한 취향이나 특정한 선호에 길들여져 자기 현실적응을 저해하는 자기를 극복하라.

12. 자신의 현실을 개선하고 새로운 시도를 억제하려는 자기를 극복하라.

어떻게 해도 스스로 자기극복을 할 수 없다면, 신神의 힘이라도 빌려 자기와 자기 현실을 극복하라. 자신의 교만함을 과감히 털어내고 자신에게 합당한 종교를 찾아 신에게 의지하라.[38]

1 자신감이 충만하고 자기 현실대응에 있어서 적극성과 충실성이 높다면 제1주는 생략하고 다음 주의 내용부터 살펴보아도 좋다.

2 어떠한 생존을 할 것인가? 생존을 하는 것도 방식과 내용이 중요하다. 최근에 이슈가 되었던 안락사에 대한 사회적 관심은 바로 인간 생명의 존엄성과 생존의 방식과 내용에 대한 판단을 어떻게 해야 할 것인가에 초점이 맞춰졌다. 생존을 하게 되더라도 어떠한 생존의 방식과 내용으로 살아갈 것인가에 대한 결정을 배제하게 된다면 생존 그 자체만으로는 진정한 의미에서의 삶을 창조할 수 없기 때문이다. 그러나, 그 어떠한 경우에도 우선 생존할 수 없다면, 존재와 삶의 의미를 추구할 수 없게 된다.

3 억제와 통제에 관한 성공원칙은 이 책의 제2권 제6주 '자신의 현실을 통제하라'를 참조.

4 周易, 窮卽變, 變卽通, 通卽久

5 물론 다른 방도가 있다면, 새로운 방법이나 대응방안을 찾아 실천하면 된다. 그러나 아무리 해도 현재 처하고 있는 상황이나 현실에 대한 대응 방법이나 방안이 없다면, 자포자기를 하기 보다는 일단 버티고 견뎌내야 한다.

6 현실의 환경에서 지독한 사람을 원하는 현실이라면, 자신도 지독하게 변화시켜 환경에 적응하는 것이다. 이와 마찬가지로 현실에서 유연하고 창조적인 사람을 원한다면, 자신을 유연하고 창조적인 사람으로 변혁시켜서 대응하는 것이다. 따라서 자포자기보다는 자기 적응을 통하여 버티고 견디는 것이 한결 더 전략적인 것이다.

7 즉, 자신이 당면하고 있는 상황이나 현실에 대하여 전략적 대응능력과 선택방법이 부족할 경우, 부득이하게 자포자기의 대안을 선택할 수밖에 없는 것이다. 따라서 자포자기를 하기 전에, 전략적 관점에서 자신의 능력을 점검하고, 자신의 전략적 현실 상황대응의 의식과 방법, 논리를 강화할 필요가 있다. 또한 선택적으로 자포자기를 하게 되더라도 언제까지 어떠한 조건에서 자포자기의 선택을 변경할 것인지를 판단하여야 한다.

8 자포자기로 자신을 스스로 약하게 하지 말라. 자포자기로 환경현실과 자신을 무책임하게 방임하면서 자신을 더욱 더 힘들게 만들지 말라. 당면하고 있는 환경 현실에서 요구하는 적합한 대응이 무엇인지를 파악하고 적합한 대응을 전개할 수 있도록 자기를 변혁시켜라.

9 대부분의 성공철학에서 강조하는 것이 인내의 덕목이다. 아무리 힘들어도 참을 인忍을 마음속으로 세 번만 다짐하면, 살인을 면한다고 하는 말이 있다. 인내심의 위대함을 보이는 대목이다.

10 인내는 아무 일이나 붙잡고 성과도 없이 미련하게 그 일을 계속하는 것을 말하는 것이 아니다. 이와 같이 자기 현실을 이끌 바에는 새로운 현실로 이동하거나 창조하여 대응하는 것이 한결 좋다. 그러나 자신이 버텨야 할 일이 제대로 구상된 일이며, 당연히 해야 할 일이라면, 자신의 부족한 인내력을 키워서 대응해야 한다.

11 인내는 자신이 처한 상황에 대하여 미련하게 그냥 참아내는 것이 아니다. 사람들이 인내를 실천하는 모습도 제각기 다르다. 미련하게 실패를 향하여 고집을 부리면서 버티는 인내가 있는가 하면, 극복하기 어려운 상황 하에서도 끈기 있는 성공을 실천하는 인내도 있다. 어떠한 인내를 해야 할 것인가? 당연히 자기 현실을 성공시키는 인내를 해야 한다. 그렇다면 어떠한 것이 과연 성공으로 이끄는 인내인가를 알아야 한다. 그것이 무엇인지를 모른다면, 무조건 참고 인내하라는 것은 오히려 성공을 힘들게 하는 인내가 될 수도 있다.

12 노루를 사냥하는 정글의 사자를 보라. 노루가 기민하게 움직이면 사자도 제대로 추격을 하지 못한다. 따라서 사자들은 자신의 먹잇감인 노루가 기민성을 충분히 발휘하기 전에 사냥하기 위하여 은폐, 엄폐하여 최대한 가까이 근접하기 위하여 잠입해 들어간다. 이 경우에도 노루가 기민하게 대응하게 되면, 사자의 사냥은 허탕을 치고 만다. 그러나 노루가 방심하고 기민한 대응을 늦추게 되면, 이내 사자들에게 물려뜯기고 만다.

13 대체로 행동이나 방법이 서툰 사람들이 허겁지겁 서둘게 된다. 그러나 방법도 서툴고, 행동도 서둘게 되면 그 행동대응의 성과가 낮을 뿐만 아니라 자칫하면 사고가 생기기도 한다. 그러나 기민한 사람들은 방법과 행동에서 훈련, 단련, 숙련된 성과를 보인다.

14 임계치critical mass, 임계규모란 어떠한 물리 현상이 갈라져서 다르게 나타나기 시작하는 경계의 수치라고 설명되고 있으며, 일정한 상태로 전개하거나 또는 그와 같은 상황을 만들어내기 위하여 필요한 최소한의 수준을 의미한다. 사업의 경우 전략적 손익분기점strategic break even point를 의미하며 투자의 경우 투자성과를 거두기 위하여 필요한 최소 투자규모라고 할 수 있다. 이와 마찬가지로 경제적 생존규모critical mass란 기업이 어떤 산업에서 수익성을 확보하기 위하여 투자해야 하는 「최소한의 투자소요액」을 말한다.
최근에는 시장의 「글로벌화」, 연구개발에서의 「투자소요액의 증대」 및 「자본집약도의 점차적인 증가」 등에 따라 대부분의 산업들에서의 임계치, 즉 생존규모가 증대되고 있다. 앤소프, New Corporate Strategy, 박동준 역, 최신전략경영, 소프트전략경영연구원, 1993.

15 자존심에 대한 대응은 이 책 제3권 제6주 '자기를 이끌어라'를 참조.

16 이와 같이 외부적 현실대응에 필요한 임계치의 충족을 외부적 임계치 충족이라고 한다.

17 만약, 쉽게 흥분하고 감정의 기복이 심하여 현실대응의 성과가 떨어진다면, 자신의 감정반응의 임계치를 높여라. 감정반응의 임계치를 높이면, 자신의 감정적 대응을 무디게 하고, 쉽게 화를 내거나 불쾌한 감정표출에 따라 유발되는 현실의 관계대응에서의 문제현상들을 극복할 수 있게 된다.

18 소위 칠전팔기의 투지나 추진의지는 집요한 도전의식을 통하여 내부적 임계치를 뛰어넘게 한다.

19 예를 들면 사랑이 자기 자신의 정신, 생각, 마음, 행동, 관계를 예속시켜도 그에 대한 구
   속을 알아차리지 못한다. 뿐만 아니라 자신의 성공이나 가족, 친구, 심지어는 자기 자신
   도 제대로 알아보지 못하게 된다. 자신이 빠져버린 사랑에 넋을 잃고 절대복종하게 되는
   것이다. 사랑의 향기와 마법에 취하기 때문이다. 그러나 자신이나 상대방을 구속하는 사
   랑은 그 향기와 마법이 효능을 잃게 되면 오래가지 못한다.

20 낚시를 좋아하는 사람은 주말과 휴일을 모두 낚시활동에 구속된다. 도박에 빠지는 사람
   은 도박에 구속된다. 애완동물을 키우는 사람은 자신이 애착을 갖고 키우는 애완동물을
   거두는 일에 시간과 노력, 관심을 빼앗기게 된다.

21 최근 휴대전화나 손바닥이나 작은 노트만한 게임전용 컴퓨터를 이용한 게임이 사람들을
   마구 끌어들이고 있다. 처음에는 흥밋거리와 호기심에 시작한 게임이 스토리를 지니기
   시작하면서, 유저들이 게임을 중단하기 힘들게 만들어 놓았다.
   이것은 명백한 자기 현실의 구속의 전형적인 예이다. 할 일이 그것뿐이 없는 사람이라면
   그래도 봐줄만 하다고 해도 자기 현실에서 해야 할 일이 많은 사람이 일상에서 순간순
   간 게임에 정신을 팔고 손가락이 게임 프로그램에 예속되고 있는 현상은 아무래도 잘못
   된 것이다. 프로게이머를 지향하지 않는다면, 결코 상습적으로 게임에 빠지거나 구속되
   지 말라. 게임의 구속이 당신의 소중한 시간과 관심, 행동과 현실을 지속적으로 구속하고
   좀먹어가기 때문이다.

22 동물보호요원들이 길을 잃고 잘 먹지도 못한 동물을 보호하기 위하여 포획하려고 하면,
   본능적으로 필사적인 저항을 보인다. 자기에게 보다 좋은 환경을 제공하려고 하는 것을
   이해하지 못할 뿐만 아니라 강압적인 구속이 자기에게 피해를 입힐 것이라는 기대감, 공
   포와 불안감을 증대시키기 때문이다.

23 이와 같은 착각은 스스로 해결할 수 없는 상황에 대하여 생존적응을 하기 위한 방편으로
   자기 스스로 체념하는 과정에서 자기 정당화의 일환으로 조성된다.

24 이와 같은 현상은 범죄자의 교도와 교화를 위한 수감생활에서도 명백히 드러난다. 즉, 교
   도소의 수감 생활 중에 자신의 범죄행동에 대한 자기 행동의 반성과 수정보다는 교도소
   현실에서 범죄자들 간에 단체생활의 현실에 적응하고 안정하려는 행동이 우선된다.

25 구속이 강제적일 경우, 구속의 내용과 정도, 그리고 심리적 반응에 따라 저항이 발생한
   다. 구속의 전개에 대한 결과는 구속력과 저항력의 세기에 따라 결정된다. 구속력이 강하
   여 저항할 수 없게 되면, 구속된 현실에 생존 적응하기 위하여 구속현실 내에서 체념과
   안정을 추구한다.

26 그러한 사실을 이해하지 않고 결혼과 자유를 동시에 추구하려는 경우, 혼란에 빠지는 현
   상을 경험하게 된다. 심지어는 결혼을 새로운 자유를 찾아가는 현실의 탈출구로 생각하
   는 경우도 있다.

27 그러나 자유도를 높이는 것이 바람직한 것인지에 대한 판단이 선행되지 않을 경우, 구속

과 자유에 대한 섣부른 판단은 오히려 자기 현실의 성과를 잘못 이끌 수도 있다. 자기와 현실의 자유도가 현실적으로 중요하게 대두될 때는 구속이나 속박 때문에 마땅히 해야 할 일이나 판단, 행동이 잘못될 경우이다.

28 예를 들면, 특정한 행동에 대하여 동일한 가치를 제공하는 다양한 선택이 가능할 경우, 선택판단과 취사선택의 자유가 부담이 되어 시간과 노력을 낭비하게 하고, 행동을 지연시키며 자기 현실의 갈등을 증대시킨다.

29 그것은 구속이 체계와 수단을 통하여 힘을 발휘하고 있기 때문이다. 따라서 구속하고 있는 힘을 극복할 수 없으면, 구속에서 벗어나는 일이 힘들게 된다. 즉, 구속의 목적, 구속의 체계와 구조, 수단과 방법을 통하여 구속의 현실을 지배하고 있을 뿐만 아니라 그에 적응하고 있는 자기 현실의 새로운 변혁에 대하여 전략적으로 대응할 필요가 있다. 새로운 현실창조의 전략적 전개를 위한 내용은 제2권과 3권에서 좀더 살펴보도록 하자.

30 예를 들면, 영화의 소재로 종종 등장하는 도박이 있다. 도박의 왕을 넘어서 거의 도박의 신의 경지에 도전하는 사람들의 이야기를 흥미롭게 영화로 만든 영화들이지만 그와 같은 영화의 스토리들은 결코 보통사람들이 모방해야 할 현실은 아니다. 이와 같은 사람들은 도박을 통한 상대방들과의 대립관계에 휘말려, 가산을 탕진하게 되고, 결국에는 폐인이 되고 만다.

31 이 책 제3권 제1주 4일차 〈원칙 1.4〉 '공생전략을 추구하라' 참조.

32 조직이나 국가의 차원에서는 내부적 혼란을 조정하고 내부적 갈등 에너지를 전환하기 위하여 정치적으로 가상의 적이나 인접하고 있는 대상조직이나 국가를 적으로 만들어 전쟁을 펼치기도 한다.

33 TV에서 방영하는 무인도나 오지에서 생존하는 모험 프로그램이 있다. 식량이 떨어져도, 나무줄기나 곤충의 애벌레, 야생의 생물들을 먹어가며 생존에 성공한다. 밥이 없다고 굶어죽는 것이 아니다. 식사는 현실의 생존조건을 충족하는 수단일 뿐이다. 쌀이 없으면, 쌀을 대용할 수 있는 것들을 포함시켜 생존현실의 패키징을 변화시켜라. 조건이 어떻게 되건, 자기의 생존현실에서 대응하고 실천할 수 있는 패키징을 편성하라. 언제든 어디에서건 생존할 수 있다.

34 국가적으로 도전적인 경제발전 프로그램을 만들어 실천했던 대표적 예는 한국의 경제성장의 기적을 실현시킨 경제기획원에서 주도한 1차부터 4차에 걸친 경제발전 5개년 계획이다. 이후에 환경현실도 변화하고 정권도 여러 번 바뀌면서 그 추진의 방향이 새롭게 변화하였지만, 이와 같은 국가적 발전 프로그램의 적극적 전개가 국가의 생존과 번영을 주도하게 된다.

35 개구리도 동면을 하면서 그냥 잠만 자는 것이 아니다. 동면의 생존전략을 실천하면서 머지않아 경칩과 입춘이 오면, 실천해야 할 번식을 통한 생존을 준비한다. 새를 통하여 씨앗을 퍼트리는 식물들도 새들에게 과육과 씨앗을 제공하면서 새들이 위장 속에서도 녹

지 않고, 버틸 수 있도록 씨앗의 표면을 강하게 처리한다. 새의 배설물로 떨어진 씨앗이 주변의 환경이나 현실이 열악하다고 결코 자포자기 하지 않는다.

36 그러나 이와 같은 외부적 자극을 만들어 대응하는 방법을 계속 활용하게 되면, 위태로운 상황이 해소되거나 또는 위태로운 상황이 오기 전까지는 소극적으로 대응하면서 그동안의 자기를 유지하려는 생각이 지배적으로 작용하기도 한다. 심지어는 상황이 위태로운 국면으로 치닫고 있음에도, 결정적일 때에 대응하겠다고 하면서, 스스로 자기극복은 제대로 되지 못하여 곤란에 처하게 될 수도 있다.

37 취업대란의 상황에서도 누구나 하기 싫어하는 일들을 기꺼이 맡아서 수행하려고 한다면, 취업대란의 문제는 쉽게 극복된다. 만약 돈을 벌고 싶다면 누구나 하기 싫어하는 일에 초점을 맞추어 일이나 사업을 찾아 대응해보라. 자기 극복을 얼마나 잘 해낼 수 있는가에 따라 자기 현실에 대한 적응과 생존의 성과와 능력이 결정된다.

38 현실적으로는 신에게 의지하고 싶어도 자기 자신을 굽히지 못하고 교만한 마음과 쓸데없는 자존심 때문에 종교에의 의지와 귀의가 힘든 사람들이 있다. 그러나 그러한 현상은 자존심 때문이 아니다. 자기를 스스로 낮추지 못하기 때문이다. 절대자 또는 신에게 자신을 낮추지 못하고 종교에 의지하지 못하는 이유는 한편으로는 교만하고 어리석은 마음이 자기 자신을 지배하고 있기 때문이다.
어리석음은 종교적 지혜로 대응하고 극복할 수 있지만, 교만함은 쉽게 극복되지 못한다. 자신이 교만함을 경계하라. 자신을 극복하지 못하여 종교적 권능에 의지하려는 자기 자신의 노력조차 금지시키기 때문이다.

생존전략을 필사적으로 전개하라

생존이 힘들 때, 생존전략으로 대응하라.

제2주차에서는 자신의 현실에서 생존대응의 성과를 높이고 생존활동을 강화하기 위하여 주의 깊게 검토해야 할 생존전략의 유형과 특성을 점검한다.[1] 여기에 생존 스트레스가 높아지면, 생존의 유지는 더욱 힘들게 된다. 자신의 현실에서 어렵고 힘든 난관에 봉착했다면, 자신의 생존전략을 점검해보라. 생존 스트레스가 높다면, 자신을 좀먹고 있는 생존 스트레스 속에서 자기 파괴의 현상의 진행을 스스로 방치하지 말라. 자기의 생존 능력과 체질을 강화하고 생존 전략을 발휘하여 생존 스트레스에 효과적으로 대응하라. 자기가 추진하고 있는 생존의 전략들에는 어떠한 전략들이 있으며 자신은 어떠한 전략으로 어떻게 대응하고 있는가?

제2주의 주요내용

1. 생존전략으로 현실 상황을 타개하라 2. 3최 전략원칙을 전개하라
3. 피해 최소화의 생존전략을 실천하라 4. 난국돌파의 생존전략을 실천하라
5. 축소의 생존전략을 실천하라 6. 자기보호의 생존전략을 실천하라
7. 희생의 생존전략을 실천하라 8. 생존전략능력을 강화하라

생존전략으로 현실 상황을 타개하라

생존을 위협하는 상황이나 생존이 힘들다고 느껴지는 상황에 처해있다면,
상황에 대응하는 생존전략을 전개하여 상황을 극복하고 타개하라.
자신의 현실 생존은 자기 자신이 이끌어가는 것이다.

무기력한 사람은 평범한 일상에서도 생존이 힘들게 된다. 생존을 위협하는 것은
외부적 조건뿐만이 아니다. 자기 자신의 내부적 조건을 잘 못 이끌게 되면,
더 위험한 생존의 위협에 처하게 된다.

생존은 단지 생명의 유지를 의미하는 것만은 아니다. 생존은 자기
자신의 생존조건을 유지하고 창조해가는 것이다.

자기 자신의 현실의 생존조건에는 외부적 조건과 내부적 조건이
있다. 외부적 조건에서 생존에 위협하는 요인이 있다면, 당연히 필
사적이고 적극적으로 그에 대응해야 한다. 자기 현실의 생존위협에
대한 대응에 이유를 따지지 말라. 그것은 생존이 존엄한 생명의 유
지의 절대적인 명제이기 때문이다.[2]

이 책을 저술하는 중에 새 봄을 맞게 되어 큰 화분을 준비하여 빨

간색, 분홍색, 노란색, 하얀색의 튤립을 심었다. 예쁘게 피어있는 튤립을 보고 아내가 그 꽃말을 이야기 해준다.

"꽃은 왕관, 줄기는 기사, 그리고 뿌리는 돈과 재물이래요. 옛날에 어떤 아름다운 여인이 왕과 기사, 그리고 재상으로부터 청혼을 받았대요. 그래서 누구와 결혼할 것인지를 고민하다가 그만 죽어 튤립이 되었다는 이야기가 있지요."

"이런 멍청한 일이 있나? 선택할 수 있는 대상이 많아서 죽다니?"

그러나 현실적으로는 서로 배타적으로 선택할 수 있는 것이 많다는 것도 생존에 위협을 줄 수 있는 명백한 요인이 된다. 선택 스트레스가 내부적으로 자신을 위협하기 때문이다.

주의해야 할 점은 내부적 요인에 의하여 자기 스스로 생존을 위협하거나 파괴할 경우, 그 판단이 흐려지고 생존대응에 실패할 수 있다는 점이다. 이와 같은 오류현상은 자기도 모르게 빠져들 수 있는 내부적 생존위협요인이 된다. 이러한 오류는 외부적으로 생존을 위협하지 않아도 자기 스스로 내부적으로 생존을 위협하는 중대한 질환이므로 특히 경계하라.

생존전략은 자신의 현실생존을 위협하는 외부적, 내부적 위협요인에 대응하는 전략이다. 〈도표 1〉에서 보는 바와 같이 생존전략은 기본적으로 다음과 같은 네 가지로 구분된다.

도표에서 보는 바와 같이 위와 아래는 자신의 생존을 유지하는 전략과 자신의 생존을 파괴하고 위협에 대응하는 전략으로 구분된다. 생존의 유지전략은 자기 현실의 유지와 창조를 추구하는 전략이며 생존의 파괴, 위협에 대응하는 전략은 상황현실이나 파괴, 위협의 주체에 대응하는 전략이다.

도표의 오른쪽과 왼쪽은 내부적 요인에 대응하는 전략과 외부적 요인에 대응하는 전략으로 구분된다. 따라서 생존의 대응방향에 따라 외부적 대응의 생존전략과 내부적 대응의 생존전략, 그리고 외부와 내부를 서로 결합적으로 대응하는 생존전략으로 구분된다.

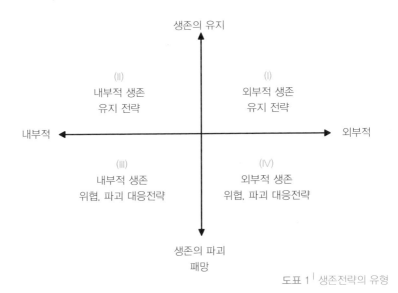

도표 1 | 생존전략의 유형

내부적 대응의 생존전략

〈도표 1〉의 왼쪽 위 (II)의 영역에 해당하는 내부적 대응의 생존전략은 생존 유지 전략과 생존현실 파괴, 위협 대응전략으로 구분된다. 생존 유지전략은 자기 현실의 내부적 유지와 자신이 추구하는

성공현실을 실현하기 위하여 추구되는 전략이다.[3] 따라서 생존 유지 전략을 전개하기 위하여 자기 스스로 자기 현실에 대하여 자발적 추진의지를 유지하고 발휘하는 것이 필수적이다.[4]

도표의 왼쪽 아래 (III)의 영역인 내부적 생존현실 파괴, 위협 대응전략은 자기 스스로 생존현실을 파괴하는 현상에 대응하기 위한 전략이다.[5] 내부적 대응의 생존전략은 내부적 위협과 파괴의 인식능력에서 출발한다.[6] 따라서 무엇이 자기 생존현실을 파괴하고 위협하는가에 대하여 자기 스스로 엄격하게 점검하고 대응할 필요가 있다.

이에 대하여 구체적인 점검 실천방법에는 자기 점검방법과 주변의 사람들에 의한 점검방법, 전문가에 의한 상담진단방법이 있다.[7]

만약, 자기 현실생존의 상태가 무기력하거나 의기소침, 생동감이나 적극성의 결여, 현실 목표의 상실, 자기 또는 타인과의 약속의 위반의 증가, 현실을 구성하는 소중한 시간의 낭비 현상의 반복, 소극적 사고방식이나 행동양식, 우울한 분위기, 현실성과의 저조현상을 보이고 있다면 일단 자기 현실생존의 파괴 가능성이 높고 생존위협의 위험한 상태에 처하고 있다고 간주하라.

자신이 점검하건 또는 다른 사람들이 판단하건, 이와 같은 현상이 느껴지면, 자기 현실생존을 좀먹고, 파괴하며, 생존을 위협하고 있는 자기 스스로를 교정하기 위한 자기 현실 변화 전략을 전개하라.

어떻게 해도 방법과 지혜가 떠오르지 않는다면 가장 좋은 것은 역시 전문가와 상담을 받는 방법이다.

자기 스스로 자기의 처방에 의하여 전개하고자 한다면, 다음과 같은 방법을 전개하라. 일단 스스로 전개하고 있는 현재의 현실파괴와 위협행동을 즉시 중지한다. 나쁜 일이나 바람직하지 못한 것들은 일단 중지하면, 더 이상 나빠지지 않는다. 만약 중지만으로 해결이 되지 않는다면, 그동안 전개해온 자기 현실의 행동을 반대로 진행하라.

예를 들어, 그동안 자기 현실대응이 무기력하였다면, 스스로 기력을 회복하기 위한 조치를 취하라. 의기소침이나 현실 목표를 상실한 채로 자기의 소중한 현실을 표류시켜 왔다면, 의기를 북돋우고 자신의 목표를 새로 세워서 전략적으로 대응하라. 자신의 기력을 충전하고 회복하는 일도 다른 사람의 조력에 의존하려고 하지 말라. 자력갱생自力更生의 자세로 자신의 활력을 확보하라. 만약, 생동감 결여 또는 소극적 사고방식이나 행동양식, 적극성의 결여로 자기의 소중한 현실을 좀먹고 있었다면, 적극성을 높이고 자기 현실의 활력을 증대시키기 위한 실천 활동을 강화하라.

그동안 자기 또는 타인과의 약속위반으로 인해 현실을 구성하는 소중한 시간의 낭비 현상의 반복과 같은 일들이 자기 현실의 성과를 파괴해왔다면, 자기와의 약속, 타인과의 약속을 준수하려고 노력하여 약속이행의 기쁨을 즐겨라. 만약 자기 현실에서 우울한 분위기에 빠져들어 벗어나지 못하고 있다면, 자기 현실의 기쁨을 창조하기 위하여 어떻게 노력해야 할 것인지를 찾아내어 음지의 현실을 양지의 현실로 바꾸어라.

이와 같은 내부적 대응의 전략은 내부적 대응을 실천하고 수행할 수 있는 능력을 필요로 한다. 내부적 대응의 생존전략 수행능력이 부족하다면, 이제부터라도 자신의 내부적 능력을 강화하라.

능력이 부족하다고 체념하거나 비굴해지지 말라. 역설적으로 들릴 수 있으나 능력은 부족할수록 더욱더 발휘되기 마련이다. 현실에서 탁월한 능력을 발휘하는 사람들은 대부분 자신의 능력이 부족하기 때문에 분발하고 강화시킨 결과라는 점을 이해하라. 이와 같은 자기 현실에 대한 내부적 통찰력을 높이고 자기 스스로 내공을 강화하라.

외부적 생존 유지전략

외부적 대응의 생존전략은 〈도표 1〉의 오른 쪽 위 (I)의 영역에서 보는 바와 같이 현재의 자기 현실을 현상유지하거나 자기가 추구하려고 하는 현실을 창조하기 위한 전략과 오른 쪽 아래의 (IV)의 영역에서 보는 바와 같이 외부의 생존파괴, 위협에 대응하기 위한 전략으로 구분된다.

오른 쪽 아래 (IV)의 영역에서의 외부의 생존파괴, 위협에 대응하기 위한 전략은 주로 자신의 생존을 위협하는 위협주체, 즉 자신의 생존현실을 파괴하거나 위협하는 적敵이나 위협 현상에 대응하는 생존전략으로 외부적 대응행동의 내용과 특성을 규정한다.

따라서 적이나 위협 현상에게 대응하기 위한 전략이 그 주요내용이 된다. 이와 같은 대응전략은 누가, 또는 어떠한 것이 자기 현실을 위협하거나 파괴하는 상황인가에 대한 인식을 토대로 전개된다. 만약, 누가 적인지 또는 어떠한 것이 자기 현실의 위협 또는 파괴상

황인지를 인식하지 못하면, 외부대응의 생존전략은 제대로 전개되지 못한다.[8]

이와 같은 이유에서 외부적 대응의 생존전략의 전개는 자기 현실의 인식능력이 필수적이다. 따라서 무엇이 자기 자신의 현실 파괴와 위협인지를 인지하지 못하는 사람들은 실제로 자신이 현실이 파괴되고 있는지에 대한 분별조차 하지 못할 뿐만 아니라 자기 자신의 현실을 유지하는 생존전략조차 제대로 전개할 수 없다. 이와 같은 경우, 생존전략을 전개하려면 우선 자기 현실의 외부적 파괴와 위협에 대한 인식능력을 키워야 한다.

자기 현실의 파괴와 위협에 대한 외부적 인식의 출발점은 자기 자신이 추구하고 있는 현실의 전개 내용과 그 실천성과를 직시直視하고 냉철하게 판단하는 일로 출발한다.

가장 간단한 판단방법은 누군가, 또는 특정한 현상이 자기 현실에서의 성과를 나쁘게 하거나 자신의 성공추구활동이나 성공관계를 억제하는 방향으로 이끈다면, 일단 그러한 사람이나 현상을 자기 현실의 파괴와 위협의 요인으로 간주하는 방법이다.

예를 들면, 학업을 함께 하는 친구들 중에 학업에 도움이 되지 않는 친구들이 있다면, 그 사람을 자기 학업현실을 파괴하는 요인으로 간주하고 대응하는 것이다. 물론 친구들 중에는 학업보다는 서로의 우정을 더욱 중요시하는 벗들도 있다. 그러나 학업현실에서는 학업에 도움을 주지 않고, 오히려 지장을 주고 있다면, 그에 대하여 확고히 대응할 필요가 있다.

이와 마찬가지로, 경제적으로 알뜰하게 절약생활을 하는 사람에게 사치하고 낭비하게 하는 그룹은 자신의 절약생활의 성공을 추구하는 일을 방해하고 파괴하는 그룹이 된다. 그렇다면 그러한 그룹에 대응하라.

이상과 같은 경우는 소극적인 파괴와 위협의 경우이므로 다소 애매하게 생각되거나 무시될 수도 있다. 그러나 외견상 소극적인 것처럼 보여도 반복되거나 누적되면 자신의 생존능력을 좀먹게 되고, 결과적으로는 치명적인 해악을 받게 될 수 있으므로 특히 주의할 필요가 있다.

좀더 명확한 예는 자신의 생존을 직접적으로 위협하는 공격적이고 파괴적인 상황이나 적이 등장할 때이다. 이와 같은 경우에는 자신에게 위해를 가하는 상대방이나 상황의 인식이 명확하게 인지된다. 따라서 그에 대응하기 위한 전략이나 전술적 지능발휘가 용이해진다.

자기 생존 현실을 파괴하거나 위협이 인식되면, 그 내용에 따라 가장 효과적인 대응방안을 만들어내는 것이 외부적 대응의 생존전략의 핵심이다. 상황대응을 위하여 함께 정면으로 맞대응을 할 것인지, 원천적인 요인에 대응을 할 것인지, 상황을 유리하게 전환시킬 것인지, 최대한 피해를 줄이면서 버티거나 부분대응을 전개할 것인지, 협상이나 타협을 통하여 상황의 조건을 조정할 것인지, 또는 회피할 것인지와 같은 외부 대응의 전략들이 전개된다.

도표의 (I)의 영역의 외부적 생존의 유지 전략은 외부적 파괴, 생존 위협에 대응하는 전략과는 달리 파괴적 위협이나 위험의 요인이 없을 경우에도 전개하는 외부적 유지전략이다.[9]

내부적 대응 전략과 마찬가지로 외부적 파괴의 위협이나 위험이 등장하지 않아도 스스로 자기 생존의 건강성을 높이고 현실성과도 높이기 위하여 현실을 유지하고 창조하기 위한 전략들을 전개하려면, 스스로 자기 분발의 노력과 각성이 요구된다.[10]

이와 같은 외부 도전의 전략이나 외부 응전의 전략과 같은 외부적 생존 대응전략에는 그에 필요한 능력이 요구된다. 즉, 외부적 대응에 필요한 능력을 확보하고 강화하며, 필요하다면 추가적으로 개발하는 전략적 실천행동이 요구된다. 따라서 이와 같은 전략적 실천능력과 자원을 스스로 어떻게 만들어내고 강화할 것인지에 대한 대응이 생존전략의 성패를 좌우하게 된다.

그러한 이유에서 외부 대응의 생존전략에는 전략적 대응뿐만 아니라 능력과 자원의 확보를 위한 노력이 생존을 위한 필수적 요건이다. 즉, 생존을 위한 대가로 능력과 자원의 발휘와 희생을 요구한다.

결합적 생존 유지전략

세 번째는 외부적 상황과 조건, 그리고 내부적 상황과 조건을 결합적으로 대응하는 전략으로 첫 번째와 두 번째의 전략을 결합적으로 전개하는 생존전략이다.

외부적 상황과 조건 그리고 내부적 상황과 조건이 어떠한가에 따라, 내부적 대응이나 외부적 대응도 달라진다.[11]

내부적 문제를 해결하기 위하여 외부적 대응을 전개하는 방식은 내부적 문제를 내부적 대응으로 충분히 해결하지 못하거나 또는 외부적 대응을 결합적으로 전개함으로써 보다 높은 성과를 얻게 될 수 있을 때 전개된다. 이와는 반대로 외부적 대응을 전개하면서 내부적 상태나 조건, 구성요소와 그 구조의 특성을 변화시키는 경우도 있다.[12]

생존전략은 생존주체가 처한 현실에서 당면하는 여러 가지의 생존조건에 가장 효과적으로 대응하는 논리와 방법을 전개하고 실천하는 지능적 대응의 소산이다. 생존전략은 생존환경에서 등장하는 생존 스트레스에 효과적으로 대응할 수 있게 한다.

생존 스트레스가 높아지면, 스트레스에 대응할 수 있는 체질을 강화하거나 또는 스트레스의 원인을 줄이거나 제거하고, 필요하다면 생존 스트레스의 여러 가지 현상에 전략적으로 대응하여 생존 스트레스를 줄여나간다.

자기의 현실에서 생존이 힘들게 느껴진다면 그럴수록 더욱더 자기의 생존지능과 생존전략을 스스로 강화하여 대응하라.

3최 전략원칙을 전개하라

3최 전략원칙은 최소화, 최대화, 최적화의 전략 원칙을 말한다.
3최 원칙의 전개로 자신의 생존전략의 현실 성과를 높여라.

최소화, 최대화, 최적화의 전략은 그 전략이 지향하는 바와 대상에 따라서
선별적으로 활용된다. 3최 전략을 무분별하게 전개하지 말라.

최소화, 최대화, 최적화는 현실의 생존의 유지와 대응에서 널리
활용되는 생존전략의 원칙이다. 최소화, 최대화, 최적화의 「3최 전
략원칙」을 활용하여 자신의 생존전략의 성과를 극대화하라.

최소화 전략

최소화는 자기 자신의 현실 생존에 미치는 부정적 영향이나 생존
에 미치는 피해, 위협, 위험의 전개와 같이 바람직하지 못한 것들,
나쁜 것들을 최소 수준으로 감소시키는 것을 의미한다. 이와 같은
최소화 전략 원칙은 생존의 전략을 전개하기 위하여 필수적으로 투

입되어야 하는 다양한 종류의 노력이나 자원, 희생을 한계수준까지 감소시키는 전략을 요구한다.[13]

만약 생존을 위협하고 있는 피해상황이 발생하고 있다면, 우선 실시해야 할 것은 피해를 최소화시키는 대응전략을 전개하는 것이다.

최대화 전략

최대화 전략 원칙은 자신이 추구하고자 하는 목표나 생존현실에 대하여 바람직한 것, 좋은 것, 확보 또는 대응하고자 하는 것을 최대한의 한계수준까지 달성하거나 실천하는 전략원칙이다. 최대화 전략에서 추구하는 가장 대표적인 측정기준은 성과이다.

최대화는 왜, 그리고 무엇을 어떻게 최대화시킬 것인가에 따라, 최대화 전략의 내용과 속성이 달라진다.

동물의 경우, 자신을 공격하는 적에게 대응하기 위하여 자신의 신체를 더 크게 부풀리고 덩치가 큰 것처럼 착각하게 하여 상대방에게 겁을 준다. 즉, 규모의 최대화를 통하여 자기보호의 생존전략을 전개한다. 또한 자기 현실에서 기습적인 근접 공격을 하는 적들이 많게 되면, 기민한 대응으로 현실에서 생존한다. 이와 같은 경우, 행동대응의 기민성을 높기 위하여 최대한 빠른 속도, 즉 신속한 움직임과 기동력을 전개한다. 또한 적들이 근접하지 못하도록 하기 위하여 자기 안전유지의 수비범위와 지역을 최대한으로 넓힌다.

이와 같은 조치들은 적에 대한 공격 전략에도 적용된다. 규모, 기민성, 속도, 범위를 포함하여 공격성과를 높이기 위하여 파괴력을 최대한 높이는 전략이 전개된다. 이러한 최대화 전략의 전개를 위하여 필요한 수단이나 능력의 동원, 행동실천과 노력의 투입, 대응의 방법을 지능적으로 고안하여 실천한다.[14]

최대화 전략을 전개하고자 하여도 실천에 필요한 요건을 충족하지 못하면 전략의 전개가 억제되기 때문에 어떠한 것을 중심으로 최대화 전략을 전개할 것인지 결정해야 한다. 예를 들면, 공격과 수비를 위하여 그 대응역량을 전방위로 최대화시킬 수 없게 되면, 특정한 역량을 중심으로 최대화시키고 현실대응에서 필요한 기능적 대응을 강화한다.

만약 현실대응에서 공격 능력을 최대화시키기 위하여 자기 방어 능력을 희생해야 한다면, 공격능력을 어느 정도까지 늘리고 방어능력을 어느 정도까지 희생할 것인가, 무엇을 최소화시킬 것인가와 무엇을 최대화시킬 것인가를 결정하는 최적화의 원칙을 적용한다.

최적화 전략

최적화는 당면하고 있는 현실의 상황전개와 여건이나 조건, 그리고 목적에 따라 여러 가지의 관련 구성요소들이 형성하는 구조와 그 기능적 관계의 전개를 가장 좋은, 또는 가장 바람직한 상태로 만드는 것을 말한다. 이를 위하여 현실대응의 구성요소들의 규모나 수준, 능력, 기능적 전개를 세부적으로 「분해」하여 다양한 형태와 방법을 「가감」하고 「결합」함으로써 지능적으로 최대의 성과실현을 추구한다.[15] 즉, 최적화는 최대화와 최소화의 요소들을 지능적으로 결합하고 추구하고자 하는 현실에서 성과를 높인다.

따라서 생존전략에서 최적화 원칙은 자신이 처하고 있는 환경과 현실에 대하여 자신이 추구하는 목적에 입각하여 필요한 요소들을 설계하고 구성하여 각 구성요소들과의 관계와 구조, 그리고 그 전개 성과를 가장 좋은 상태로 만든다.[16] 또, 자신이 전개하고 있는 행동이나 노력, 시간이나 자원의 불필요한 낭비를 최소화할 뿐만 아니라 자신의 현실 성과를 높이기 위하여 가장 효과적인 상태로 만들어가는 전략이다.[17]

이와 같은 활동의 전개에서 어느 한 쪽이 잘 전개되지 않으면, 다른 부분들의 구성이나 전개내용을 살펴 그 왜곡이나 편중현상을 조절함으로써 자기 현실에 대하여 전체적으로 최적화를 추구한다.

유의할 점으로는 최적화 전략원칙은 외부적 최적화와 내부적 최적화를 어떻게 설계할 것인가에 따라 그 추진의 방식이나 내용이 결정된다는 점이다. 즉, 똑같이 최적화 전략을 추구한다고 해도, 그 내용이나 방식이 크게 다를 수 있다.

예를 들면, 현재 자신의 상태 유지를 위한 최적화와 보다 향상된 자신의 현실창조를 위한 최적화는 크게 다르다. 현재 상태에 만족하여 최적화를 추구하는 경우, 최적화의 내용은 현상유지를 위하여 자기 현실의 구성요소를 가장 좋은 상태로 만들려고 하는 전략이다.[18] 따라서 최적화에서 충족해야 하는 변화와 희생, 그리고 새로운 목적과 목표의 설계와 구성요소들의 조건과 전개에 대한 새로운 검토와 실천이 요구된다.

자신의 생존현실에서 내부적 또는 외부적 전략을 전개할 때, 3최 전략원칙은 생존의 유지나 또는 자기 생존현실을 억제, 파괴 또는 위협에 대응할 때 결합적으로 전개된다.[19]

이러한 생존대응의 3최 전략은 식물의 경우에서도 관찰된다. 파피 poppy 꽃은 우리나라와 같은 4계절이 확연한 지역에서는 늦은 봄에서 여름에만 피지만, 미국 남부 캘리포니아 지역에서는 겨울철을 제외하고는 항상 피어난다.

줄기는 연하게 보이지만 바람이 세게 불어도 잘 뿌러지지 않고 바람 따라 한들거리며 화사한 꽃을 피워내 보는 사람들을 즐겁게 한다. 작년 봄에 앞마당에 파피 씨앗을 뿌려놓았더니 꽃도 많이 피고 씨앗도 많이 영글어 씨앗들을 모두 거두어 뒷마당에 새롭게 일정한 간격을 유지하여 뿌려놓았다.

흥미로운 것은 지난 겨울에도 줄기가 남아있던 파피가 올 초봄에는 일찍부터 대여섯 개의 가지에서 꽃대를 올려대더니 꽃이 영글기 시작한 자신의 모든 줄기몸체를 바깥쪽으로 향하여 꺾어 모두 땅 쪽에 붙게 하였다.

씨앗을 영글어 내는 것만으로도 생존번식은 다했다고 생각했는데, 이번에는 주변으로 줄기를 꺾어 뻗어내어 새로 맞이한 계절에 자신의 생존번식활동을 최대한 전개하고 있는 것이다. 즉, 자신의 몸을 꺾어 줄기의 크기만큼 멀리 떨어뜨려 새로운 탄생을 준비하고 있는 것이다. 그러한 관찰에서 부모님의 희생이 불현듯 떠오르는 것은 비단 필자만의 생각은 아닐 것이다.

　파피 뿐만 아니라 대부분의 식물들이 주변의 환경에서 온도, 습도, 일광, 기상과 바람, 스프링클러의 작동, 땅과 주변 환경의 특징과 속성 등을 읽어내어 대응한다. 바람의 피해에 최소화하기 위하여 줄기를 최대한 유연하게 하고, 자기가 처한 현실의 생존환경에 최적화시켜 꽃을 피우고 성장의 크기를 조절하며, 마지막까지 최대한 몸을 변형시켜 또 다시 생존번식의 유지와 새로운 번식을 통한 창조를 전개한다.

　점검하라. 자신은 자기 현실의 생존 현실에서 3최의 전략원칙을 어떻게 전개하고 있는가?

피해 최소화의 생존전략을 실천하라

극단적인 경우에 처하게 된다면, 버티고 견디며 생존하는 일도 버거울 수 있다.
상황이 자신에게 미치고 있는 피해의 영향을 최소화시키고 피해대응의 과정을 관리하라.

피해를 미치는 요인들에 대하여 어떻게 전략적으로 대응하는가에 따라 피해가
자신에게 미치는 영향이 달라진다.

앞에서 살펴본 최소화의 전략원칙을 활용하여 현실적으로 전개하는 피해 최소화의 생존전략에 대하여 점검해보자.

극심한 상황이 신속하게 개선될 징후가 보이지 않는다면 우선 버티고 견디는 일을 지속하기 위하여 자신에게 미치고 있는 피해의 상황과 피해내용을 가급적 최소한의 규모로 줄여가라.[20]

자신의 생존을 위협하는 상황에 대응하기 위하여 **피해 최소화의 열다섯 가지의 생존전략**을 정비하고 대응하라.

첫 번째로 **응급조치의 생존전략**을 보자. 자신의 현실에서 생존의 활동을 수행하는 과정에서 무엇인가 잘못되고 있으며 그 잘못된 현

상이 자신의 생존을 위협하고 있다면, 신속히 응급조치를 통하여 대응하라.[21]

두 번째로 위기탈출을 통한 피해 최소화의 생존전략이 있다. 만약, 현재의 사업 영역에서 버티는 것이 자신에게 더 큰 피해만 유발시킨다면, 일단 작전상 후퇴를 결정하고 피해를 최소화시킬 수 있도록 영역을 축소하거나 이동하라.[22]

세 번째로 군사적 기습공격에 대비하기 위하여 미리 대피호를 만들어두는 것처럼, **비상대책의 생존전략**을 전개하라. 비상대책의 생존전략은 비상시에 생존할 수 있도록 대응하는 생존전략을 말한다.[23]

네 번째로 비상대책의 생존전략보다 좀 더 강력한 선행적先行的 대응으로 **유비무환의 생존전략**이 있다. 유비무환의 생존전략은 사전에 피해가 예상되는 요소들에 대하여 그 대응에 대한 준비태세를 갖춤으로써 피해 발생을 최소화하고 그 대응을 효과적으로 전개하는 생존전략이다.

다섯 번째로 **피해 분산의 생존전략**이 있다. 피해 분산의 생존전략은 자기 현실에서 전개되는 피해의 내용과 규모를 최대한 분산시켜 피해대응이 용이하도록 전개하는 생존전략이다.[24]

여섯 번째로 만약 피해를 최소화할 수 없다면, 피해에 대응할 수 있는 체질을 강화여 대응하는 생존전략이다. 이를 **체질강화 생존전략**이라고 한다. 사업을 수행하는 사람의 경우, 구조조정으로 고정비를 삭감하거나 환경대응의 조직 유연성을 확보하는 것과 같이 예상되는 피해에 대응할 수 있는 체질을 강화시킨다.

일곱 번째의 생존전략은 **긴축과 축소의 생존전략**이다. 가정주부는 불황기에 대응하기 위하여 생활비 **50%**의 삭감과 같이 비상상황 하에서의 긴축의 생존전략을 전개할 수도 있다. 이와 같은 긴축의 생존전략은 지출을 최대한 긴축함으로써 제한된 수입 하에서 자신과 가정의 경제력을 좀더 오래 버틸 수 있게 한다. 긴축의 생존전략으로 대응해도 성과가 없다면 현실을 구성하는 요소들을 축소하는 축소의 생존전략을 전개한다. 축소의 생존전략은 자기 현실을 구성하는 외부적, 내부적 요소들과 구조, 관계들을 축소함으로써 자기의 현실생존을 효과적으로 전개하고 나아가 생존의 조건이 변화될 경우, 그에 합당하게 확장하기 위하여 전개하는 생존전략이다. 이에 대하여는 〈원칙 2.5〉에서 좀 더 자세히 살펴보기로 하자.

여덟 번째의 생존전략은 **동면의 생존전략**이다. 동면의 생존전략은 생존환경이 극심한 동절기에 동면을 통하여 자신의 생존환경에 대응하는 동물들이 전개하는 생존전략이다.[25]

아홉 번째의 생존전략은 **자리 잡기의 생존전략**이다. 자리 잡기의 생존전략은 유리한 자리를 확보하고 안정할 수 있는 뿌리를 내림으로써 자신이 처하고 있는 환경에서 생존할 수 있도록 하는 생존전략이다.[26]

그러나 유리하지 못한 곳이라고 해도 일단 자리를 잡게 되면, 주변의 상황과 여건에 순응하고 자리를 잡도록 함으로써 생존을 전개한다. 물론 좀 더 적극적으로 주변과 여건에서 불리하거나 불합리한 것들을 개선해가면서 자리를 유리하게 만드는 전략도 전개된다.

열 번째의 생존전략은 분발의 **생존전략**과 난국돌파의 **생존전략**이다. 분발의 대응은 강력하고 적극적인 생존대응전략이다. 상황과 현실에 대응하는 적극성이 좀 더 요구되는 난국돌파의 생존전략은 현실과 환경상황이 극심하게 전개되어 어려운 상황이 전개되면, 난국을 타개하고 대응하는 생존전략이다.

아무리 대응하기 힘든 역경이라고 해도 반드시 독립하여 잃었던 나라를 되찾겠다는 일념으로 대응했던 우리 조상님들의 독립활동을 생각해보라.

아무리 힘들어도 포기하지 않고 반드시 성공하여 부모님께 은혜를 갚겠다거나, 아무리 힘들어도 반드시 역경을 극복하여 원수에게 보란 듯이 성공을 뽐내기 위하여 분발하고 난국돌파를 하기 위한 전략을 전개하기도 한다. 학생의 예를 들면 자신의 성적이 떨어질 경우, 학습의욕이 별로 높지 않기 때문에 열심히 하지 않겠다가 아니라 성적이 떨어지면 자신에게 앞으로 취업 등의 경우에 더욱 큰 피해가 올 것을 염두에 두어 신속하게 성적복구계획을 마련하여 더욱 분발하여 정진하도록 한다.[27] 난국돌파의 생존전략에 대하여는 〈원칙 2.4〉에서 좀 더 자세히 살펴보기로 하자.

열한 번째의 생존전략은 사전에 본연의 해야 할 일들을 제대로 대응함으로써 심각한 피해의 상황으로 전개되지 않도록 대응하는 정도正道의 **생존전략**이다. 정도의 생존전략은 위기 상황이건 평상시의 상황이건 늘 마땅히 해야 할 일을 하면서 생존의 길을 찾아간다는 점에서 가장 모범적인 생존전략이라고 할 수 있다. 정도의 생존전략을 추구하는 근본적인 이유가 여기에 있다고 할 수 있다.

네 번째의 비상대책의 생존전략과 유사하지만, 좀더 지능적인 생존전략으로 열두 번째의 생존전략은 자기 보호, 또는 **보호조치 생존전략**이 있다. 자기 보호의 생존전략 또는 보호조치 생존전략은 자기에게 피해가 유발될 경우에 대응할 수 있는 보호막이나 보호조치를 미리 준비하여 대응함으로써 생존의 위협에 대응하고 피해를 최소화시키는 생존전략이다. 자기 보호의 생존전략은 〈원칙 2.6〉에서 좀더 자세히 살펴보도록 하자.

열세 번째의 생존전략은 **직접대응 생존전략**이다. 직접대응 생존전략은 피해를 유발하는 상대방이나 환경조건에 대하여 직접 대응함으로써 자기 피해를 최소화시킨다.

열네 번째의 생존전략은 **집단대응의 생존전략**이다. 혼자서 대응하기 힘든 것도 연합하고 집단으로 세력을 발휘하면, 생존의 대응력을 높여 상황을 극복할 수 있게 된다.

열다섯 번째의 생존전략은 **대응확대의 생존전략**이다. 그동안 대응하던 행동범위나 환경범위를 오히려 확대함으로써 생존의 가능성, 생존성과를 높이는 전략이다.

이상과 같은 열다섯 가지의 생존전략을 활용하여 자신에게 피해를 최소화시켜라. 유의해야 할 점은 피해를 줄이기 위하여 대응하는 생존전략의 추진에도 생존의 노력과 생존에 필요한 비용, 자원이 요구된다는 점이다. 따라서 생존전략의 선택과 전개에 있어서 지능적 대응이 필요하다.

　생존의 비용이나 자원, 노력을 투입하여 생존전략을 전개하지 못하게 되면, 자신이 입게 되는 피해를 줄이기 어렵게 되고, 또한 시간의 경과에 따라 피해가 크게 진행될수록 그 복구에 드는 노력과 비용이 점차 더 커지게 된다.

　생존전략을 실천하기 위하여 필요한 비용이나 자원, 노력을 투입하여 피해를 줄여가라. 피해를 최소화하는 일을 결코 소홀히 하지 말라. 우선, 피해를 줄여 가면 생존과 회복의 가능성이 높아진다. 그렇다면 생각해보라. 나는 어떠한 생존전략을 전개하고 있는가?

성공원칙 요약

생존해야 성공할 수 있다. 생존이 위태로운 상황에서는 생존하기 위한
전략을 전개하라. 당면하고 있는 상황이 자신에게 미치고 있는
피해의 영향을 최소화시키고 상황과 피해대응의 과정을 관리하라.
생존의 방법도 여러 가지이다. 15가지의 생존전략을 숙지하고,
생존의 성과가 높은 전략들을 선별하여 생존 대응하라.

성공원칙 실천노트

15가지의 생존전략을 점검하여 적합한 생존전략을 필사적으로 전개하라.

1. 「응급조치의 생존전략」을 실천하라.

2. 「위기탈출을 통한 피해 최소화의 생존전략」을 실천하라.

3. 「비상대책의 생존전략」을 전개하라. 비상대책의 생존전략은 비상시에
   생존할 수 있도록 대응하는 생존전략을 말한다.

4. 「유비무환의 생존전략」을 전개하라.

5. 「피해 분산의 생존전략」을 전개하라.

6. 「체질강화 생존전략」을 전개하라.

7. 「긴축의 생존전략」, 「축소의 생존전략」을 전개하라.

8. 「동면의 생존전략」을 전개하라.

9. 「자리 잡기의 생존전략」을 전개하라.

10. 「분발의 생존전략」, 「난국돌파의 생존전략」을 전개하라.

11. 「정도(正道)의 생존전략」을 전개하라.

12. 「보호조치 생존전략」을 전개하라.

13. 「직접대응 생존전략」을 전개하라.

14. 「집단대응의 생존전략」을 전개하라.

15. 「대응확대의 생존전략」을 전개하라.

난국돌파의 생존전략을 실천하라

자기의 생존현실을 에워싸고 생존을 억압하는 것들에 대하여
총력대응으로 돌파하여 활로를 찾아라.

난국돌파의 전략으로 유리한 생존조건을 쟁취하라.

난국에 처하여 곤란에 빠지면, 앞에서 살펴본 **10**번째의 **난국돌파
의 생존전략**을 전개하라. 난국돌파의 생존전략은 「자기 현실의 총력
대응」을 요구한다.

종종 힘든 상황에 처하게 되면, '우리 모두 힘을 합쳐 난국을 돌파
합시다'와 같은 이야기는 쉽게 이야기 하지만, 실제로 총력대응을
실천하는 일은 쉽지 않다.

총력대응이란 자기 현실에서 동원할 수 있는 모든 능력과 힘, 강
점과 장점, 심지어는 약점까지도 발휘하여 난국돌파를 위한 행동에
집중하여 대응하는 것을 의미한다. 따라서 난국돌파에 필요한 일이
아닌 다른 일들의 추진은 모두 유보되거나 포기된다.

총력대응의 실천이 현실에서 성공을 거두지 못하고 종종 실패하게 되는 근본적인 이유는 사람들이 총력을 기울이지 않기 때문이 아니라, 제각기 자기를 희생하거나 자기가 하고 싶은 일들을 포기하려고 하지 않기 때문이다. 그러나 자기의 생존의 문제라면, 이야기가 달라진다. 모든 자기 현실의 요소들을 난국돌파에 총력 집중시키고 상대적으로 중요하지 않은 것들을 희생하여 총력 대응을 전개하기 때문이다.

총력대응의 힘의 크기는 자신의 모든 능력을 집중시키는 힘뿐만 아니라 총력집중에 따라 자기가 하고 싶은 것들을 포기하고 희생을 발휘하는 힘의 정도에 따라서도 결정된다.[28]

난국돌파의 생존전략은 총력을 집중하는 방향에서의 현실대응과 자신이 추구하는 것들 중에 난국돌파와 상관없는 것들을 포기하고 희생하는 현실대응을 결합적으로 전개하여야 한다.

난국돌파와 상관없이 자기가 하고 싶은 것들을 다 하려고 하면서 난국돌파를 한다고 하면 어떻게 될까? 당연히 자기가 하고 싶은 것들이 발목을 잡고 난국돌파의 총력을 기울이는 일들을 억제하게 된다. 그와 같은 상황에서도 해야 할 일을 하지 않고, 하고 싶은 일을 고집하면, 상황은 더욱 나쁘게 흘러간다.

〈표 1〉과 같은 가상적 비교를 통하여 알 수 있는 바와 같이 현실대응에는 총력을 집중만 한다고 되는 것이 아니다. 총력집중대응의 노력에 투입되는 사람들이 자신의 희생과 자신이 하려고 하는 것들

을 포기하고 달려드는 수준이 어떠한가에 따라 그 집중대응력과 성과가 달라진다.

총력대응의 비교	총력대응력		
	총력집중대응노력(α)	자기희생수준(β)	총계(α × β)
A	100%	20%	20%
B	100%	50%	50%
C	80%	100%	80%
D	100%	100%	100%

표 1 | 총력대응의 비교

A와 B는 서로 발휘할 수 있는 최대한의 총력경주를 전개하지만, 그 과정에서 제가 하고 싶은 일들을 추구하며 총력대응에 임하고 있다. A는 총력대응과 무관한 일들 중에 제가 하고 싶은 일들을 5가지 중에 4가지나 하고 있다. B는 절반만 하고 총력대응에 임하고 있으므로 상대적으로 총력대응의 집중성과가 좋다.

그러나 A나 B보다 총력대응의 힘이 상대적으로 20%나 떨어지는 C의 경우는 사생결단으로 달려들어 모든 것을 총력대응에 초점을 맞추어 대응하고 있다. 그 결과는 어떠한가? A나 B보다 월등히 높은 총력대응력을 발휘할 수 있게 된다. 그러나 C와 마찬가지로 대응하는 D가 총력대응의 힘을 충분히 발휘한다면, 가장 큰 집중의 성과를 달성하게 된다.

따라서 A와 B는 총력대응의 전개 과정에서 자기를 헌신하고 달려들 수 있는 수준을 강화해야 하며, C는 총력대응의 기본적인 역량과 자원을 더욱 강화해야 한다. D는 자신의 총력대응에 의하여 성과를 거둘 수 있다는 자신감을 상실하지 말고 교만하거나 방심하지 않도록 유의하면서 지속적으로 총력대응을 전개할 수 있도록 유지하는 것에 초점을 맞추어 대응해야 한다.

총력대응력의 크기 = 총력 집중(α) × 희생(자기포기와 희생)의 수준(β)

우선적으로 해야 할 일을 하라. 하고 싶은 일들은 그 다음의 일이다. 이것이 현실 대응의 제1원칙이다.[29] 현실대응의 원칙을 기억하라. 해야 할 일이 우선이라는 점을 확실히 기억하라. 자신이 난국에 처하여 너무나 힘이 들어 소극적이고 극단적인 선택으로 자살을 생각할 수도 있다. 그러나 지금은 그런 것에 신경 쓸 때가 아니다. 어떠한 것이건, 일단 자신이 해야 할 일을 하고 난 뒤에, 하고 싶은 일들을 생각하라.

난국돌파를 통하여 자신의 새로운 생존현실을 창조하라. 한번에 돌파가 안 되면, 두 번, 세 번 반복하여 돌파하라. 아무리 해도 안 된다고 생각되면, 난국돌파의 방법을 바꾸어 대응하라.

자신의 현실대응의 성공지능을 강화하여 난국돌파를 실현하라. 새로운 생존현실이 당신을 기다리고 있다.

축소의 생존전략을 실천하라

도저히 생존대응이 힘들 경우, 축소의 생존전략을 전개하라.
축소의 생존전략에는 외부적 대응의 범위, 규모, 대상의 축소와 내부적 대응의 축소가 있다.

힘들면 축소하여 대응하라. 힘이 비축되면 그때에 확대해도 늦지 않다.

앞에서 언급한 7번째의 생존전략인 **축소의 생존전략**은 자기 현실을 구성하는 외부적, 내부적 요소들과 구조, 관계들을 축소함으로써 자기의 현실생존을 효과적으로 전개하고, 나아가 생존의 조건이 변화될 경우, 그에 합당하게 확장하기 위하여 전개하는 생존전략이다.

축소의 생존전략은 외부적 현실대응의 범위, 규모, 대상, 방법, 수단, 능력, 행동을 축소하여 대응하는 전략과 내부적 대응의 축소 전략이 있다.

외부적 현실대응이 곤란하거나 생존에 위협을 받게 될 경우, 우선 외부적 대응요소들의 축소를 고려하라. 현실대응의 범위가 너무 넓고 대응해야 할 규모가 크다면, 우선 그 범위와 규모를 축소하라.[30]

자기 현실의 생존에 대하여 공격자의 수와 종류가 늘어나면 어떻게 될까? 아무리 강력하고 유능한 맹수도 오래지 않아 녹초가 되어 공격자들의 먹이가 되어버린다. 그렇다면, 자기 현실에서 자기를 공격하는 사람들의 수와 종류를 최소화시키는 전략을 전개할 필요가 있다.[31] 자신을 위협하는 공격자의 수와 종류를 줄이려면, 자신을 공격하는 상대방과의 조우의 기회를 줄이거나 또는 조우의 범위를 줄여서 범위와 규모를 축소한다.

이와 마찬가지로 잘 할 수 있는 것이 너무 많다고 생각되는 사람은 자신의 능력을 재검검할 필요가 있다.[32] 즉, 자신이 할 수 있는 것을 축소하라. 너무 많이 벌이지 말라.[33]

축소의 생존전략은 자신이 처한 어려운 환경에 대응할 수 있는 여력을 확보할 수 있게 한다. 뿐만 아니라 대응의 범위나 대상을 축소하면 좀더 정확하게, 성과도 높게 대응할 수 있게 된다. 외부적 대응을 축소하라.

내부적 대응의 축소는 대응해야 할 자기 현실의 구조나 방법, 형태를 간단하고 명확하게 이끌어갈 수 있게 하고 자신의 능력이나 에너지, 시간, 자원의 적용대상과 범위를 좁힘으로써 쓸데없는 것에 노력과 투입요소들을 낭비하지 않도록 하여 여력을 확보하고 자신의 현실성과를 높인다.

예를 들어 피해최소화의 생존전략 8번째의 동면의 생존전략은 내부적 대응을 최대한 축소함으로써 자기 생존에 요구되는 환경대응에 필요한 에너지, 조건을 최소화시켜 생존대응을 전개하는 전략이다.

공격자가 생존을 위협하는 파괴적 공격을 전개할 때, 공격을 받는 사람은 자기도 모르게 몸을 움츠려 파괴적 공격대상의 면적을 축소시킨다. 몸집을 키워 적의 공격을 억제할 수 있다면, 몸집을 키우는 것도 효과적인 전략이 된다. 그러나 몸집이 큰 것보다 작은 것이 생존에 유리하다면, 덩치를 축소시켜 대응하라.

생각과 고민이 많은 사람이라면 생각과 고민도 축소하라. 해결해야 할 문제가 많다면, 문제를 대응할 수 있는 범위로 최대한 축소하라. 하고 싶은 꿈이 너무 많아서 현실이 복잡해지고 생존에 위태롭다면 생존을 중심으로 꿈도 축소하라. 긴축緊縮의 생존전략을 전개하라.

만약 먹을 것이 부족하다면, 밥그릇을 축소하라. 용돈이 부족하다면, 돈을 써야 할 일을 줄여라. 자신의 현실생존을 위하여 필요한 것을 제외하고 나머지는 모두 버려라.

기업활동의 수행에서 비용을 충당할 수 없다면, 비용과 활동을 축소하라. 이익을 도저히 낼 수 없는 상황이라면, 이익도 축소하라. 규모를 유지할 수 없다면, 규모를 축소하라. 목표를 너무 높게 잡아서 실현하지 못하고 있다면 목표를 축소하라. 계획이 너무 방만하다면, 계획을 축소하라. 현실대응에서 주변 사람들에 대한 체면이 두렵다면 체면도 축소시켜라. 생존이 위협받는 상황에서 체면이 중요한 것이 아니다. 생존이 중요한 것이다.

이제부터라도 자신의 축소능력을 강화하라.[34] 축소의 생존전략은 생존의 위협을 받는 상황뿐만 아니라 평상시의 생존유지와 새로운 현실창조에도 유용하게 전개할 수 있는 생존전략이다. 축소의 전략을 추구하면 불필요한 것을 과감히 도려낼 수 있을 뿐만 아니라, 투입요소의 절감과 같은 효율성을 높이고, 일상의 상황대응의 방법도 개선시킨다.

현실에서 대응하고 실행할 수 있는 방법이 많은 사람이 오히려 현실적으로 실패하는 경우를 종종 볼 수 있다. 방법을 불필요하게 확대하는 일은 방법을 많이 확보할 수는 있지만, 현실의 실천행동에서 신속한 대응을 억제한다.

현실의 성과는 방법에만 의존하지 않는다. 방법은 방법을 활용하고 실천하는 기량과 함께 전개된다. 방법만 있고 그 방법을 실천하는 기량이 부족하다면, 그 방법은 제대로 전개되지 않는다. 몇 가지의 방법만을 가지고 있어도 그 방법을 활용하여 전개하는 기량이 탁월하다면, 현실에서 훌륭한 성과를 거둘 수도 있다.

자신이 수행할 수 있는 방법이 너무 많다면, 방법을 몇 가지의 효과적인 방법들로 축소하라. 방법의 축소뿐만이 아니다. 구성요소들도 축소할 수 있다. 음식점의 반찬구성을 생각해보라. 극단적으로 그 구성을 줄이겠다면, 반찬을 전부 없앨 수도 있다. 생존을 유지하기 위하여 축소해야 한다면, 생존을 중심으로 최대한 축소하라.

자기 현실의 생존을 유지하기 위하여 축소를 하다보면, 더 이상 축소되지 않는 것이 있다. 자기 현실을 형성하고 지탱하는 골격과 구조가 그 윤곽을 보이게 된다. 만약 특정한 골격이나 구조가 생존적응이 곤란하다면, 골격과 구조의 재구성을 설계하라. 기업이라면 사업과 조직을 구성하는 구조와 그 운영 시스템을 재구성하라. 학생의 경우, 필요하다면 학교와 전공을 바꾸어 자신의 학업을 수행하라.

대응 현실을 축소시켜 남는 여력으로 생존성과를 높이는 데에 투입하라.

자기보호의 생존전략을 실천하라

자기를 보호하라. 자기의 생존유지를 위하여 필요하다면, 무장하라.
스스로 보호하지 않으면, 그 누구도 보호해줄 수 없다.

수비력과 공격력, 상황대응의 능력을 강화하라.

자기 보호의 생존전략은 외부적 또는 내부적 생존현실의 파괴나 위협에 대응하여 자기를 보호하는 생존전략을 말한다.

자기를 보호하라. 자기 보호는 저절로 되는 것이 아니다. 자기 스스로 노력하고 대응하지 않으면, 자기 보호도 제대로 되지 않는다.

자연생태계에서의 자기 보호전략

바다를 누비는 멸치 떼를 공격하는 고래의 무리와 그에 대응하는 멸치 무리의 움직임을 보라. 손가락보다 작은 멸치들이 무리를 이루어 신속하게 고래보다 더 큰 하나의 큰 덩어리로 형태를 만들어 집단적 방어 행동으로 자신을 먹어치우려는 고래무리의 시각적 판단

에 혼란을 유도한다.[35]

집단적 대응 행동을 전개하지 않는 동물의 경우, 자신을 보호하기 위하여 공격자의 판단에 혼란을 일으키는 보호색을 연출하는 카멜레온과 같은 파충류나 주변의 사물들과의 구분을 곤란하게 하는 형태를 취하는 곤충들도 있다.

이와 같은 보호색이나 보호형태를 취해 눈의 띄지 않게 하는 행동은 불안한 현실에 대해 자기에게 다가오는 위험을 예지하고 그에 대하여 미리 대응하기 위하여 지속적인 자기 보호의 생존 지능의 전개에 따른 행동이다.[36]

상황대응에 있어서 좀더 공격적이고 적극적인 대응을 전개하는 경우도 있다. 예를 들면, 독사는 독을 내뿜어 적의 공격에 대응하고 전기가오리는 전기를 순식간에 발산하여 상대를 기절시키기도 한다.

자신을 먹어치우게 되면 체내에 저장시킨 독으로 공격자 무리들이 죽게 만들어 다시는 잡아먹으려는 의도를 함부로 품지 못하게 하는 것들도 있다. 독은 강력한 자기 보호, 방어의 무기가 될 뿐만 아니라 강력한 공격의 무기도 된다.

그러나 자기 보호를 위하여 독을 활용하고자 할 경우에는 스스로 체내에서 독을 만들어 낼 수 있는 구조와 능력을 갖추어야 한다. 즉, 독을 만들어 내기 위하여 신체의 구조와 기능을 전개하는 과정에서 독을 만들어 낼 수 있는 체질적 특성을 만들어내야 한다. 이와 같은 독을 만들어내는 체질적 특성을 유지하려면, 독을 만들어내지 않을 경우 자신이 전개할 수 있는 신체의 구조와 기능 그리고 주변과의 관계를 희생해야 한다.

대체로 독이나 보호색, 보호막과 같은 것을 취하는 것은 먹이사슬의 아랫부분에 속하는 동물들이 자신의 생존유지를 위하여 취하는 보호전략이다. 먹이사슬의 윗부분으로 갈수록 독을 활용하기 보다는 직접적 보호 장구나 공격무기를 갖추거나, 신속한 행동대응을 중심으로 보호전략을 전개한다.[37]

보호 장구를 갖추지 못하고 있는 환경대응의 주체들은 상황대응 행동의 민첩성과 상대의 공격에 대응할 수 있는 집단적 또는 개별적 자기보호의 지능, 그리고 상대를 제압할 수 있는 이빨이나 발톱과 같은 무기로 무장하여 자기보호를 전개한다.

외부적 관계에서의 자기 보호전략

자연생태계에서 관찰되는 생존전략과 마찬가지로 인간의 생태계에서도 다양한 생존전략이 전개된다.

자기가 대응해야 하는 상대방과의 현실 관계에 따라 자기 보호전략이 결정된다. 자기 현실에서 상대방이 공격자의 행동을 보이면, 그에 대응하여 방어적 또는 맞대응의 공격적 외부대응을 보인다. 이와 같은 대응을 효과적으로 전개하기 위하여, 필요한 대응 전략과 수단, 대응행동을 지능적으로 전개함으로써 자기 현실생존을 유지한다.

그러나 공격적인 행동을 보이지 않거나 서로 맞대응해야 할 상황이 아닐 경우의 안정적 상황에서의 대응은 각자의 현실관계를 중심으로 필요한 대응을 통하여 현실생존을 유지한다. 이와 같은 경우, 대부분 현상을 유지하는 것에 초점을 맞추어 자기 보호전략이 전개된다.

현상유지의 보호전략은 자기 현실과 외부적 현실에 대하여 동요나 혼란을 유발하지 않는 방식으로 **현실 최적화 원칙**을 준수한다. 현실 최적화 원칙은 현실대응의 주체들로 하여금 지능적인 **현실 적응의 관계**를 요구한다. 여기에서 적응이란 자신이 처하고 있는 현실에 대하여 최적화를 추구하는 생존활동을 의미한다. 따라서 현상유지의 보호전략을 전개하는 전략적 지능은 자기 현실을 유지하는 것에 초점을 맞추어 대응한다.

이와 같은 **현상유지의 보호전략**은 자기 현실에 대하여 외부와의 마찰과 혼란을 최소화함으로써 현실의 안정과 만족을 추구한다.[38] 따라서 현상유지에 만족하지 않고 새로운 현실을 추구하고 창조하려는 현실주체는 새로운 현상창조의 전략을 추구함으로써 현상유지의 보호전략과는 이질적 현실전개를 추구한다. 예를 들면, 쿠데타를 기도하고 있는 혁명세력들의 자기 보호전략은 외견상 현실 최적화의 원칙에 순응하는 것처럼 외부적 대응행동을 위장하지만, 내부적 대응은 새로운 현실창조의 기회를 조성하며 새로운 창조의 실천 능력을 배양하여 현실 변혁을 도모한다.

이와 같은 경우, 새로운 현실상창조의 전략에는 현실 창조를 위한 본연의 전략은 물론이고 성공적으로 기존의 현상유지의 보호전략을 추구하는 사람들을 이끌기 위한 전략이 추가된다.

따라서 리더십도 현상유지의 리더십과 새로운 현실창조의 리더십은 큰 차이를 보인다. 즉, **현상유지의 리더십**은 상황과 현실구성요소를 주도하고 현실을 구성하는 관계자들에 대하여 현상을 잘 유지할 수 있도록 이끌어가는 행동능력의 발휘를 말하지만 새로운 현실창조의 리더십은 현상유지를 추구하는 사람들을 이끌어 새로운 현실을 창조하고 변혁현실 속에서 안정을 이끌어갈 수 있는 리더십을 말한다.

이와 같은 **새로운 현실창조의 리더십**은 초기에 많은 저항을 받게 될 뿐만 아니라, 새로운 혼란을 유발하는 시도나 움직임을 원천적으로 봉쇄하기 위하여 공격을 받게 될 수도 있다. 따라서 자기 보호의 전략을 전개하지 않을 경우, 새로운 창조의 기회와 실천의 단계에 이르기 전에 조직의 통제세력이나 저항세력에 의하여 제거될 수도 있다.

이러한 현상에 대응하고 자기를 보호하기 위하여 전개하는 지능적 전략이 자기 자신의 현실대응의 자세를 낮추는 전략이다. 이와 같은 자세를 낮추는 전략들은 대부분 겸손이나 깊은 이해심, 아량, 또는 순종과 같은 태도와 자기희생과 행동노력, 그리고 인간적 매력을 통하여 상대방의 경계심을 허물고 신뢰를 구성하여 자기 보호를 추구한다.

좀더 지능적인 자기 보호전략으로는 서로 주고받으면서 서로 돕고 공생관계를 유지하며 전개하는 **공생의 보호전략**이 있다. 공생의 보호전략은 서로 필요한 것을 주고받음으로써 서로 상대방의 현실을 유지하고 보호한다.[39] 예를 들면, 경쟁기업군들 간에 정부의 정책이나 소비자 대응, 심지어는 경쟁전략의 전개에서도 서로 공생적 보호전략을 통하여 담합을 하거나 서로의 경쟁적 입지를 보장하기도 한다.[40] 서로 규모나 성격이 다른 집단 간에도 공생의 보호전략이 추구된다. 최근 우리나라에서는 대기업에 대한 인식을 좋지 않게 유도하는 경향이 있지만, 현실적으로 대기업과 중소기업 간의 긴밀한 공생적 보호전략이 전개되고 있다. 서로 보호하지 않을 경우, 서로 공멸하게 된다는 사실을 당사자들은 누구보다도 잘 알고 있기 때문이다.

이와 같은 현상은 경영층과 노동조합의 경우도 마찬가지이며, 의사와 환자와의 관계도 예외가 아니다. 교사와 학생, 정부와 국민, 선진국과 후진국, 또는 자원생산국과 소비국도 서로 공생의 보호전략을 구사한다.

내부적 관계에서의 자기 보호전략

자기가 처한 복잡한 현실대응에 정신과 마음, 생각, 행동, 관계를 모두 기울이다보면, 자기의 내부적 대응에 소홀해질 수 있다.[41]

이와 같은 경우, 외부적 현실에서의 생존 스트레스가 증가하거나 현실의 자기 균형이 깨지게 되면 **자기 보호조치**를 제대로 해보지도 못하고 파괴되거나 생존에 치명적인 위협이 될 수도 있다.[42]

내부적 대응의 자기 보호전략은 자기 자신을 스스로 보호하는 행동성과를 높이는 전략이다. 자기 자신을 스스로 보호하는 것도 전략과 능력 그리고 자기보호의 지능적 노력이 필요하다. 본능이나 기본적인 현실 지능만으로는 자기 자신을 스스로 보호할 수 없다.

내부적 대응의 자기 보호전략은 생존을 위협하는 긴급한 특수상황과 일상적 상황, 자신의 직업상황, 그리고 시간의 경과에 따라 진행하는 노화의 상황에 따라 다르게 전개된다.[43]

성공이 클수록 그에 따라 희생도 커진다.[44] 따라서 자기의 내부적 대응에서 스스로를 보호하고 자기의 현실 관계자들로부터 공격받지 않도록 하기 위하여 자기 보호전략을 전개한다. 자기 보호전략은 개인적 사생활로 끝나지 않는다. 일상적 가정생활, 직장생활, 건강생활, 종교생활, 취미생활, 사적인 대인관계의 생활에 이르기까지 폭넓게 전개된다.

더욱이 나이가 들어가면서 서서히 현상에 대한 인식능력이나 행동대응의 능력, 기억능력도 서서히 감퇴해간다.[45] 이러할 경우, 저하되는 능력을 보강하고 자기 현실을 보호하기 위하여 스스로 자기보호의 전략을 더욱 강화해야 하며 이에 대하여 그동안 기울여왔던 노력보다 더욱 특별한 방법과 노력을 기울일 필요가 있다.

●●●●●●●●○

희생의 생존전략을 실천하라

희생하라. 희생은 무엇인가를 얻기 위하여 버리는 것을 의미한다.
희생은 새로운 차원의 자기와 새로운 자기현실을 창조한다.
희생을 두려워 말라. 희생은 거듭남을 탄생시킨다.

생존할 수 없다면, 무엇인가를 희생하라. 거듭난 자기로 얻게 된 새로운 현실을 즐겨라.

　　앞에서 살펴본 15가지의 생존전략 보다 높은 차원의 생존전략으로 희생의 생존전략이 있다. 「희생의 생존전략」이란 자기의 현실을 구성하는 요소들을 희생함으로써 생존을 추구하는 전략을 말한다.

　　희생이란 무엇인가를 얻기 위하여 대신하여 버리는 것을 말한다. 희생에 관한 종교적 신념을 추구할 경우, 희생의 실천은 전략적 관점을 초월한다. 이와 같은 관점에서의 희생은 자기 자신의 종교적 가치와 신념에 따라 수행하는 자기 현실에서의 실천이며, 자기완성을 의미한다. 종교적 관점에서의 희생에 관하여는 성경이나 불경, 또는 유교의 경전에 다양하게 기술되어 있으며 자신의 신앙과 종교, 또는 가치관에 따라 사람들은 자기의 희생을 실천한다.[46]

종교적 성찰이나 신념의 추구를 위한 희생이 아닌 자기 현실의 추구의 경우에도 다양한 희생이 전개된다. 그러나 자기와 주변의 희생에 대하여 판단을 제대로 하지 못하고, 현실에서 전개되고 있는 희생을 제대로 이해하지 못한 채로 희생의 전개와 대응을 방임함으로써 후회하게 되는 경우를 종종 볼 수 있다.

희생의 전략 논리는 전략적 발상과 실천에서 중요할 뿐만 아니라 일반적 현실에서도 폭넓게 활용된다.

희생의 정당성

희생은 희생을 통하여 얻는 것이 무엇이며, 그 반대급부로 버려야 하는 것이 무엇인가에 따라 그에 대한 정당성이 획득된다. 따라서 희생의 정당성은 다음과 같은 공식으로 판단된다.

희생의 정당성의 충족요건

(획득되는 것 / 희생되는 것) ≥ 1

희생 전략의 구성

희생 전략은 무엇을 희생시키고 무엇을 얻게 되는가를 중심으로 전략이 구체화된다. 이와 같은 관점에서 보면, 대부분의 전략이 희생 전략을 포함하여 전개된다.

그러나 얻고 잃게 되는 차원에서만 판단하게 되면, 균형적 판단이 곤란하게 될 수 있으므로 이러한 득실의 차원을 아우르는 관점에서의 기준이 요구되는데, 그것이 바로 목적과 통제이다.

즉, 희생을 해서 얻게 되는 것도 중요하지만 희생을 통하여 잃게 되는 것도 소중한 것이기 때문에 희생이라는 현실행위를 시작하고 진행하며 종료하는 이유와 근거로써의 목적이 명확하게 설정되어야 한다.[47]

통제는 불필요한 희생을 억제하며, 희생과 획득의 주체와 대상, 방법, 희생의 실천 과정이 잘못 전개되지 않도록 진행을 통제한다.

희생의 목적과 내용, 과정과 결과에 대한 관점

대체로 자신이나 조직에서 희생을 해야 된다고 판단될 경우, 희생과 희생에 따른 획득의 내용에 초점을 맞추는 경향이 있다.

무엇을 얻고 무엇을 잃고 희생하게 되는가를 중심으로 보면 결과적 관점이 강조된다. 그러나 얻고자 하는 것을 어떻게 얻고 그에 수반하여 무엇을 어떻게 희생할 것인가를 중심으로 보면, 과정적 관점이 강조된다.

결과적 관점은 희생과 희생을 통하여 얻게 되는 것, 즉 희생과 획득의 내용에 초점을 맞추어 결과를 중심으로 평가하는 관점으로 가장 보편적인 희생의 원칙을 구성한다. 따라서 희생을 통하여 잃은 것과 얻는 것에 초점을 맞추기 때문에 과정을 무시하게 되는 경향이 있다. 이와 같은 경향은 얻고자 하는 것을 취할 수 있다면 어떠한 희생이건 정당화 시키려고 할 때 문제가 된다.[48]

과정적 관점에서는 어차피 희생을 하게 되더라도 희생의 과정을제대로 그리고 충실히 전개함으로써 희생을 최소화하고 그 희생에 따른 반대급부를 최대한 확보하려고 한다.[49] 따라서 결과적 관점과 과정적 관점의 장단점을 잘 판별하여, 희생의 목적과 통제의 차원에서 슬기롭게 대응할 필요가 있다.

전략적 희생

희생 전략의 구성과 전개에 의하여 희생되는 것을 전략적 희생이라고 한다. 희생 전략은 희생의 목적, 희생과 반대급부를 포함한 획득의 내용과 과정, 방법, 시간, 구조, 대응관계, 가치의 전개와 통제에 관련된 세부내용을 전략적으로 편성하고 전개한다.

여기에서 전략적이란 희생이 불가피한 상황에 대하여 목적과 통제, 희생과 획득 차원에서 희생대응의 주체가 가장 높은 현실성과를 달성할 수 있는 방법으로 대응하는 것을 의미한다.

대표적인 예가 목적을 추구하기 위하여 목적 달성의 수단을 전략적으로 희생하는 것을 들 수 있다. 따라서 가급적이면 희생의 주체는 희생을 최소화시키고 현실성과를 높이기 위하여 방법과 지혜를 짜내야 한다. 이를 위하여 희생의 내용과 과정, 방법, 시간, 구조, 대응관계, 가치의 전개와 통제에 관련된 실천전략이 전개된다.

시공간의 전개와 희생 전략

시간의 전개를 고려하면, 희생의 내용과 방법, 과정도 변화된다.[50] 이와 마찬가지로 공간의 전개도 희생 전략을 다양하게 한다.[51]

이와 같이 시공간의 전개를 고려하면 희생의 내용과 방법을 좀더 다양하게 구성할 수 있다. 이러한 논리를 적용하면, 치열한 이해관계가 전개되는 국제협상의 상황대응에서도 좀더 많은 선택대안들을 확보할 수 있게 된다.

희생의 투입요소와 획득요소에 따른 희생 전략

희생의 투입요소는 희생의 내용과 방법, 과정을 변화시킨다. 우리의 고전 심청전은 부친의 눈을 뜨게 하기 위하여 딸의 생명을 희생하는 효심을 묘사하고 있다. 여기에서의 희생의 투입요소는 공양미이며 공양미를 구하기 위하여 심청의 생명이 **교환**되고, 획득요소는 심청 부친의 개안이다.

만약 동일한 결과를 얻기 위한 교환의 조건이 심청의 생명이 아니라 목소리나 머리카락 또는 10년간의 무상 근로조건이라면, 어떻겠는가? 투입의 조건을 변화시키는 것이 가능하다면, 희생의 내용과 방법, 과정을 변화시킬 수 있게 된다. 따라서 희생의 전략은 희생의 투입요소를 다양하게 구성할 수 있도록 한다. 뿐만 아니라, 획득의 요소들도 다양하게 구성하면 투입요소의 조건과 방법, 내용, 과정을 변화시킬 수 있다.

이와 같은 전략적 대응은 전략적 희생을 최소화 시키고 현실성과를 높이기 위하여 투입과 획득의 대응관계를 조절하고 관리한다. 만약 당면하고 있는 상황이나 또는 상대방에 대하여 희생의 투입요소와 획득요소들을 조절할 수 있는 대응 관계를 구성할 수 없다면, 희생 전략의 자유도가 떨어지게 되고, 전략적 대응은 경직된다.

그러나 희생대응의 관계를 조절할 수 있는 포지션으로 이행할 수 있다면, 희생 전략의 자유도를 높일 수 있게 된다.

희생대응의 구조와 희생 전략

만약, 희생대응이 지배적 구조하에서 전개된다면, 피지배의 지위에 있는 희생대응의 주체는 희생의 자유도가 제약된다. 희생의 자유도가 제약되면, 희생 전략을 전개하기 어렵게 된다.

이 경우, 전략적 대응의 방향은 세 가지이다. 첫째는 지배적 구조의 현실에서 벗어나거나 둘째, 현재의 희생을 최소화하는 전략을 전개하는 것, 그리고 희생 대응의 방법과 포지션에 변화를 주는 방법이다.

첫 번째 방법은 새로운 현실을 찾아 떠나는 것이므로 새로운 현실 창조의 전략을 전개한다. 두 번째의 방법은 현재의 피지배적 상황에서 최대한 적응하면서 자신을 유지하고 희생을 최소화하는 전략이다. 가장 많이 활용되는 현실적응의 희생 전략이다. 세 번째의 방법은 자기희생을 감수하면서 지배자의 약점이나 허점을 파고들어 희생대응의 포지션에 변화를 주는 방법이다.[52]

가치대응과 희생 전략

현실에서 가치추구를 위하여 희생하게 되는 경우, 가치대응의 희생전략이 전개된다.[53]

어떠한 것을 추구하는가에 따라 희생의 전략이 결정된다. 사회적 덕망이나 명예, 돈, 권력, 종교적 신념과 봉사와 같이 추구하는 가치가 다르면, 희생 전략도 달라진다.

희생 전략의 초점

희생을 통하여 추구하는 전략은 그 초점에 따라 희생의 내용에 중점을 두는 전략과 성과에 초점을 맞추는 전략, 그리고 그 두 가지의 결합적 정당성을 고려한 전략으로 나누어 볼 수 있다.

희생의 내용에 중점을 두는 전략은 무엇을 얼마나, 그리고 어떻게 희생할 것인가에 초점을 맞춘다. 따라서 성과가 제약되더라도 특정한 희생은 거부할 수 있다는 특성을 보인다. 그러나 성과에 초점을 맞추는 전략은 성과를 높이기 위하여 어떠한 희생을 할 것인가에 초점을 맞춘다. 이와 같은 전략은 성과를 추구하기 위하여 희생의 내용이나 방법에 대한 배려가 제한된다.

희생의 내용과 성과를 통합하여 결합적 정당성에 초점을 맞추는 전략은 희생도 성과도 모두 합당한 정당성이 요구된다. 따라서 그 정당성을 충족해야만 희생의 생존전략이 추구된다. 그러나 이와 같은 전략논리들은 희생은 불가피하다는 전제하에 희생을 전체적으로 최소화하려는 노력이 간과될 수 있다. 따라서 희생을 최대한 줄여 최소화하는 방향으로 전개할 필요가 있다.[54]

희생의 방법에는 자신의 신체의 일부를 희생하는 것만 있는 것이 아니다. 앞에서 희생의 투입요소를 조절함으로써 희생 전략의 다양성을 높이는 방법과 같이 자기 현실을 구성하는 요소들을 조절하여 희생을 통제함으로써 목적을 달성할 수 있다.[55]

희생의 생존전략 전개와 구조

희생 전략은 희생의 목적이나 목표, 희생의 대상과 방법 그리고 희생을 통하여 얻게 되는 결과나 성과로 구조화된다. 따라서 희생의 생존전략을 추구하려면 목적이나 목표, 대상, 방법, 성과를 점검해야 한다. 희생의 생존전략은 최소한의 희생을 통하여 최대의 성과를 추구한다.[56]

희생의 생존전략이 추구하는 목적은 자기 자신의 현실 생존의 유지와 창조이다. 그러나 희생의 대상이나 방법, 결과가 바람직하지 못하다면, 희생의 생존전략은 제대로 전개된 것이 아니다. 자기 현실에서 희생의 대상의 선택이나 방법, 전개의 방법, 목적과 결과를 점검하라.[57] 뚜렷한 목적이나 희생의 전략에 대한 점검이나 검토가 없이 막연하게 희생하지 말라.

긴급상황에서의 희생 전략과 시나리오 전략

희생 전략은 무엇인가 자기 자신의 일부를 희생해야 한다는 점에서 그 추진을 검토를 하기 시작하면, 자기 속에서 반대의 의견이나 생각들이 들끓게 된다. 상황이 긴박해지면, 이와 같은 희생 전략의 수립과 대응을 점검하는 일이 실제로 원활하게 진행되지 않는다.[58] 따라서 긴급 상황에서는 대부분 희생 전략의 실천과 전개의 타이밍을 제대로 맞추지 못하게 될 뿐만 아니라 희생의 내용이나 방법도 제대로 검토하지 못하고 임기응변식의 대응이 전개된다.

긴급한 상황에서 가장 중요하게 취급되어야 할 것은 시간, 희생의 내용이나 방법이다. 생존에 다급하게 위협을 가하고 있는 상황에서는 우선 시간과 희생의 내용을 최대한 축소해야 한다. 우선 시간을 최대한 확보하라. 그렇다면 시간의 희생을 최대한 축소하는 전략이 희생의 생존전략에서 추구해야 할 전략이 된다. 시간을 최대한 확보하려면, 기민하게 대응하여 문제의 긴급 상황을 해결할 수 있도록 해야 한다.[59]

최근 기상청에서는 수차례 기록적인 기상이변의 보도를 내놓았다. 그런데도 지자체와 관련부처에서 사계절마다 경험할 수 있는 기상이변의 시나리오와 그에 따라 대응할 수 있는 신속한 기상이변의 상황대응 매뉴얼을 준비하지 못하였다면, 돌발적 상황이 발생하여 곤란에 처하게 되었을 때, 그 대응시간을 단축하지 못하고 여러 가지의 투입요소들과 시간의 희생이 증대하게 된다. 그렇게 되면 시민의 불편과 사회적 손실이 가중되게 된다. 희생의 전략의 관점에서 볼 때, 이와 같은 대응은 반드시 수정되고 예방되어야 한다.

그래서 전략적 지능을 발휘하여 성과를 높이려는 조직에서는 사전에 다양한 상황의 전개와 그에 따른 위기대응 시나리오 전략을 세워 대응한다.

희생의 생존전략과 방법전개에서의 유의사항

희생의 생존전략은 생존의 방법과 품질을 높이기 위하여 희생의 방법에 주의를 기울인다. 예를 들어 대학입시나 고시공부에서 지속적으로 떨어져 입시재수생이나 고시재수생으로 지내며 인생의 시간과 정열, 노력의 낭비를 지속하고 재수생 인생을 반복하는 것을 경계한다. 물론 7수나 8수를 하면서 마침내 성공을 하게 되는 경우도 있다.

그러나 희생의 생존전략에서는 목표의 달성도 중요하지만 그 방법과 희생의 내용도 중요하게 취급한다. 희생의 생존전략은 자신의 현실 구성요소의 불필요한 낭비를 억제한다.

오래 전에 방영된 영화중에 억울하게 누명을 써서 무기징역의 죄수생활을 하게 된 사람의 실화를 토대로 한 빠삐용이라는 영화가 있다. 부단히 자기의 억울한 누명을 벗기 위하여 탈출을 포기하지 않고 시도하는 주인공의 불굴의 의지와 실천이 돋보이는 영화이다. 이 영화에서 관객에게 제시하는 중요한 메시지 중의 하나는 주인공이 소망해왔던 무죄주장의 재판장면에서 전달된다. 자신의 결백과 무죄를 주장하는 빠삐용에게 판사는 다음과 같이 언도한다.

"당신은 유죄다. 그 죄목은 당신의 인생을 낭비한 죄다."

희생 전략에서의 내부적 대안과 외부적 대안의 선택

희생의 생존전략은 현실 구성요소들로 세분화하여 분해하고 편성하면, 다양한 선택적 대안들을 통하여 전개될 수 있다. 예를 들면, 자기의 외부적 현실관계의 일부를 최소한으로 희생하여 자기 현실

의 생존유지와 창조를 가능하게 할 수 있다면 그에 의하여 대응하는 것이다.[60]

늘 고객으로부터 기분 나쁜 이야기를 들어가면서 일을 해내고 있는 사람들의 현실을 보라. 자존심을 생각하자면 몇 시간도 견딜 수 없는 일이지만, 출근과 더불어 자존심은 모두 집에 두고 직장현실로 나왔기 때문에, 고객들로부터 어떠한 이야기이건 기꺼이 들어줄 수 있다.

자존심을 희생하고 고객응대의 성과를 높이는 대부분의 직업 현실에서 널리 실천되고 있는 공통된 희생의 생존전략이다.

이와 같은 유형의 희생은 자기감정이나 노력, 관심, 기대사항, 취미나 취향, 사고방식, 행동, 시간, 관계, 이익 등의 희생을 통하여 다양하게 전개된다. 여기에 투입자원이나 시간, 방법이 가미 되면 더욱 다양한 선택적 방법들이 조합된다. 이와 같은 자기 희생의 실천이 새로운 자기 현실의 의미와 세련됨, 자기와 자기 현실, 인생의 이해가 깊어지고 풍부해진다.

자신이 대응해야 할 현실의 범위나 규모, 책임이 커질수록, 그에 따라 자기 희생의 내용도 증대된다. 자기의 현실성공은 희생의 투입에 따라 결정되기 때문이다. 무엇을 희생할 것인가에 따라 자기 자신의 현실이 새롭게 재창조된다. 이와 같은 자기희생이 현실의 구성요소들과 결합적으로 전개되면서 새로운 자기 현실이 창조된다. 자기희생의 창조가 자기 현실의 창조로 이어진다.

희생의 생존전략을 지능적으로 전개하라. 언제든 희생의 생존전략을 능숙하게 전개하라. 자신의 생존능력이 크게 향상된다.

생존전략능력을 강화하라

생존전략의 성과를 높이기 위하여 자신의 생존전략능력을 강화하라.

생존전략능력은 자신의 현실에서 생존균형을 유지하고 현실을
창조할 수 있는 전략을 설계하고 실천할 수 있는 능력을 의미한다.
생존전략능력이 떨어지면 아무리 탁월한 생존전략을 추구하려고 해도
그 실천성과를 실현하기 어렵다.

생존전략능력은 자기 현실에 성공적으로 대응하는 생존전략을 만들어내고 실천할 수 있는 능력을 말한다.

생존전략능력은 외부적 대응 능력과 내부적 대응 능력으로 구분된다. 외부적 대응 능력은 자기의 외부적 현실에 대응하는 생존전략능력으로 앞에서 살펴본 다양한 생존전략을 만들어내고 대응하는 실천능력이며, 내부적 대응 능력은 자기 자신을 중심으로 자기가 통제할 수 있는 현실에 대응하여 생존전략을 만들어내고 대응하는 실천능력이다.

이와 같은 생존전략능력을 구분해보면 〈도표 2〉에서 보는 바와 같이 크게 네 가지로 구분된다.

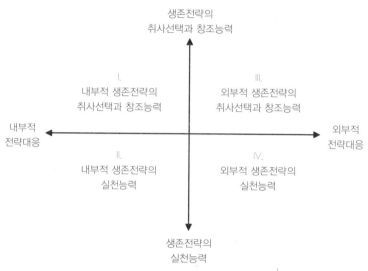

생존전략의
취사선택과 창조능력

Ⅰ.
내부적 생존전략의
취사선택과 창조능력

Ⅲ.
외부적 생존전략의
취사선택과 창조능력

내부적
전략대응

외부적
전략대응

Ⅱ.
내부적 생존전략의
실천능력

Ⅳ.
외부적 생존전략의
실천능력

생존전략의
실천능력

도표 2 │ 생존전략능력의 구분

다급한 상황에서는 누구나 전략을 만들어 대응하려고 신경을 쓰게 되는 경향이 있다. 그러나 급박하게 쫓기는 상황에서 전략을 짜내게 되면, 전략이 엉성하게 편성될 뿐만 아니라 다급한 상황의 진행과 전개에 따라 전략도 제대로 수행되지 못하고 현실적으로 좌충우돌의 혼란을 경험하게 된다.

따라서 한 번에 다급한 상황을 해결할 수 있는 기발하고 특이한 직통의 전략을 추구하여 대응하려는 경향을 보이게 된다. 그러나 긴박하고 다급한 상황에서 그와 같은 기발하고 직방의 특효능력을 지닌 전략을 만들어 내거나 찾아내어 성공적으로 실천한다는 것은 현실적으로 가능성이 아주 희박하다.

우선 전략을 실천하려면 전략의 설계와 입안, 전개와 통제를 위한 전략능력이 필요불가결하다. 필요한 전략능력이 갖춰지지 못한 상태라면, 만약에 천재일우千載一遇로 직방의 기발한 특효의 전략을 찾아낸다고 해도, 특효의 전략이 제대로 실천되지 못할 뿐만 아니라 상황대응에서 치명적이고 중대한 시행착오를 경험하게 될 수 있다.

생존전략능력을 성공적으로 전개하려면 도표에서 보는 바와 같은 네 가지의 능력의 균형적 확보와 전개가 요구된다. 도표의 오른 쪽 외부적 생존전략부터 살펴보자.

외부적 생존전략 설계능력

외부적 생존전략능력은 크게 세 가지로 구분된다. 우선 외부적 생존전략을 설계하고 만들어내는 능력이다. 자신이 처하고 있는 외부적 현실과 상황에 대하여 여러 가지의 어떠한 생존전략들을 어떻게 선택하여 대응할 것인가를 판별하고 선택하여 자신의 생존전략을 구성할 수 있는 능력이 필요하다.

전략은 자신이 처하고 있는 현실상황에 효과적으로 대응하기 위하여 자신이 전개해야 할 상황과 현실에 따라 그에 합당하게 설계되고 선택하여 적용하는 것이다. 따라서 상황과 현실이 변화하면 그에 따라 전략도 변화한다.

한 가지의 생존전략으로 모든 상황과 여러 가지의 현실에 적용하려고 하지 말라. 특정한 한 가지의 전략만을 고집하거나 그에 의하여 모든 경우에 적용하는 것처럼 어리석은 일은 없다.

외부적 현실의 조건이나 상황이 바뀌면 외부대응의 전략도 그에 따라 마땅히 수정되어야 한다.

외부대응 생존전략의 창조능력

둘째로는 새로운 외부대응의 생존전략을 창조하는 능력이다. 자기 현실에서 그동안 경험해보지 못한 새로운 변화를 경험하게 될 때, 제대로 대응하려면 그에 합당한 새로운 생존전략을 창조해야 한다.[61]

새로운 외부대응의 생존전략의 창조능력은 새로운 현실조건에서 요구하고 있는 것이 무엇인가를 찾아내고 그에 대응하기 위하여 어떠한 생존전략을 전개해야 하는가에 대한 창조적 전략 활동이 요구된다. 따라서 창조적 전략 활동을 수행할 수 있는 전략적 능력을 갖추어야 한다.[62]

새로운 전략을 창조하는 능력은 거창한 표현처럼 생각되지만, 알고 보면 새로운 전략요소들을 점검하여 대응할 수 있는 방법을 만들어내는 것을 의미한다. 이와 같은 관점에서 볼 때, 누구나 자기가 처하고 있는 변화하고 있는 현실에 대하여 새로운 전략을 창조해낼 수 있다.

외부적 전략대응의 실천능력

세 번째로 외부적 전략대응을 실천에 옮길 수 있는 능력이 요구된다. [63]

자신의 외부적 생존을 유지하고 자기 현실을 창조해나가기 위하여 필요한 것은 전략 그 자체가 아니라 전략을 활용한 실천과 그 성과이다.

외부적 전략실천능력은 자기의 외부적 현실, 예를 들면 직업이나 사업현실에 대하여 전략적 실천 대응을 위해 필요한 능력이다.[64]

내부적 생존전략능력

내부적 생존전략능력도 외부적 생존전략의 능력과 그 궤를 같이 한다. 직업인생을 살아가기 위하여 수행하는 직무수행능력을 성공적으로 전개하기 위해 개인적으로 필요한 기본적인 생존능력을 향상시킬 필요가 있다.[65]

내부적 능력의 관점에서도 자기 현실에서 대응해야 할 여러 가지의 상황에 대하여 어떻게 자기 자신을 추스르고 이끌어야 할 것인지에 대한 생존전략의 선택과 구성, 그리고 새로운 환경상황에서 적응하고 성공적으로 생존대응을 전개하기 위하여 새로운 생존전략을 만들어 낼 수 있는 능력이 요구된다.

예를 들면, 치열하게 경쟁을 벌이던 라이벌에게 크게 패하여 자존심이 구겨지고 모멸감을 받게 되어도 그 수모를 견디어 낼 수 있는 것이 내부적 생존 능력의 하나이다. 비참하고 비굴하게 된 상황에서도 흔들리지 않고 의연함을 보이며 새로이 자신의 의지와 열정을 추슬러 새로운 현실대응의 생존전략을 전개할 수 있기 때문이다.

공직분야에 종사하는 사람들은 외부에서 공권력을 활용하기 위하여 접근하는 다양한 외부 유혹에 빠지기 쉽다. 이와 같은 분야에 종사하는 사람들은 스스로 다른 직종보다 더 주도면밀하게 다양한 외부적 유혹에 대응하기 위한 자기 생존전략을 전개해야 한다.

이와 마찬가지로 최첨단의 비즈니스에 종사하게 되는 사람들은 자신의 직무에서 직면하게 되는 하이테크분야의 스트레스를 스스로 극복해내야 한다. 따라서 높은 기술적 스트레스에 대응하기 위하여 자기 관리를 위한 별도의 생존전략을 창조하여 전개해야 한다.

이와 같이 자기 현실에서 요구되는 자기 생존전략의 선택과 구성, 창조 및 생존전략의 실천능력을 통하여 자기 현실의 생존을 강화하지 않으면, 필요한 내부적 생존능력을 갖추지 못하게 되어 건강한 자기 현실의 유지와 생존이 위태로운 상황으로 치닫게 된다.

자기 현실에 성공적으로 생존하기 위하여 필요한 생존전략능력을 점검하라. 자기 생존전략능력이 떨어지고 있다면, 신속히 보강하라. 생존전략능력은 자기 현실 생존의 성과에 필수적이기 때문이다. 결코 나중에 보강하려고 하지 말라.

참고로 자존심에 대하여 지혜의 관점에서 예리하게 서술하고 있는 이경열 창조경영 컨설턴트의 말씀을 생각해보자.[66]

"자존심은 비난에 약하고 자신의 약점을 부정하므로 자칫 수치심이나 분노의 수준으로 급격하게 떨어지기 쉽습니다. 따라서 욕설이나 폭력, 화풀이로 돌변할 수 있는 아주 위험한 물질이라고 할 수 있습니다. 마치 수류탄 같아서 잘 다루면 자신을 보호하는 무기가 될 수 있지만 잘못 다루면, 생명을 잃게 됩니다.

자존심은 원래 무겁고 불쌍하고 슬픈 것입니다. 자존심이 강하면 강할수록 몸을 짓눌러 어깨가 처지고 결국은 허리마저 굽어 몸이 상하게 됩니다. 자존심으로 어깨에 힘들이 들어간다는 것은 가식이요, 자만입니다. 자존심은 자신의 약점을 감추려는 위장술에 지나지 않습니다. 본인은 강하다고 생각하지만 다른 사람들이 보면 나약함이 확연하게 보이지요."

1 생존하려고 노력한다고 다 생존하는 것은 아니다. 연어의 부화된 알이 치어가 되어 방류한 뒤, 다시 산란을 위하여 돌아오는 회귀율을 조사해보면 0.9~1.7% 수준이라고 한다. 이와 같은 수치는 100마리 중 한 마리가 겨우 돌아온다는 것을 의미한다.

2 왜 그런 것이냐고 따져봐야 소용이 없다. 그것은 절대적이기 때문이다. 논리적으로는 동어반복의 회기 오류라고 할 수 있지만, 절대 영역에서는 상대적 확증이 필요가 없다. 어떤 이들은 왜? 도대체 왜 생존해야 하느냐는 질문에 사로잡혀, 답을 찾지 못하고 생존을 포기하는 사람들도 있다. 이것은 생존의 관점에서 유의해야 할 아주 잘못된 오류이다.

3 따라서 특별한 생존파괴의 위협이나 도전이 주어지지 않아도 평온한 현실상태에서 추구되는 생존유지 전략이다. 이와 같은 생존 유지전략은 자기 현실에서 특별한 자극이 없어도 스스로 생존환경을 유지하고 창조해야 하는 전략이므로 자기의 현실 생존에 대한 자발적 추진에 대한 의지와 노력이 떨어지는 사람들은 생존 유지전략의 발휘가 의외로 어렵게 된다.

4 만약, 자발적 추진의지의 적극성이 떨어진다면, 자발적 추진의지를 높이고 강화하는 것이 생존 유지전략의 관건이 된다. 자발적 추진의지를 충분히 발휘할 수 있다면, 이제부터는 자신의 생존현실에서 어떠한 것이 자기 자신을 유지하고 어떻게 해야 자신이 추구하는 자기 현실을 창조할 것인가에 대한 생존의 목표와 전략적 대안, 그리고 그 추진전략을 전개한다.

5 따라서 내부적 대응의 생존전략은 자기 자신의 현실에 대응하기 위하여 스스로 생존능력을 강화하고, 자기의 생존을 위협하고 파괴하려는 내부적 요소에 대응하는 전략으로 내부적 대응행동의 내용과 특성을 규정한다.

6 외부적 위협이나 파괴에 비하여 내부적 위협과 파괴현상은 더욱 인식하기 어렵다. 인간의 눈이 외부를 향하여 바깥쪽을 보도록 되어 있기 때문에, 외부적 위협이나 파괴를 인식하는 것이 자기 자신의 내부적인 것을 인식하는 것보다 훨씬 쉽다. 따라서 자기 스스로 자기 현실의 생존을 파괴의 요인이나 위협행동을 하는 것에 대하여는 간과하기 쉽다.

7 주변의 사람들에 의한 점검방법은 자신의 가족이나 친지, 친구, 동료, 선배, 자신이 존경하는 스승과 같이 자기 현실생존에 영향을 미치고 있는 주요한 준거그룹에 의한 관찰, 평가, 진단, 상담, 대화를 통하여 자신의 현실생존에 대하여 어떻게 생각하고 진단하고 있는지 파악하는 방법이다. 이와 같은 방법은 간편하면서도 의외로 통찰력 있는 진단을 얻을 수도 있다.
좀더 확실한 방법은 정신상담 전문가로부터 정밀 진단을 받는 것이다. 많은 사람들은 정신과 상담 또는 심리 상담을 받는다고 하면, 마치 정신질환이나 정신이상증세로 오해받을까 염려하는 사람들이 많지만 그와 같은 상담은 오히려 정신건강을 증진시키기 위한 상담이므로 염려하지 않아도 좋다. 오히려 정신 상담을 받지 않으려 하는 사람이 오히려 수상하다고 보는 것이 타당하다.
자기 현실생존에 대한 스스로의 파괴와 위협에 대한 판별의 자기 점검법은 자기의 현실생존의 상태를 스스로 점검해보는 방법이다.

8 자기 현실의 파괴와 위협에 대한 인식과 대응에 대하여는 다음 3주차에서 살펴보도록 하자.

9 이는 마치 중한 병에 걸리면, 환부를 도려내는 수술이나 체내에 확산된 독성이나 병원균과 맞서 대응하는 외부적 대응과는 달리 평소에 자신의 외부 대응의 건강성, 면역성을 증대시켜 건강한 현실생활을 유지하는 것과 같이, 평소에도 외부적 생존을 유지하기 위한 전략을 전개한다.

10 학생의 경우, 시험이라는 상황의 충족조건이 자기의 학습을 강화시키지만, 시험이 임박해서야 학습을 하는 것이 아니라 평소에 꾸준히 스스로 학습을 하는 것과 유사하다고 할 수 있다.

   이와 마찬가지로, 운전 중에 주행중 위급한 위험상황에 빠졌을 때 사고를 최소화하려고 대응하는 것이 아니라 미리 충분한 안전거리를 유지하고 충분한 휴식과 안전운행을 통하여 사고를 미연에 방지하는 것과 같이 평소에 외부적 대응을 슬기롭게 실천함으로써 외부적 성과를 높이는 외부 대응의 전략들이 이에 해당한다.

   따라서 외부적 생존현실에서 요구되는 성공의 요소들을 찾아내고, 그에 따라 대응하는 자기 스스로 외부에 도전하는 전략들이 강구된다.

11 전쟁을 일으키는 국가는 대체로 무엇인가 부족하거나 힘들기 때문에, 또는 무엇인가를 취하기 위하여 전쟁을 통하여 그것을 충족하려고 한다는 점에 주목하라. 모든 것이 여유롭고 강하면 전쟁과 같은 손실과 희생, 위험부담이 큰 모험을 할 필요가 없다. 이와 같은 전쟁은 내부적 문제를 해결하기 위하여 외부적으로 활로를 찾는 경우이다.

12 예를 들면, 외부적 대응에 필요한 규모의 문제가 있을 때 그에 합당하게 규모를 키워 확대하여 대응하거나 또는 대응범위를 축소시켜 생존에 대응하는 방법이 이에 해당한다.

13 대부분의 「경제적 전략원칙」들은 이와 같은 투입요소를 통제하여 비용이나 자원, 또는 직접적, 간접적 투입요소들을 최소화하는 원칙을 근본으로 하고 있다.

14 최대화 전략의 실천과 관련하여 부수적으로 수반되는 희생의 내용이 한계수준까지 요구될 경우, 대응에 필요한 능력의 발휘, 수단, 자원, 노력, 행동실천, 희생의 최대화를 전개하게 된다. 최대화 전략은 그 실천에 필요한 요건에 따라 제약받게 된다. 따라서 최대화 전략의 추진과 전개는 자신의 현실에서 추구하는 생존현실과 그에 따라 충족해야 하는 요건에 따라 결정된다.

15 최적화는 이와 같은 자기 현실의 구조와 그 전개에서 가장 바람직하고 좋은 상태로 만들어가기 위하여 구성요소들을 선택적으로 구성하고 그 전개를 조절하는 전략이다.

16 개인의 경우, 자신이 설계하고 구성하고 있는 현실구성요소들에는 자신을 중심으로 자기현실을 구성하고 있는 가족이나 친지를 비롯하여, 사회적 친구, 동료, 지인과 같은 인간적 요소는 물론이고 자신이 추구하고 있는 꿈이나 목표나 목적과 같이 자기현실 행동의 기초가 되는 요소를 비롯하여 시간, 공간, 자원, 능력, 방법이 포함된다.

   직업 활동을 전개하는 사람들의 경우에는 자신의 직업인생으로써의 현실구성요소들이 추가된다. 즉, 직장을 중심으로 자신의 직업에서의 직무, 직장 동료나 상사, 거래관계에 속하는 사람들을 비롯하여 구성되고 있는 직업 현실의 구조와 자신의 직무 전개과정이 추가된다.

개인을 중심으로 미시적으로 파고들면, 자기 자신의 행동과 마음, 사고방식, 정신의 상태도 자기 현실의 핵심적 구성요소로 작용한다. 이와 같은 자기 현실의 구성요소들이 자기 현실의 구조를 형성한다.

17 따라서 학업을 최우선으로 하는 학생이라면 자신의 최적화 전략은 학업 현실의 성과를 높이기 위하여 자기 현실의 구성요소들을 취사선택하여 가장 바람직한 성과를 거둘 수 있는 구조와 상태로 전개한다. 따라서 학업에 지장을 주는 학생들과의 관계를 억제하고 시간의 활용이나 학업활동의 전개를 자신의 목적과 목표에 합당하게 실천한다. 가정의 행복과 자녀의 성장 그리고 경제적 안정을 추구하는 주부라면, 자신의 현실에서 낭비를 최소화하고 저축을 늘리기 위하여 자기의 현실구성요소들과 그 관계를 정비한다. 따라서 사치스럽거나 비용지출이 증대되는 친구들과의 관계를 멀리하고, 자신의 현실행동을 알뜰하게 꾸리고 자녀의 성장과 가정의 행복창조와 자녀의 성장에 집중한다.

18 그러나 현재상태에 만족하지 못하고 보다 개선된 현재상태를 추구하고자 할 경우, 최적화는 자기 현실의 구성요소들을 가장 좋은 상태로 만들려고 하기보다는 현재의 구성요소들 중에 어떠한 것들을 희생하고 어떠한 것들을 새로이 추가하거나 변화시켜 새로운 조건과 방식으로 대응할 것인가에 관한 최적화를 요구하게 된다.

19 예를 들어, 자기보다 규모나 힘이 센 공격자가 공격할 때 그에 대응하여 생존하려는 약자의 생존전략을 보라. 규모가 작은 미물들은 서로 합쳐 전체적으로 집단적으로 몸을 키워 공격자에게 대응한다. 커다란 솔개가 작은 새들을 위협하면, 작은 새들이 떼로 달려들어 솔개의 몸을 쪼아대며 물리친다.
이와 같은 대응은 상대적으로 열세인 자신의 육체적 규모를 결합적으로 최대화시켜 대응하여 상대의 공격에 따른 피해는 최소화시키며, 자신들을 위협하는 공격자에 대응하는 집단적 방어와 공격행동의 최적화를 통하여 생존을 전개한다.
만약 그와 같은 공격자의 침입과 위협, 그리고 그에 따른 피해가 반복적으로 발생하게 되면, 더 이상 피해를 입지 않고 생존을 전개하기 위하여 활용할 수 있는 무기나 공격을 할 수 있는 특화된 능력과 기법을 개발해내기 시작한다.

20 예를 들어, 전쟁이나 사고로 부상을 입어 출혈하고 있다면, 당연히 응급조치로 신속히 지혈을 하여 소중한 혈액의 손실을 막을 필요가 있다. 극심한 상황에 처하게 될 경우, 상황이 힘들고 어렵다고 해서 판단력과 자기 통제력을 상실하지 말라.

21 만약, 비즈니스를 수행하면서 수익의 급격한 저조로 경제적 파산이 예견된다면, 자신이 조치할 수 있는 응급조치를 신속하게 수행하라. 예를 들면, 비즈니스의 이해 관계자들과 서로의 피해를 최소화할 수 있는 방법을 찾아내고 신속하게 피해를 줄이기 위하여 조치하라. 응급조치를 통한 피해 최소화의 생존전략을 응급조치의 생존전략이라고 한다.

22 작전상 후퇴는 위기딜출을 통한 피해최소화 생존전략의 대표적 예라고 할 수 있다. 미련하게 버티지 말라. 피해가 늘 것이 명확하게 예상되고 있다면, 피해를 최소화하기 위한 조치를 신속히 전개하라. 소위 위기관리대응의 전략이 이에 해당한다. 이것이 위기탈출을 통한 피해최소화 생존전략이다.

23 비즈니스 실천에 있어서도 비상시 충격에 대응할 수 있도록 사업을 이끌어라. 소위 시나

리오 전략대응이 비상대책의 생존전략에 해당한다.

24 가장 대표적인 피해 분산의 생존전략의 논리가 손해보험제도와 보험 서비스를 활용한 보험대응이라고 할 수 있다. 일반 기업의 경우 분산 사업의 추진을 통한 상황 대응이나 다각화 전략과 같은 논리가 이에 해당한다.

25 봄부터 활발하게 움직이던 개구리도 추운 겨울이 되면, 주변에 먹을 것이 없어지고 기온 변화와 생존환경의 변화로 도저히 버티기 힘들게 되어 생존이 위태롭게 된다. 이와 같은 조건에서 개구리의 선택은 자포자기를 하는 것이 아니라 철저한 자기통제를 통하여 버티고 견디기의 생존전략인 동면의 생존전략을 전개한다.
동면기간 중에는 자신의 생존에 필요한 영양이 부족한 상황을 극복하기 위하여, 육체적 생존활동을 최대한 축소하고 생존에 필요한 영양분 요구량도 최소화시켜 대응한다.

26 높은 바위산 정상에 떨어진 씨앗도 뿌리를 내려 정상에서도 생존을 향유한다. 다른 환경 조건보다 열악하고 기온변화가 다른 지역보다 극심하며, 수분이나 영양분을 흡수하기 힘든 조건에서도 자리 잡기의 생존전략을 전개한다. 즉, 자신이 처하고 있는 환경을 점검하고 어디에 뿌리를 내릴 수 있는지를 찾아내어 뿌리를 내리고 안정을 유지한다.

27 이와 같은 분발의 생존전략은 자신이 분발하건 또는 안 하건 상관없이 상황은 전개되며, 시간이 경과할수록 분발하지 않으면 자신의 피해가 더욱 커지게 될 경우에 추진한다.

28 겁도 많고 약한 토끼가 새끼를 지키려고 덩치가 큰 방울뱀과 싸워 물리친다. 아무리 약해보이는 미물도 악착같이 총력대응으로 달려들면, 강한 상대방도 공격이 어려워진다. 객관적으로 약해보이는 팀들이 팀의 총력대응을 통하여 스포츠게임에서 승리를 쟁취하는 사례도 다를 바 없다.

29 현실대응의 원칙과 실천원칙은 제5주의 정리 〈원칙 5.8〉 '책임을 완수하라'를 참조.

30 대응의 범위가 커지면, 그만큼 대응해야 할 활동도 많아지고 필요한 투입 및 대응의 요소들도 증대한다.

31 여기에서 가장 바람직한 전략은 공격자들의 공격의지를 최대한 약하게 하거나 공격성을 변화시켜 친화적으로 이끌어가는 것이다. 그러나 이와 같은 전략이 적용되지 못하는 상황이라면, 위협적 공격자들에게 노출되는 기회와 공간범위를 최소화 시키는 것이 현실적 대안이 된다.

32 어떤 사람들은 아주 능력이 탁월함에도 불구하고, 자신의 현실 성과를 실현하지 못하고 현실 생활을 유지하는데 힘들어한다. 그 이유를 살펴보면, 너무 능력이 많기 때문에 힘들게 살아가고 있는 것을 알 수 있다. 상담을 해보면, 잘 할 수 있는 것이 너무 많기 때문에, 오히려 한 가지 일에 선택하여 집중하지 못하고 있는 것이다.

33 이것저것 다 건드리면서 모든 것을 잘 할 수는 없다. 오히려 한 가지도 제대로 하지 못하는 경우가 비일비재하다. 능력이 많다고 다 하려고 하지 말라. 최종적으로 한 가지로 취사선택하여 분야를 축소하고 능력을 집중하라.

34 축소하지 못하여 생존하지 못한다면, 반드시 축소하라. 생존에 필요한 축소라면 최대한 축소하라. 우선 생존해야 생존조건을 갖추어 다시 확대할 수도 있다. 축소하는 만큼 자신의 생존능력과 전략적 성과도 증대된다. 축소도 힘이다. 축소를 시키는 것도 힘이 있어야만 축소할 수 있다.

35 돌고래는 전체적으로는 검은 색으로 하고 배 쪽 무늬를 여러 개의 하얀 작은 타원형으로 변색시켜 주변의 어류들에게 자신이 작은 여러 개의 어류무리처럼 보이게 하여 착시를 유도하여 공격한다.

36 거친 폭력배들이 설치는 공간을 지나가는 유약한 사람의 경우, 지나친 자기 노출을 하지 않는 행동이나 또는 수차례의 동란과 정치적 격변의 현실에서도 자신을 유지하고 보호하기 위하여 정치적 중립을 지키고 자신의 정치적 또는 개인적 견해를 내세우지 않고 외부적으로 표현하지 않는 유태인들의 신중한 태도와 대응 역시 자기 보호행동의 예라고 할 수 있다.

37 거북이는 자신을 보호하기 위하여 강력한 보호 장구를 갖추어 생존을 유지하고 대응한다. 보호 장구가 커질수록 움직임은 둔화되지만, 보호 장구가 강력하기 때문에 느린 움직임에도 장수하면서 자신의 생존을 유지한다.

38 조직내에서 현상유지의 보호전략을 주도하는 사람이나 현실 최적화 원칙을 준수하는 사람들의 현실대응의 실천지능은 자기 현실이나 외부적 현실의 동요나 급격한 변화 또는 혼란을 기피하려는 경향을 보인다.
   그것은 흔히 거론되고 있는 바와 같이 변화를 거부하거나 혼란을 기피하려는 심리나 안정을 추구하려는 심리에 의한 것이 아니다. 그것은 현상 유지의 보호전략을 중심으로 자기 현실에 대응하고 있는 사람들의 지능의 특성과 구조가 「현실 최적화 원칙」을 중심으로 특성화되어 있으며, 혼란과 변화, 마찰과 같은 현상에 대응하는 현실 지능의 구조적 특성과는 이질적으로 다르기 때문에 유발된다.
   즉, 지능적 대응행동이 추구하는 바가 크게 다르기 때문에 유발되고 있는 격차가 혼란, 변화, 마찰과 같은 현상에 대응을 어렵게 하기 때문에 비롯된다.

39 가장 극단적인 예로 범죄 영화에서의 사례를 들 수 있다. 정의와 원칙을 실천해야 할 경찰관이 단속하고 처벌해야 할 범죄자에게 뇌물을 받고 보호하는 장면을 쉽게 접할 수 있다. 경찰과 범죄자간의 공생관계가 논리적으로나 윤리적으로는 전혀 바람직하지 않으며 이해되지도 않는 경우이지만 그 현실을 들여다보면 서로 공생적 관계를 유지하는 「공생의 보호전략」이 전개되고 있음을 알 수 있다.
   공생의 보호전략은 서로 동질적인 집단에서도 전개된다. 생존을 위하여 서로 긴밀하게 상조하고 있는 집단은 물론이고 서로 치열하게 경쟁하고 있는 기업군들 간의 공생의 보호전략이 전개된다.

40 이와 같은 현상은 정치현실에서도 목격된다. 서로 원수같이 싸우고 있는 정치현실에서 여당과 야당이 서로 공생할 수 있는 근본적인 이유는 정책과 정권, 그리고 정치적 이해관계를 중심으로 서로 상대방을 보호해야 서로 지속적인 생존을 유지할 수 있다는 사실을 알고 있기 때문이다. 그래서 지배적인 양당제도가 지속적으로 유지되기도 한다.

41 자기의 보호막이 어떻게 훼손되고 있는지도 모르고 자기 자신의 내부적 상태가 피폐해지고 유약하게 되면 자기 스스로 자기 자신을 보호하는 보호능력이 급속히 저하된다.

42 예를 들면, 훌륭한 목표나 사회적 성과를 성공적으로 이루어낸 사람이 자기 자신의 현실을 보호하지 못하고 좌절하고 생존에 실패를 하게 되는 경우를 들 수 있다.

43 긴급하고 특수한 위협상황의 경우에는 상황에 대응하기 위하여 필요한 외부적 대응전략이나 실천 행동은 철저하게 수행하려고 하지만, 그러한 대응행동을 실천하는 자기 자신의 내부적 대응에 대하여는 주의를 기울이지 못할 수 있다. 예를 들면, 중대한 책무를 지고 해외에서 업무를 수행하는 일에 매진하면서 자기 관리를 잘못하여 스캔들이 폭로된다. 업무적으로는 크게 성공하였지만, 금의환향을 하지 못하고 개인적 스캔들로 중책에서 해임된다. 당사자의 입장에서는 참으로 억울할 수도 있다. 그러나 내부적 대응을 잘못하게 되면, 그와 같은 상황도 충분히 가능한 현실이다.

44 사회적으로 중대한 책무를 성공시키려면, 개인적 욕구들은 다소 희생해야 한다. 이와 같은 관점이 세상의 사람들이 요구하고 주장하는 사회적 원칙이다. 예를 들면, 자기의 개인적 욕구의 희생과 같이 자기희생을 실천하지 않으면 자신의 라이벌이나 제3의 이해관계자들에 의하여 다양한 공격을 거침없이 받게 된다.

45 이와 같은 노화현상은 자연의 진행법칙으로 아무도 거역할 수 없다. 능력이 감퇴해가면, 일처리의 속도는 물론이고 판단능력이나 학습능력도 저하되어 간다. 현실대응 능력의 저하에 따라서 자기 보호의 능력도 저하된다.

46 이 책의 주제는 종교적 관점에서의 성공을 다루는 것이 주목적이 아니므로 개인의 자기현실에서의 성공에 초점을 맞추어 살펴보도록 하자.

47 때로는 희생의 반대급부가 명확하지 않고 불확실하거나 또는 전혀 반대급부가 없을 경우에도, 추구하고자 하는 목적 실천이 가능하게 된다면 과감하게 희생을 전개할 수도 있다. 이와 같은 경우, 희생에 따른 직접적인 반대급부는 아니지만, 목적의 실천과 달성이 획득된다. 이와 같이 희생은 반드시 반대급부만을 고려하여 전개되는 것은 아니다.

48 소위 권모술수와 같은 책략이 현실적으로 정당화될 수 있는 것은 희생과 희생을 통하여 얻게 되는 관계에서 결과론적 설득력을 지니기 때문이다. 어떻게 하건 성공하기만 하면 된다는 식의 발상도 희생과 반대급부에 대한 결과론적 발상에 의한 것이다.

49 만약, 희생의 절차나 과정, 방법이 잘못되어 있거나 납득되지 않을 경우에는 획득할 수 있는 것을 포기하더라도 그와 같은 '잘못된' 희생의 과정을 반드시 전개하려고 하지는 않는다.

50 일순간에 큰 희생을 전개하는 방법과 오랫동안의 시간에 걸쳐 작은 희생들을 지속하는 방법이 있다. 또한 현재의 희생을 통하여 즉시 그 반대급부나 목적의 달성이 가능한 것도 있으며, 희생은 현재, 결과획득은 미래와 같이 시차를 두고 전개되는 희생도 있다. 순서가 바뀌었지만, 결과획득을 우선적으로 하고 시차를 두어 희생이 요구되는 경우도 있다.

51 공간을 영역으로 분해하여 적용해보면, 하나의 공간을 희생하여 그와 비등한 규모의 공간을 확보하는 경우가 있는가 하면, 하나의 공간을 희생하여 여러 공간을 확보할 수 있는 경우도 있고, 그 반대의 경우도 가능하다.

방향을 적용해보면, 동쪽을 희생하고 서쪽을 얻게 되는 희생이 있는가 하면, 작은 공간을 희생하고 큰 공간을 얻게 되는 경우도 있다.

52 우리의 사극을 보면, 정치세력에서 밀려나 몰락한 가문의 규수가 적대적 세도가문의 며느리가 되어 억울한 삶을 살아가는 이야기를 접할 수 있다. 그렇지만 장손을 출산하고 오래지 않아 세도가문의 안주인이 되어 종사와 가사를 모두 지배한다. 희생대응을 통한 포지션의 세력 관계가 변화되면서, 몰락해가는 가문을 다시 부흥시킨다.

53 최고의 품질과 기술을 추구하는 조직에서는 추구하고자 하는 품질과 기술을 유지하기 위하여 다른 대부분의 것들은 양보된다. 정직과 공정함, 사회적 가치를 추구하는 사람들은 개인적 이익을 희생한다.

54 만약 자신의 몸이 수백, 수천의 몸으로 구성되어 있고 그중 하나의 몸을 희생하여 전체를 구할 수 있다면, 그러한 자기 희생은 누구든 납득할 수 있다. 그러나 자신이 우주에서 오직 유일하고 소중한 존재라는 사실을 염두에 둔다면, 그러한 자신을 희생하는 일은 그에 합당한 반대급부가 있어야 한다.

55 예를 들어 개인의 경우, 자기의 시간과 관심, 그리고 행동노력을 투입하여 누군가에게 중대한 도움을 주게 되었다면, 그것은 희생을 통한 성과이다. 이와 마찬가지로 생존을 위하여 자기 시간과 노력, 열정을 투입하여 대응하는 것도 일종의 투입요소의 희생을 통한 생존전략이다.

56 만약 최소한의 희생을 통하여 최대의 성과를 얻게 되었다면 가장 바람직한 전략적 희생이 될 것이다. 그러나 이와 반대로 최대한의 희생을 통하여 최소의 성과를 거두게 되었다면, 그것은 무엇인가 잘못된 희생이다.

57 젊은 사람들은 자기 현실의 희생을 두려워하지 않는 경향이 있다. 예를 들면, 자신의 소중한 시간의 희생을 대수롭지 않게 생각한다. 시간이 강물처럼 언제까지나 자기의 현실에 흘러들어올 것처럼 생각하기 때문이다. 그러나 눈에 보이지 않는다고 결코 시간의 희생을 가볍게 여기지 말라. 옛것에 대한 가치나 인식, 현실대응의 주요 관계, 자신의 주변에 대한 현실 대응의 행동, 자기가 추구해야 하고 만들어야 할 자기의 미래 현실도 쉽게 희생시키지 말라.

58 조직의 경우라면, 희생에 대하여 더욱 심각한 조직저항을 경험하게 된다. 만약 의회와 같은 정치적 조직에서 위급한 상황에 대응하기 위한 희생 전략을 추진하려면 상황 대응의 급박성보다도 희생의 정당성에 대한 검토 요구와 반박으로 희생 전략을 신속하게 전개할 수 없게 된다.

59 최근 전국적으로 집중적이고 지속적인 폭설로 마을이 고립되고 교통이 두절되는 현상을 경험하게 되었다. 이와 같은 경우, 신속하게 무엇을 희생하고 무엇을 얻어야 하는가에 대한 희생의 생존전략을 전개하려면, 사전에 희생에 대응하기 위하여 몇 가지의 시나리오

를 준비해둘 필요가 있다.

60 이와 마찬가지로 자기 내부적 현실 대응의 요소인 마음이 이끄는 것을 희생하여 현실생존을 가능하게 할 수 있다면, 그에 따라 대응한다. 예를 들어 거래부진으로 고전하고 있는 중소기업에서 이익이 거의 없거나 또는 자존심 때문에 마음에 들지 않는 거래처와는 관계를 맺지 않겠다는 마음을 희생하면, 좀더 폭넓은 관계의 사업전개로 기업회생이 가능해질 수도 있다. 이와 같은 희생이 자기 자신과 자기 현실을 거듭나게 한다. 따지고 보면 많은 것을 잃는 것도 아닌데, 현실에서는 그러한 일들조차 쉽게 전개되지 못한다. 희생을 제대로 이해하지 못하기 때문이다.

61 이와 같은 경우, 기존의 생존전략의 선택과 구성에서 활용하지 않았던 생존전략을 구사해야 할 경우도 있으며 그동안의 생존전략과는 차원이 완전히 다른 전략을 강구해야 할 때도 있다.

62 예를 들면, 새로운 변화를 읽어내고 간파하는 능력을 비롯하여 변화의 조류 속에서 대응하여 생존하기 위하여 필요한 현실대응의 요소들을 확보하고, 변화에 신속히 적응하기 위한 기본적인 능력들이 요구된다. 신기술과 신문물을 습득하고 새로운 활동영역을 개척하는 것도 따지고 보면 새로운 현실에서 생존하기 위한 지능적 활동의 일환이다.

63 전략을 선택하거나 새로이 만들어내는 것도 중요하지만, 더욱 중요한 것은 그 전략을 성공적으로 실천하는 것이다. 전략이 제대로 실천되지 못하면, 전략 그 자체는 아무짝에도 쓸모없는 것이다.

64 구체적으로는 사업 또는 직업의 수행에 있어서 전략적으로 대응하기 위한 실천적 능력을 들 수 있다. 개인의 차원에서 본다면, 직장에서 자신의 직무를 유지하고 발전시킬 수 있는 사업수행의 능력이 그 전형적인 예라고 할 수 있다.

65 그래서 일부 회사조직에서는 신입사원을 선발할 때, 개인의 생존의식과 생존능력이 얼마나 강한지를 점검하기도 한다. 스스로 생존하지 못하는 약한 사람들에게 경쟁기업들과 경쟁하면서 고객대응에 최선을 다할 수 있는 능력이 발휘될 것인가에 대하여 점검할 필요가 있기 때문이다.

66 출처: 이경열, 어린 왕자, 멘토를 만나다 - 내 안의 성공 에너지를 싹틔우는 아홉 마법사, 더난 출판사, 2010. pp. 117~118.

자신의 소중한 현실의 파괴에 대응하라

매일 성공하라. 성공은 오늘 자신이 노력한 것에 대한 급부로 조성된다.

강철도 녹이 슬고, 산처럼 큰 엄청난 바위 돌도 균열이 생긴다. 거칠게 달려드는 백전백승의 용맹한 영웅들도 가냘픈 여인의 유혹 앞에서 무너진다. 위대한 정신과 냉철하고 논리적인 생각도 자기 함정에 빠지기도 한다. 자기 현실도 마찬가지이다. 파괴하려는 것에 슬기롭게 대응하지 못하면, 자기 현실이 여지없이 파괴된다.

제3주의 주요내용

1. 잘못된 돈과 미인계에 빠지지 말라 2. 과욕, 과속에 빠지지 말라
3. 편안함에 길들여지지 말라 4. 파괴욕구를 억제하라 5. 좌절과 타협하지 말라
6. 그릇된 생각이 자신을 지배하게 하지 말라7. 시간을 낭비하지 말라
8. 자신의 지능을 정체시키지 말라

생존전략의 성공적 전개와 더불어 자기 현실을 제대로 유지하려면, 자기 현실을 공격하고 파괴하려는 것들에 대응해야 한다.

일상의 현실에서 뿐만 아니라, 성공을 실현하기 위하여 노력하는 전 과정에서 그리고 성공을 달성한 이후에도, 현실을 파괴하는 것들은 언제나 어디에서나 대기중의 전염병 균처럼 득실거리면서 현실 파괴의 기회를 노리고 있다.

현실 파괴는 타인을 비롯한 외부적 세력에 의한 파괴와 자신의 부주의나 방심, 변덕, 또는 교만함과 경솔함과 같은 자기 자신에 의한 파괴가 있다. 누구나 빠지기 쉬운 자기 함정에 의한 성공 파괴는 사전에 자기 스스로 그 파괴의 진행여부를 알지 못하고 심각한 상태에 처하게 될 수 있으므로 미리 주의하고 대비하여야 한다.

자기의 소중한 현실, 성공을 이루려는 현실을 파괴하려는 것들에 철저히 대비하고 신속히 대응하라. 현실 파괴에 대응하기 위하여 필요한 기본원칙들을 살펴보자.

잘못된 돈과 미인계에 빠지지 말라

잘못된 돈을 취하지 말라. 미인계의 덫에 빠지지 말라.

유혹의 덫은 멀리 피하는 것이 최상이다. 이 덫은 함께 즐기면서
조심조심 피할 수 있는 종류의 것이 아니다.

"성공한 남자의 뒤에는 반드시 그 성공을 뒷받침한 여인이 있다. 그러나
어렵게 이룬 성공을 실패하게 되는 남자들의 뒤에는 또 다른 여인이 있기
마련이다."[1]

"Behind every successful man is his woman. Behind the fall of a successful
man is usually another woman."

누구나 성공을 향하여 노력하는 과정에 여기저기에서 외부적, 내
부적 유혹의 덫이 자기를 기다리고 있다.

자신에게 달려드는 내면의 욕구들을 절제해가면서, 열심히 노력
해서 마침내 성공을 해도 자기 성공현실의 앞길에 널려있는 유혹의
덫에 빠져 패가망신하는 경우가 비일비재하다.[2]

성공을 추구하는 사람들이나 성공을 실현한 사람들은 다음의 두

가지 유혹을 우선 경계하여야 한다.

물질과 섹스의 유혹에 대응하라

첫째는 물질의 유혹이다. 물질, 특히 돈의 유혹은 사람의 판단을 흐리게 한다. 둘째는 성적 유혹이다. 남자건 여자건 섹스의 유혹은 자신의 육체적 욕구와 결합되어 쉽게 넘어간다.

성욕은 인간의 가장 기본적인 본능적 욕구 중에서도 가장 강력한 욕구중의 하나이다. 이와 같은 점을 이용하여, 미인계美人計로 통칭되는 섹스의 유혹은 자신의 성적 욕구와 결부되어 자신을 자극하고 자신이 유혹당하고 있는지에 대한 판단을 흐리게 하기 때문에 누구나 유혹에 넘어가기 쉽다.[3]

현실의 유혹도 마찬가지이다. 상대방이 고의로 유혹을 하건 우발적으로 유혹을 하건 유혹의 상황에 말려들면, 결과는 바로 덫에 걸려 서서히 자신의 생명과 자기 현실을 파괴시켜간다. 따라서 유혹에 걸리기 전에, 빠져나와야 한다. 어떻게 해야 할까?

당연히, 돈과 섹스의 유혹을 만나면, 무조건 현장을 피해야 한다. "잠깐만요~"하는 소리에 고개를 돌리면 안 된다. 말도 걸지 말고 무조건 "걸음아! 나 살려라"하고 빠져나와야 한다.

유혹의 순간을 알아차려라

유혹에 걸려들게 되면, 신속하게 그것이 유혹인지의 여부를 알 수 있어야 한다. 어떻게 해야 유혹을 판단해야 할까?

첫째로 유혹의 돈은 그동안 맡아 보지 못한 이상한 냄새가 난다. 모든 돈에는 냄새가 배어 있다. 열심히 근로를 하여 번 돈은 근로와 노력의 냄새가 배어 있다. 다른 사람을 힘들게 도와서 서비스를 하여 번 돈은 서비스의 땀과 봉사의 냄새가 배어 있다. 새로 무엇인가를 만들어 벌어들인 돈은 창조의 냄새가 배어 있다. 그런데 유혹의 돈은 그런 냄새가 아닌 그동안 못 맡아보던 냄새가 나는 것이다.

"음, 냄새가 달라~" 그러면 그 돈은 유혹의 돈이다. 만약 자신의 후각이 무딘 편이라면, 다음 세 가지를 생각하라. 정당한 근로와 노력의 대가로 받는 돈이 아니면, 그것은 유혹의 돈이다. 정당한 거래에 의한 대가로 받는 돈이 아니면, 그것은 유혹의 돈이다. 정당한 합법적 사업에 의하여 받는 돈이 아니면, 그것은 유혹의 돈이다.

섹스의 유혹에 넘어가지 말라

다음은 누구나 말려들기 쉬운 미인계의 유혹에의 대응이다.

남성이건 여성이건 미인계, 또는 섹스의 유혹은 대부분의 사람들이 특별히 주의하지 않으면 그 대응이 쉽지 않은 유혹이다. '난 괜찮아요'라고 방심하지 말라. 용감한 사람이건, 덕망이 높은 사람이건, 또는 지혜로운 사람이건 섹스의 유혹에는 쉽게 무너지고 만다.[4]

다른 사람이 미인계를 써서 자신에게 유혹하건 또는 자신의 욕구에 휩쓸려 스스로 말려들게 되건, 성적 유혹을 알아차리려면 우선

자기 자신이 스스로 제 정신을 똑바로 차려야 한다.[5]

더욱이 섹스의 유혹은 대부분 사랑의 감정을 불러일으키면서 동반하여 등장하기 때문에, 애정에 대한 착시현상과 애욕에 대한 착각이 작용하기 쉽고, 유혹의 여부를 명확하게 깨닫기 어렵다.[6]

자신의 정신상태가 완전한 상태에서도 섹스의 유혹이 성공의 도정에 여기저기에 널려 있어서 정신을 오락가락 하게 한다. 그런데 자기의 정신이 불완전한 상태에 처해있다면, 자기 스스로 구제불능의 상태에 빠질 수 있다.[7]

자신이 현실의 성과나 주변의 조언에 아랑곳하지 않고 유혹의 현실에 절대복종하고 있다면, 일단 자신이 유혹된 현실에 빠져있으며 정신을 못 차리고 있다는 자기 현실의 증거를 중심으로 유혹의 현실 상황에서 '신속히' 벗어나라. 늦으면 늦을수록 **현실의 복원력**resilience을 회복하기 어렵기 때문이다.

따라서 서로의 애정관계가 서로에 대한 진정한 사랑을 바탕으로 하고 있는 것인지를 점검하라.[8]

마지막으로 서로의 관계가 합법적인가를 점검하라.[9] 합법적인 것이 아니라면 절대로 섹스의 자기 유혹에 넘어가지 말라. 합법의 기준은 사회적 통념과 상식, 그리고 사회와 법에서 용인되는 기준을 말한다. 자신이 그와 같은 기준보다 좀더 엄격한 양심을 존중하거나, 또는 윤리나 종교적 교리에 관한 행동원칙이나 신조가 있다면, 그에 따라 행동하라.

사랑과 섹스의 유혹을 구분하라

아직 결혼을 하지 않은 젊은이라면 다음의 세 가지 조건을 확인하라. 상대방의 진정한 애정과 자발적 동의가 없는 섹스인가? 상대방이 결혼 관계에 속하고 있는 사람인가? 돈이나 다른 조건, 또는 일이 개입되어 있는 섹스인가?

만약 이 세 가지 중에 어느 한 가지라도 그렇다면, 그것은 자기 유혹, 아니면 타인의 유혹의 덫이다. 어서 도망가라.

욕구를 전환하라

아무리 해도 자신의 성욕을 해소할 수 없거나 자신을 주체할 수 없다면, 욕구대응과 자기관리에 관한 좋은 방법들을 참고하여 대응하라. 적당한 방법을 못 찾았다면, 다음과 같은 욕구전환의 방법을 활용하라.

욕구전환의 방법은, 뜨겁게 일어나는 자신의 욕구를 억제하려고 하기보다는 욕구의 방향을 전환시키는 방법이다. 이 방법은 자기의 내면에서 일어나고 있는 욕구와 열정이 섹스의 충동으로 집중되는 것을 다른 충동으로 변환시키는 방법이다.

홍수처럼 밀려들어오는 물줄기에 두 팔을 벌려 맞서는 방법보다는 물줄기의 방향을 바꾸는 방법이 실용적인 것과 같이, 자신의 내면에서 솟구치는 성적충동의 에너지를 다른 방향으로 전환시켜 자신의 성공을 더욱 더 크게 실천하는 방향으로 이끄는 것이다.

예를 들면, 자신의 성적 충동을 성공욕구로 전환시키는 것이다. 누군가를 사랑하고 싶은 마음이 강렬하다면, 그 강렬한 욕구를 자신의 성공욕구로 전환하라. 어떤 상대방을 사랑하고 싶다면, 상대방에게 집착하지 말라. 집착할 것이 필요하다면, 자기의 성공에 집착하라. 더욱 성공하라. 자신을 성공시키려는 열정과 노력으로 자기를 더욱 성공시켜라. 성공욕구로 자신을 채우면, 자신의 성적 욕구가 성공욕구로 전환된다.

주의할 점은 성공을 이룬 다음, 성적 충동을 지속적으로 다른 방향으로 전환시키지 못할 경우, 다시 솟아오르는 자신의 성적욕구를 주체할 수 없는 상황이 생길 수 있다는 점이다. 종종 많은 사람들이 성공한 이후, 미인계의 함정에 더 쉽게 빠지는 경우가 많은 이유가 여기에 있다. 이는 물질욕구의 함정에 빠지는 경우도 마찬가지이다.

따라서 욕구의 방향전환을 통하여 충동을 해소할 때에는 방향전환을 통하여 성취한 다음, 새로운 욕구의 방향으로 자신을 이끌 수 있도록 계속 스스로 분발하여야 한다. 이에 대하여 세심한 주의를 기울여라.

과욕, 과속에 빠지지 말라

자기 자신의 지나친 욕구에 따르지 말라. 과욕은 아무리 충족해도 지칠 줄 모른다.

과속하지 말라. 과속은 분별력과 자기 통제력을 상실시킨다.

돈과 미인계와 함께 경계해야할 유혹으로 잘 분별되지 않는 과욕과 과속의 자기 유혹이 있다.[10]

과욕과 과속을 스스로 경계하라

과욕은 누구나 방심하면 빠지기 쉬운 덫이다.[11] 때로는 과속이 이야기되기도 한다. 과욕이건 과속이건 지나친 것이 문제가 된다.

무엇인가 잘 해내려고 하는 성취욕도 지나치면, 부정을 만들어낸다. 학교에서 시험성적을 잘 받으려는 단순한 심리가 부정시험을 저지르게 한다. 선거에서 유권자의 표를 조금이라도 더 얻어내려고 하는 마음이 금품과 타락, 부정선거를 만들어 낸다.[12]

처음에는 과속을 하게 되면, 그것이 과속이라는 것을 알 수 있지만, 과속도 자주하게 되면, 과속에 대한 속도감각이 무뎌지게 되어 자기통제력이 떨어진다.[13] 인생은 긴 승부이다. 과속을 경계하라.

지나침을 스스로 통제하라

과욕의 유혹은 자기의 정신이 한 눈을 팔거나 혼란 속에서 주의력을 상실할 때, 순식간에 일어난다.[14]

과욕은 외부에서 등장하는 것이 아니라 자기 스스로 판 함정이므로, 자기가 스스로 점검하지 않으면 잘 파악되지도 않고, 자신이 조절하지 않으면 조절되지도 않는다. 그래서 다른 사람들의 과속이나 과욕은 쉽게 보면서도 자신의 과속이나 과욕에 대하여는 제대로 인지하지 못하게 된다.

이와 같은 경우, 우선 현실적으로 쉽게 과욕의 증상을 알 수 있는 방법은 신체의 변화, 특히 병病에 의한 경고이다. 과욕에 의한 병은 신체적 조절기능의 이상에서 유발된다.[15]

과욕을 알 수 있는 또 다른 방법은 자기 현실에서 부작용이 나타나기 시작한다는 점이다. 정신, 마음, 생각, 행동, 관계에서 과욕과 관련된 특정한 현상들이 등장한다. 예를 들어, 소유욕구나 지배욕구가 과하게 되면, 정신, 마음, 생각, 행동, 관계에서 과도한 소유욕구나 지배욕구가 반영되어 그 현상을 알 수 있게 된다.

서둘거나 지나치지 말라. 한꺼번에 많은 것을 채우려고 하거나 실행하려고 하지 말라. 늦었다고 너무 서둘러 빨리 가려고 하지 말라.[16]

한꺼번에 많은 것을 하려고 하지 말라. 하고자 하는 일들을 시간에 따라 분산시키고 순차적으로 착실하게 수행하라. 과욕을 절제하라.[17] 과욕이 화禍를 부른다.

자기 성찰과 평정심을 유지하라

지나침에 대한 자기 성찰이 부족하다면, 주변의 지인들의 반응을 직시하라. 주변의 반응을 통하여 자신이 어느 정도 지나치고 있는지를 알 수 있다.[18]

늘 평정한 정신과 마음을 유지하라. 평정심으로 자신의 정신과 마음의 안정을 찾고 혼자 있을 때를 경계하라.[19]

이럴 땐 어떻게 해야 할까?

문제현상

"저는 이성의 유혹에 쉽게 넘어가는 편입니다. 유혹에 쉽게 넘어가지 않으려면 어떻게 해야 하나요?"

이런 것은 하지 말라

1. 방심하거나 겁먹지 말라. 자신의 유약함이나 방심이
   상대방의 유혹을 부추긴다.

2. 유혹에 넘어가지 않을 것이라고 자만하지 말라.
   자신의 자만은 경솔함을 부르고 허점을 노출한다.

3. 상대방의 유혹을 기다리지 말라. 유혹으로 진행되기 전에,
   그 곳을 탈출하라.

이렇게 대응하라

1. 상대방이 자신을 유혹하고 있다는 사실을 알아라.

2. 유혹하는 사람과 대화나 접촉을 하지 말라.

3. 유혹이 시작된다고 느낄 때, 신속히 현장을 떠나라.

4. 자신이 유혹의 손길을 기다리고 있었는지 반성하고,
   자기 현실에 충실히 하라.

성공을 위해 이것을 실천하라

성공실천 행동 포커스 : 유혹에 강해져라

1. 유혹에 쉽게 빠지지 않도록 자기 현실을 안정시켜라.
   자기현실이 불안할수록 유혹에 쉽게 넘어간다.

2. 이성교제가 필요하다면, 좋은 이성 친구관계를 통하여
   건전한 이성 관계를 발전시키도록 하라.

3. 평정한 정신과 마음을 유지하라. 자신의 내면에서 일어나는
   여러 가지의 욕구에 흔들리기 시작하면, 자기 통제력과 절제능력이
   떨어지고, 자기 욕구에 복종하게 된다.

4. 성적 욕구나 유혹이 일면, 근육강화 운동으로 땀을 빼라.
   건강한 육체운동이 자기의 정신을 강하게 한다.

5. 스스로 더 좋은, 더 바람직한 모습으로 성장시키기 위하여
   무엇을 해야 할 것인가에 집중하라.

성공원칙 요약

성공의 현실과 도상에서 늘 등장하는 돈, 섹스, 과욕의 유혹 삼인방을
경계하라. 유혹은 즐기면서 조절할 수 있는 것이 아니다.
유혹이라고 생각되면, 즉시 현장을 피하라. 유혹은 판단력을 저하시켜,
유혹인지 모르게 하고 자신과 자기 현실을 파괴한다.

성공원칙 실천노트

1. 성공의 현실과 그 과정에 유혹의 덫이 있다는 사실을 기억하라.

2. 이상한 냄새가 나는 돈의 유혹을 물리치고 멀리 도망가라.

3. 섹스의 유혹을 멀리 피하라. 건전한 이성 관계를 발전시켜라.

4. 일 때문에, 피할 수 없는 상황이라면 일과 유혹의 내용을 분리시켜
   대응하라. 상대가 힘이나 권력에 의하여 강제적 행사를 하게 되면
   유혹의 내용을 기록하여 공개하라.

5. 과욕, 과속에 의한 자기 유혹을 점검하고 신속히 욕구를 조절하라.

6. 신체적, 심리적 이상을 발견하면, 자신의 욕구를 살펴보라.

7. 자기 현실에서 등장하는 과욕의 현상들을 주목하고 과욕을 절제하라.

8. 유혹은 자신이 약하거나, 불안하거나, 혼란스러울 때, 더욱 더 강해진다.
   평정심으로 자신의 정신과 마음의 안정을 찾고, 굳건하게 하며,
   혼자 있음을 경계하라.

9. 어두운 유혹은 나중에 문제나 사건을 일으키게 되는 경우가 많다.
   유혹이라고 느껴지거나 판단되는 일들은 유혹과 관련된
   일체의 내용을 일지에 기록해둬라.

편안함에 길들여지지 말라

편안함의 자기 함정에 빠지지 말라. 편안함에 길들여지면, 역경과 고난을
극복하려는 의지를 약하게 하고 새로운 자기 창조의 도전을 불가능하게 한다.

편안함의 자기 함정을 경계하라.

컴퓨터 소프트웨어나 시스템에 오류가 생기는 것과 같이 인간에
게도 오류가 존재한다. 주의해야 할 인간오류 중의 한 가지는 인간
이 스스로 **자기 함정**을 만든다는 점이다. 이와 같은 자기 함정은 성
공의 과정에서 누구나 빠지기 쉬운 명백한 **자기 오류**의 대표적 현상
이다. 이러한 자기 오류, 자기 함정은 자기의 건전한 정신을 혼란스
럽게 하고, 결국에는 자기의 성공 현실을 파괴시킨다.

누구나 편안함을 좋아한다. 그러나 편안함에 빠지지는 말라. 일단
편안함에 길들여지고 안일에 빠지게 되면, 조금이라도 힘든 노고勞
苦를 꺼리게 되어, 자신이 추구해야 할 진로에 대한 거침없고 신속
한 행동의 추진이 억제된다.[20]

자신의 현실을 편안하게 만들지 말라. 이 세상에 편안한 곳은 단

| 자신의 소중한 현실의 파괴에 대응하라 |

두 곳뿐이다. 그것은 바로 요람과 무덤이다. 그러나 제 할일을 제대로 해놓고 가지 못하면, 무덤도 결코 편안한 곳은 못 된다.

편안함을 추구하는 자기 함정에 빠지지 말라. 누구나 안일함에 길들여지면, 힘든 역경을 이겨내기 힘들 뿐만 아니라 역경에 도전하여 극복하려는 의지를 불러일으킬 수 없게 된다. 어떻게 해야 할 것인가?

스스로 편안함을 거부하라. 편안함이 자신의 정신을 나약하게 하고, 일상의 현실이 안일함과 타협하려고 하기 때문이다. 경쟁상대를 이기고 싶다면, 경쟁상대를 편안함과 안일함에 길들여라. 막강했던 경쟁상대도 무기력해지고 전투의지를 상실한다.[21] 누구나 편안함에 길들여져 안일함에 빠지게 되면, 현실의 성공은 멀어지고 실패는 가까워진다.

자신이 해야 할 일들에 대하여 힘들고 번거롭고, 하기 싫은 일이라고 거부하지 말라. 스스로 번거롭고 힘든 일들을 찾아서 하라. 대부분의 위대한 일들은 모두 번거롭고 힘든 일들을 수고스럽게 해내는 과정에서 창조된다.

누구나 하기 싫어하는 일이나 자기가 하기 싫어하는 일도 필요한 일이라면, 자기 스스로 맡아서 실행하라. 성공을 파괴하던 안일함이 저절로 없어진다.

파괴욕구를 억제하라

파괴의 자기 함정에 빠지지 말라. 파괴 행동에 물들면.
파괴적 현실이 확대되어 대상을 가리지 않게 된다.
파괴의 자기 함정을 경계하라.

외부의 상대방이나 적의 파괴와 공격에 대응하라.

파괴의 자기 함정에 빠지지 말라. 파괴는 대상을 부셔버리고 기능을 하지 못하도록 망가뜨리는 행위를 말한다.

누구나 자신에게 고통과 불편을 주거나 자신을 파괴하려는 대상에 대하여 자신도 파괴로 대응하고자 하는 욕구를 느끼게 된다. 파괴 욕구는 아주 거칠고 강렬하게 작용하기 때문에 일단 행동으로 옮겨지게 되면 통제가 어려운 특성이 있다.[22]

감정통제력이 미숙할 때 파괴욕구가 자신을 지배한다

파괴 욕구는 파괴의 행동을 불러일으키고, 파괴의 행동은 극단적 결과를 초래한다. 파괴 욕구에서 파괴적 행동, 그리고 극단적 결과로 이어지는 자기 내면의 연쇄반응은 외부적으로 파괴적 사회 현상을 초래하게 된다.

이와 같은 이유에서 파괴적 행동을 바람직하지 못한 사회 현상으로 인지하도록 하고, 스스로 억제하는 사회적 훈련을 통하여 파괴적 행동을 억제시켜왔다.

자기 내면에서의 파괴의 연쇄반응이 시작되면, 그 연쇄반응을 통제하기가 쉽지 않다. 따라서 극도의 자기 통제력을 발휘하지 못하면, **강박적 행동**compulsive behavior을 통하여 일상에서 파괴적 행동의 뇌관이 급속히 터져버리게 된다.

따라서 파괴 행동을 통제하려면, 마음속에서 파괴하고자 하는 욕구를 초기에 억제해야 한다. 이는 자기 파괴적 행동에서도 마찬가지이다.

강력한 파괴 에너지를 전환시켜 창조 에너지로 활용하라

파괴 욕구는 무엇이건 도움이 되는 것을 만들어내고 노력과 자원을 들여 건설하거나, 누군가를 잘되게 하려고 하거나, 돌보려는 보살핌 욕구보다 훨씬 더 뜨겁고 신속하며 불이 붙듯이 강렬하게 진행된다.[23]

만약 그러한 특성을 지능적으로 역이용할 수 있다면, 자신의 성공을 위하여 오히려 파괴적 마음이 도움이 될 수도 있다. 즉, 강렬한 파괴적 마음을 통제하고 전환시켜 그 파괴 에너지를 전용하여 오히려 좋은 결과를 이끌어 가는 것이다.

그러나 상대방을 파괴하려고 하지 말라. 부득이한 이유에서 상대방을 파괴하고 싶은 마음을 버릴 수 없다면, 상대방과 떳떳하게 경쟁해서 크게 이기려는 마음으로 파괴의 마음을 극복하라. 상대방을 이겨서 보란 듯이, 상대방에게 그동안의 억울함을 크게, 통쾌하게 외쳐라. 만약 상대방을 파괴해버리면, 이길 수 없지 않은가?

파괴의 마음을 전환시켜라

어떠한 경우이건 파괴의 유혹에 말려들지 말라. 파괴의 마음은 자신의 정신을 녹슬게 하고 왜곡시켜, 균형적 판단과 통제력을 상실시킨다. 심지어는 **자기 자신에 대한 파괴행동**도 가리지 않는다.[24]

이와 같은 파괴적 마음이 그토록 노력하여 획득한 자기의 소중한 성공 현실도 개의치 않고, 자기 현실의 주인공인 자기 자신을 파괴해버린다. 자기 파괴의 행동에는 자기나 자기 현실에 대한 혐오나 환멸, 또는 증오의 마음이 개입된다. 어떠한 형식이건, 어떠한 내용이건, 어떠한 행동이건, 자신을 파괴하지 말라.

자신을 파괴하고 싶다면, 자신을 파괴하는 대신, 자신의 잘못된 점을 반성하고 잘못된 점을 신속히 고쳐라. 이제 더 이상 파괴라는 단어는 자신의 마음과 생각, 행동, 관계와 정신에서 완전히 파괴해버리고 비워내라.

그러나 파괴의 욕구와 성향이 강렬하여 스스로 극복하지 못한다면, 어떻게 해야 할까? 그렇다면, 역발상의 논리를 활용하라. 즉 파괴 성향과 특성을 오히려 적극적으로 활용하여 바람직하지 못한 극복하기 힘든 과제나 현상에 대응하는데 활용하는 것이다.[25]

파괴욕구의 통제

자신의 파괴욕구의 방향과 대상을 전환시켜 긍정적 성과를 창조하는 방법으로 전환시킬 수 없다면, 강제적으로라도 스스로 통제해야 한다. 자기 스스로 철저히 파괴의 욕구를 통제하라.

파괴욕구의 통제대응에는 크게 세 가지가 있다. 즉, 욕구의 표출방법에 관한 통제와 파괴욕구를 생기게 하는 원인통제, 그리고 파괴의 마음으로 진행하는 것에 대응하는 진행통제로 대응한다.

표출방법에 대한 통제에는 분출과 억제를 조절하는 방법이 있다. 분출은 파괴의 마음과 욕구를 파괴행위를 통하여 해소하는 것이다.[26]

억제는 파괴적 욕구를 표출할 때, 그 욕구의 내용이나 세기, 크기, 회수를 최소한으로 조절하여 대응한다. 파괴욕구의 억제를 위한 통제방법으로 가장 유약해 보이지만 효과적인 방법에는 대화와 상담, 명상과 기도가 있다.[27]

원인통제는 좀 더 지능적인 방법으로 파괴의 욕구나 파괴의 마음이 생기는 것을 줄이고 해소시키는 방법이다. 예를 들면, 파괴 욕구가 자신이나 타인에 대하여 화가 날 때 생긴다면, 화를 줄이고 화가 생기지 않도록 하는 통제하는 방법이다.[28] 이와 같은 방법은 파괴의 욕구가 자기 현실에서 강렬한 파괴의 에너지를 충동하기 전에 대응

하기 때문에, 힘과 노력을 덜 들이고도 대응할 수 있다는 장점이 있다.[29]

파괴의 마음으로 진행하는 것에 대한 대응방법으로는 화도 나고 파괴욕구도 일어나려고 할 때, 그 진행을 통제하는 방법이다.[30]

자신의 파괴욕구에 대응하기 위하여 음주, 흡연 또는 약물로 자신의 욕구나 마음을 달래기도 한다. 그러나 음주, 흡연, 약물에 의한 대응 방법에 의존하지 말라.[31]

그 대신, 노래를 크게 부르거나 시를 낭송해보는 것도 한 가지 방법이며, 악기 연주, 그림이나 도자기 굽기와 같은 취미생활을 통하여, 또는 사회적 약자나 노약자, 장애인, 고아원, 병원봉사와 같은 사회적 봉사활동, 또는 종교적 봉사활동을 통하여 파괴욕구의 진행성을 통제하는 것도 유용한 방법이다.

이와 같은 방법들은 자기 현실의 내부적 대응으로 자기 자신의 파괴욕구의 통제뿐만 아니라, 자신의 인생과 현실을 긍정적이고 창조적으로 전개한다는 점에서 일석이조의 효과를 누릴 수 있다.

외부적 현실이나 상대방의 파괴에 대응하라

자기가 처하고 있는 외부적 현실 대응에서 자기 자신의 성공현실을 파괴하려는 요소나 세력에 대하여 대응하라. 제2주의 생존전략에서도 살펴본 바와 같이 자기 현실에서 자신이 아무리 잘 해내려고 해도, 외부적 현실이나 상대방이 자신을 공격하고 파괴하려고 한다면, 당연히 그에 합당하게 대응해야 한다.

외부적 현실이나 공격에 대하여 어떻게 대응할 것인가는 사람마다 큰 차이가 있다. 직접적으로 맞대응하는 방법을 중심으로 좀더 공격적으로 상대방과 현실을 통제하고 제압하며 지배하는 방법을 비롯하여 상황이나 상대방을 피하여 모면하는 방법에 이르기까지 다양하게 전개된다.

그동안 우리는 상대방과의 대립이나 맞대응의 공격은 바람직하지 못한 것이라고 주입되거나 배워왔다. 따라서 많은 사람들이 자신이 불편하거나 또는 외부적 공격이나 파괴적 행동에 대하여 그에 상응하거나 그 이상의 맞대응에 대하여 주저하거나 회피해온 경향이 있다.

그러나 자신의 생존이나 성공현실을 공격해오거나 파괴적 행동을 전개해온다면, 그에 합당하게 효과적으로 대응하라. 물론, 그와 같은 맞대응에서 반드시 성공할 것이라는 보장은 없다. 그러나 맞대응의 시도와 노력이 자신의 성공현실의 유지와 창조, 도전을 강화할 뿐만 아니라 자신의 현실성공의 지능과 전략을 강화한다.

어떻게 보면, 맞대응을 한다는 것이 참으로 치졸하고 한심한 생각이 들 수도 있고 '그렇게 까지 해서 성공해야 하는가'라는 생각이 들 수도 있지만, 상대방이 의도적으로 공격과 파괴의 행동을 가해온다면, 자신도 그에 맞서 대응할 각오와 준비에 만전을 기하여 자신의 성공현실을 방어하고 유지할 필요가 있다.

상대방이 자신을 업신여기거나 우습게보지 못하도록 상대방의 공격과 파괴적 행동에 치밀하게 대응하라.

왜?

당신의 성공현실은 당신이 지켜야 하기 때문이다. 그러나 눈에 보이는 공격이나 파괴에 대응하기 위하여 보다 큰 성공을 희생하게 되는 어리석음은 범하지 말라.

상대방의 공격이나 파괴행동에 대하여 감정적으로 분노하거나 말려들지 말고 전략적으로 대응하라. 상대방의 공격이나 음해, 현실파괴 행동에 대하여 분노해야 할 때, 지능적으로 분노를 표출하라. 그러나 자신의 분노와 파괴욕구를 억제하지 못하여 보다 큰 성공을 잘못되게 하지는 말라.

●●●●●●○○○

좌절과 타협하지 말라

좌절의 자기 함정에 빠지지 말라. 누구나 좌절할 수 있다.
그러나 자신이 스스로 좌절하고 싶은 마음과 타협하지 말라.

7전8기의 정신으로 계속 정진하라.

좌절의 자기 함정에 빠지지 말라. 자기 스스로 좌절하는 행위는 스스로 포기와 절망을 이끈다.

인생을 살아가면서 너무 힘이 들고 상황이 암담하면, 깊고 긴 터널 속 어디쯤에서 겨우 한숨만 쉬면서 지내는 우울한 현실이 전개될 수도 있다. 암울한 자기 현실에서 터널 끝이 보이질 않는 것이다. 터널 끝이라도 보이면 어떻게든 해볼 텐데, 답답한 마음과 생각만이 자신을 사로잡게 된다.

이럴 때, 누구나 좌절과 포기의 충동을 느낄 수 있다. 그것은 좌절과 포기가 자기 자신을 편하게 할 수 있을 것이라는 착시와 그에 따른 무의식적인 암시가 작용하기 때문이다. 그러나 해야 할 일을 중도에 그만두고, 좌절이나 포기를 하는 일은 결코 자기 자신을 편안하게 하지 못한다. 오히려 좌절하고 포기하고 있는 시간만큼 상황을 지연시킬 뿐이다.

만약, 시간의 지연을 통하여 상황이 해결될 수 있는 것이라면 시간을 지연시키는 것이 좋다. 이것이 시간지연의 전술이다. 그러나 시간을 지연시켜서 오히려 상황을 더욱 나쁜 쪽으로 이끌어가게 된다면, 좌절이나 포기를 하기보다는 더욱 분발하여 대응하라.[32]

자기 현실의 진행과정에서 터널이 막혀있다면, 현재의 막힌 터널을 뚫고 나아가 난국을 돌파하라. 아무리 해도 돌파할 수 없다면, 신속히 방향을 바꾸어 좌절하지 말고 자신의 난국을 돌파하라.[33]

좌절의 중압감을 방향 전환시켜라

성공을 추구하면서 노력할 때와 마찬가지로 성공을 달성해도 누구나 여러 가지로 좌절의 경험을 할 수 있다. 자신이 실현시킨 성공의 현실이라고 해서 영원히 좌절이 없을 것이라고 경솔한 방심을 하지 말라.

성공 현실을 유지하는 중에 여러 가지로 힘이 들게 되면, 자기도 모르게 좌절하고 싶은 마음과 스스로 타협하고 싶을 때가 있다. 좌절의 중압감이 너무도 무겁고 강력하게 느껴지기 때문이다. 자기를 위에서 눌러대는 현실의 중압감은 겪어보지 않은 사람은 이해하기 힘들다.[34]

그와 같은 경우에 처하게 되면 현실의 중압감을 과감히 떨쳐내고 털어내야 한다. 온몸과 마음, 정신, 생각을 짓누르고 있는 현실의 중압감을 어떻게 해야 할까? 역시 힘으로 누르는 것에는 유도가 제일이다.

　누르는 힘에는 세기와 방향, 그리고 중심이 있기 마련이다. 힘의 세기와 방향, 그리고 중심만 읽어낸다면, 현실의 중압감도 얼마든지 되받아 치거나, 되돌려 대응할 수도 있다. 좌절하지 말라. 현실의 중압감이라면, 현실의 어디에서 힘이 오고 어디에 힘의 중심이 있으며 얼마나 세게 오는지를 파악하라. 그에 대응하여 되치기, 업어치기, 안다리 걸기 등 자신이 대응할 수 있는 방법은 많다.

권태감에 대응하라

　때로는 현실의 권태감에 의한 자기 타협이 좌절을 불러일으킬 수도 있다. 권태감은 자기 변덕의 대표적인 심리이다. 권태감에 휘둘리지 말라. 초심을 잃지 말고, 의지를 강하게 하라.

　현실을 유지하는 것이 힘이 든다고 하여, 자기 자신과 타협하여 스스로를 좌절하게 하는 일은 용납하지 말라. 자기 자신을 좌절의 함정에 빠뜨리고 그것을 끝이 없는 터널, 도저히 뚫고 나아갈 수 없는 불가능한 터널이라고 스스로에게 주입하게 하고 좌절하게 하지 말라.

　자기 자신을 약하게 하지 말라. 당신이 주인공이 아닌가? 스스로 자신의 정신과 기운을 북돋우고, 인내심을 키워 나약한 마음을 이겨내고 자기 현실을 정비하라.[35]

자신의 성공과 현실을 유지하지 못한다면, 그동안의 자신의 노력과 세월이 너무나 아깝지 않은가?

결코 좌절하지 말라. 주도면밀하게 관찰해보면, 현실의 중압감도 충분히 극복할 수 있다. 자신을 좌절시키는 현실의 요소들에 대응하는 일이 자기의 성공을 더욱 굳건하게 하는 소중한 기회라는 점을 인식하라. 그렇다면 자신을 좌절시키는 현실이나 현실의 요소들이 자기의 성공을 위하여 얼마나 소중하고 예쁜 것인지를 알 수 있게 된다.

7전8기의 정신으로 일어나 계속 나아가라. 만약, 좌절하게 되면, 우물쭈물 하지 말고 바로 일어나라. 시간을 끌면 끌수록 불리하게 된다. 툭툭 털고, 다시 일어나 계속 정진하라.

이럴 땐 어떻게 해야 할까?

문제현상

"이제는 좀 편하게 지내고 싶다.""저는 가끔 제 자신이 미워질 때가 있습니다. 이럴 때는 자신을 때려주고 싶지만…"

이런 것은 하지 말라

1. 편안함, 좌절, 파괴(편좌파)의 마음과 타협하지 말라.
   이 세 가지 함정이 자신을 더욱 힘들게 만든다.

2. 방심하지 말라. 편좌파가 슬그머니 자기 자신을
   편좌파의 사슬로 끌어들인다.

3. 어떠한 경우에도 자기 자신을 미워하거나 증오하지 말라.
   자학하지 말라. 잘못된 행동을 교정하라.

이렇게 대응하라

1. 자기 내면에 편좌파(편안, 좌절, 파괴)의 자기 함정이
   존재한다는 사실을 알라

2. 편좌파에 대응하기 위하여 스스로 매일 마음과 정신을 단련시켜라.

3. 성경이나 불경, 인생철학 또는 명상에 관한 독서와 운동을
   매일 규칙적으로 그리고 자주하라.

성공을 위해 이것을 실천하라

성공실천 행동 포커스 : 함정에 빠지지 말라

1. 스스로 편좌파의 자기 함정에 빠진 경험을 상기하고
   대응해왔던 방법을 점검하라.

2. 편좌파의 자기 함정에 빠지지 않기 위하여 성공을 실현하고 있는
   주변의 지인들이 이를 어떻게 극복하고 있는지 알아내고
   자신이 앞으로 어떻게 대응할 것인지에 대한 방법을 찾아내라.

3. 자신이 편좌파의 언행이나 행동을 보일 때, 주변으로부터
   즉시 지적할 수 있도록 도움을 청하라.

4. 종교적 기도, 명상이나 자기 성찰을 통하여,
   자기 현실과 행동을 점검하여 미리 편좌파에 대비하라.

성공원칙 요약

편좌파(편안함, 좌절 및 파괴)의 욕구는 자신도 모르게 자기를
약하게 만들고, 통제력을 상실하게 한다. 또한 신속한 연쇄반응을
통하여 자기와 자기 성공 현실을 파괴한다.

편좌파는 외부의 적이 아니라 자기 내면에서 등장하는 자기 결함이며
자기 함정이므로 스스로 그에 대응해야 한다.

성공원칙 실천노트

1. 자신의 일상에서 편안함을 따르려고 하지 말라.
   편안함은 자신의 현실을 안일하게 하여, 현실에서 등장하는 문제나 과제,
   역경을 해결함에 있어서 노고를 두려워하게 한다.

2. 편안함에 길들여지지 말라. 성공현실에서 추진해야 할
   필요한 행동이나 도전의 시도를 억제한다.

3. 자신의 내면에서 나약한 마음이 충동하는 좌절의 욕구를 허락하지 말라.

4. 파괴적 마음을 멀리하라. 파괴적 마음은 비록 외부를 향하여
   전개될 경우에도, 자신의 내면에서 마음과 정신, 생각에 영향을 미치며,
   외부적 행동과 관계에도 부정적 영향을 미친다.

5. 파괴적 욕구가 강렬하고 쓸모가 있다고 하여, 그 욕구를 성공의
   에너지로 활용하는 일을 자주 반복하지 말라. 성공을 한 이후,
   파괴적 욕구가 자신에게 반대급부를 요구할 수 있다.

6. 늘 자신의 정신과 마음, 생각을 건강하게 하라.
   이를 위하여 매일 규칙적인 수련과 정신 훈련을 하라.

그릇된 생각이 자신을
지배하게 하지 말라

그릇된 생각이 자기 자신이나 자기의 현실을 통제하거나 지배하게 하지 말라.

자기 자신의 생각을 점검하라. 스스로 자기의 마음이나 행동을
잘못 이끌고 있는지 점검하라.

생각, 즉 사고思考는 정신의 기능을 활용하여 자기 현실에 대하여
필요한 인식과 판단작용을 한다.

따라서 우리의 세상과 외부적 현실 상황에 대한 진행과정을 관찰
하며, 그 인과 관계나 영향 관계를 이해하고 파악하여 무엇을 해야
할 것인지를 식별하고 어떻게 대응할 것인지를 결정한다.

또한 자신과 자신이 속하고 있는 사회에 대하여 무엇이 유익하고
해로운지를 이해하고, 판단 착오와 시행착오를 포함한 다양한 경험
적 사실을 기억하여 과거의 실패를 반복하지 않기 위하여 노력하며,
필요한 사실이나 정보, 지식을 저장하고 활용한다.

이와 같은 사고작용을 전개하는 과정에서 사람들마다 제각기 고유한 방식과 패턴을 택하여 나름대로의 편리한 사고방식을 만들어 낸다.

심적, 직관적, 논리적 사고방식

자신의 생각은 근본적으로는 정신의 통제 하에서 자신의 마음의 지시를 따른다.[36] 그래서 대부분의 무엇을 생각한다고 하는 관련된 한자어는 마음 심心자가 들어있다. 생각 사思, 뜻 의意, 생각을 담는 기억의 억憶자에도 모두 마음이 들어있다.

마음이 들어가지 않는 생각의 작용들도 있다. 판단判斷, 결정決定, 선택選擇과 같은 것들은 모두 생각에 의하여 실행되지만, 마음에 의한 사고라고 보다는 생각의 논리를 중심으로 하는 사고이다.

이와 같이 생각은 마음이 개입된 사고와 마음보다는 논리가 중심이 되는 사고로 나누어진다.

마음이 개입된 사고, 즉 **심적 사고**心的 思考는 논리적 사고와는 달리, 원인과 결과, 논리적 타당성과 같은 것을 중요하게 생각하지 않는다. 그보다는 어떠한 것이 좋다, 나쁘다, 또는 어떤 것을 선호하거나 배척하는 마음을 중심으로 생각한다.[37]

심적 사고는 자신의 마음을 중심으로 판단한다. 자신이 편안하거나 자신에게 해를 미치지 않을 것 같은 마음이 생각에 작용하는 것이다.[38]

이와 같은 심적 사고는 대부분 개인의 취향이나 선호, 안심감과 같은 심리적 요소들과 그동안의 자기 현실의 환경과 그에 대한 경험적 요소들이 개입되어 있다.

심적 사고의 발휘에는 마음의 구성 차원, 행동 차원, 그리고 관계의 차원에서 세 가지의 역동성이 작용한다. 마음의 구성차원에서의 심적 사고의 발휘에는 마음의 네 가지 차원인 소망, 의지, 당위, 가능에 대한 마음이 반영된다. 행동차원에서는 적극성과 소극성이 반영된다. 관계의 차원에서는 끌어당기려는 마음과 밀어 내려고 하는 마음이 반영된다.

직관적 사고는 자신의 경험에서 축적된 암묵적 지식과 정보를 활용하여, 특정한 관점을 중심으로 재구성되면서 발휘된다.[39]

논리적 사고는 현상에 대한 원인과 결과, 조건을 점검하고 '어떻게 하면 당면하고 있는 문제를 해결할 수 있는가'에 대한 방법과 계획을 수립한다.

생각은 이와 같이 자신의 과거와 현재를 인식하고 미래를 조망하며, 추구하고자 하는 자신의 소망과 꿈을 중심으로 무엇을 해야 할 것인가에 대한 행동을 설계한다. 생각은 자신이 추구하는 마음의 현실을 이해하고 그 실현과 만족을 위하여, 필요한 일들을 유추하여 판단하고 계획한다.[40]

생각의 현실을 구성하는 네 가지의 요소

생각의 현실을 구성하는 것은 인식과 논리, 가치의 원칙과 사고방식이다.

인식부터 살펴보자. 어떠한 관점에서 세상과 자신, 그리고 현실을 보는가에 따라 사람들이 인식하고 생각하는 내용이 달라진다.[41]

세상은 서로 돕고 사는 것이라고 규정하고 세상을 보는 사람은 서로 돕는 방법을 찾아서 살아가는 생각을 하게 된다. 서로 착취하고 속이면서 사는 것이라고 규정하고 세상을 보는 사람은 기회만 되면, 상대방을 착취하고 속이려는 생각을 하게 된다. 이와 같이 인식이 잘못되면 똑똑한 사람도 제대로 된 판단을 할 수 없기 때문에, 현실 인식이 제대로 되었는지를 판단하는 것이 중요하다.

성공인의 현실인식방법을 터득하라

성공을 추구하는 사람은 현실 인식이 보통의 사람들과는 다르다. 무엇이 다른가? 현상과 사물을 보는 방법이 다르다.[42]

돈을 벌어서 성공하려는 사람은 모든 사물과 현상을 돈과 연관지어 생각한다. 돈이 되지 않는 것에 대하여는 신경조차 쓰지 않는다. 거리에 다녀도 사람들을 봐도 돈이 되는 것에 초점을 맞춘다. 길거리의 쓰레기를 봐도 돈과 연관하여 생각한다.

이와 같은 생각이 돈의 흐름을 알게 하고, 어디에서 돈을 잡아야 할 것인지를 알게 한다. 보통 사람들은 여행을 해도, 경치나 관광지를 생각하지만, 돈을 벌려고 하는 사람은 여행 비즈니스를 생각한다. 여행지에 내리면, 그 지역에서 돈이 어떻게 흘러가고 있고, 어디에 돈이 될 만한 것들이 산재해있으며, 누가 어떻게 돈을 벌어들이고 있는지를 본다.

특정한 제품기술개발을 연구하는 사람은 밥그릇이나 젓가락을 봐도 예사로 보지 않는다. TV의 뉴스나 광고에서도 착안할 거리를 찾아내고 심지어는 길가는 여인의 의상의 패턴과 무늬에서도 제품도안을 연상한다. 성공하는 사람은 인식부터 이와 같이 철두철미한 특성을 보인다.

논리는 생각의 방법을 말한다. 생각에도 여러 가지 방법을 적용할 수 있다. 그러나 모든 방법들이 다 적용될 수 있는 것은 아니다. 생각의 방법을 잘못 적용하면, 잘못된 결론에 빠질 수 있기 때문이다. 따라서 논리적 오류를 제거하기 위한 원칙들을 배우고 학습할 필요가 있다.

성공사고의 원칙을 준수하라

성공하고자 하는 사람들이 추구해야하는 생각의 논리는 매우 간단하다. 자신의 현실전개에 있어서 '어떻게 하면 성공에 도움이 되는가'에 생각의 초점을 맞추는 것이다. 이를 **성공사고의 제1원칙**이라고 한다.

'어떻게 하면 성공에 도움이 되는가'에 초점을 맞춰라

이와 같은 **성공사고의 제1원칙**을 통하여 자신이 추구하는 성공현실을 보다 유익하게 구성하고 설계하며 자신이 추구하는 성공에 초점을 맞추어 현실을 통제함으로써 자신의 성공에 도움이 되지 않는 것들을 제거한다.

성공하는 사람들이 추구하는 전형적 논리는 원인규명을 통한 결과의 유추나 해결방법을 만들어내는 과학적 논리와는 다른 형식의 논리를 따른다. 그렇다고 해서 과학적 논리가 성공할 수 없다는 것이 아니다.

성공하는 사람들의 논리의 특징은 대부분 "결과 우선, 그리고 방법을 전개"하는 논리라고 할 수 있다. 대표적인 예를 들면, "나는 성공한다. 어떻게 해야 하나?"와 같은 논리이다. 이를 **성공사고의 제2원칙**이라고 한다.

'나는 성공한다. 그렇다면, 어떻게 해야 하는가'에 초점을 맞춰라

이와 같은 논리는 바람직한 결론을 우선적으로 도출해놓고, 그에 이르는 방법과 계획을 이끌어내는 소위 결론을 중심으로 쥐어 짜내는 실용적 압박논리라고 할 수 있다.

이와 같은 논리로 생각해보라. 당신도 할 수 있다. "나는 성공한다. 성공하려면, 어떻게 해야 하나?" 이와 같은 생각과 판단을 통하여 성공방법과 지혜를 찾아내고 성공실천을 강화한다.

성공사고의 세 번째 원칙은 가치와 원칙에 관한 것이다.

가치와 원칙은 생각의 방향과 내용을 결정한다. 가치는 '중요하게 생각하는 것'을 의미한다. 아무리 좋은 결론이 나와도 '그것은 나에게는 하찮은 것'이라는 생각이 들게 되면 무의미한 결론이 된다.

원칙은 자신이 지키려고 하는 기본을 설정한다. 다른 사람의 생각이 아무리 좋아도, 자신이 준수하는 기본 원칙에 벗어나면, 그러한 생각을 따르지 않게 된다.[43] 어떤 가치와 원칙을 세우는가에 따라 자신의 생각의 내용이 결정된다. 성공하는 사람들은 자신의 성공을 중심으로 필요한 가치와 원칙에 충실히 한다. 이를 **성공사고의 제3원칙**이라고 한다.

성공사고의 제3원칙
자신의 성공을 중심으로 가치와 원칙에 충실하라

이와 같은 가치와 원칙이 자신의 성공을 실천으로 이끄는 생각들을 강하게 하고, 마음과 행동과 관계에 지속적으로 일관되게 작용한다.

마지막으로 성공사고의 네 번째 원칙은 사고방식을 간결하게 구성하는 것이다. 사고방식은 앞에서 설명된 인식과 논리, 가치원칙을

종합적으로 반영하여 자신이 나름대로 독특하게 생각을 전개하는 방법을 말한다.[44]

성공을 추구하는 사람들은 사고방식을 불필요하게 복잡하게 만들지 않는다.[45] 예를 들면, 단 한 가지의 핵심적 질문에 답하는 것이다. "성공하기 위하여 무엇을 해야 하는가?" 이를 성공사고의 제4원칙이라고 한다.

성공사고의 제4원칙
'성공하기 위하여 무엇을 해야 하는가'에 초점을 맞춰라

모든 것은 이 질문의 답과 그 실천을 위하여 구성된다. 간단하지 않은가? 그것이 자신의 성공철학이 된다. 당신의 사고방식은 어떠한가?

이럴 땐 어떻게 해야 할까?

문제현상

"나는 생각보다는 행동이 앞서는 편이다. 생각은 잘 정리되지 않는다."
"내 생각을 나름대로 정리하려니까 잘 안 된다. 누가 좀 해주면 좋겠다."

이런 것은 하지 말라

1. 복잡하게 생각하지 말라. 중요한 생각에 초점을 맞춰라. 나머지는 버려라.

2. 생각 없이 행동하지 말라. 행동이 앞서도 과정과 결과를 생각해보라.

3. 자신이 잘 생각할 수 없다고 폄하하지 말라.
   생각도 정리하기 시작하면, 정리된다.

이렇게 대응하라

1. 생각을 이끄는 네 가지를 점검하라.

2. 생각하는 힘을 길러라.

3. 생각하는 방법을 학습하라. 성공하는 사람들의 사고방식을 배워라

4. 자신이 추구하는 성공을 중심으로 사물과 현상을
   인식하는 방법을 개발하라

5. 성공논리와 가치, 원칙, 사고방식을 강화하라.

성공을 위해 이것을 실천하라

성공실천 행동 포커스 : 생각의 초점을 성공에 맞춰라

1. 한 가지만 생각하라. 성공하기 위하여 무엇을 할 것인가?

2. "나는 성공한다. 어떻게 해야 할 것인가?"에 대한 방법을 찾아내라.

3. 성공에 초점을 맞추어 사물과 현상을 바라보고
   그에 대한 인식을 강화하라.

4. 성공에 초점을 맞추어 가치와 원칙을 세워라. 그 원칙과 가치를 중심으로
   마음, 행동, 관계를 이끌어라.

5. 복잡한 사고방식을 버리고 성공에 초점을 맞추어
   간단하고 실천하기 쉬운 성공철학을 세워라.

성공원칙 요약

생각은 자신의 마음, 행동, 관계의 자기 현실을 주도적으로 이끌어간다.
생각을 소홀히 하면, 자기 현실을 알차게 성공적으로 이끌어갈 수 없다.
생각에는 현실의 인식과 논리, 가치원칙, 사고방식이 작용한다.
성공을 추구하는 사람은 인식과 논리, 가치와 원칙, 사고방식을 성공에
초점을 맞추어 자기 현실을 이끌어간다.

성공원칙 실천노트

1. 흐트러진 생각을 바로 잡아서 자기 현실의 성공을 중심으로 정리하라.

2. 성공에 초점을 맞추어 현실 인식을 강화하라. 눈에 보이는 모든 것을
   자신의 성공에 초점을 맞추어 바라보고 생각하라.

3. 성공 논리를 간단하고 명쾌하게 구성하라. "난, 성공한다.
   어떻게 할 것인가?"에 초점을 맞추어 성공논리를 구성하라.

4. 성공하기 위하여 필요한 가치와 원칙을 세워라.
   그 가치와 원칙에 입각하여 마음과 행동, 관계를 이끌어라.

5. 성공 사고방식을 개발하라. 한 가지의 핵심적 질문과
   그 해답을 중심으로 자신의 성공철학을 만들어라.

6. 성공사고의 제1원칙은 어떻게 하면 성공에 도움이 되는가에
   모든 생각의 초점을 맞추는 것이다.

7. 성공사고의 제2원칙은 "결과 우선, 그리고 방법을 전개"하는 논리이다.
   예를 들면, "나는 성공한다. 어떻게 해야 하나?"와 같은 논리이다.

8. 성공사고의 제3원칙은 자신의 성공을 중심으로
   필요한 가치와 원칙에 충실히 한다.

9. 성공사고의 제4원칙은 간단명료하고 실천에 초점을 맞추어
   사고방식을 개발한다. 예를 들면, 단 한 가지의 핵심적 질문에
   답하는 것이다. "성공하기 위하여 무엇을 해야 하는가?"
   모든 것은 이 질문의 답과 그 실천을 위하여 구성된다.
   간단하지 않은가? 그것이 자신의 성공철학이 된다.

시간을 낭비하지 말라

시간을 낭비하지 말라. 시간은 자기 현실에서 가장 중요하게 여겨야 할
자기의 최대의 자산이다. 시간의 가치를 높여라.
시간을 아껴 쓰는 자에게만 시간은 가치 있는 결과와 성공을 제공한다.

미루지 말라. 지금 당장 하라. 미루어서 얻을 수 있는 것은 후회뿐이다.

한번 흘러간 시간은 되돌릴 수 없다. 소중한 자기의 생명의 시간
을 낭비하지 말라. 시간이 소모되면, 자기 현실도 소모된다.[46]

시간이 낭비되면, 소중한 생명이 낭비되는 것과 같다. 생명도 시
간을 근거로 생존하기 때문이다.

자기 시간의 가치를 높여라

자기 현실 행동에서 시간의 가치를 높여라. 자기의 현실에 투입되
는 행동의 시간 가치를 높이지 않으면, 자기의 행동성과, 자기의 현
실성과를 높일 수 없게 된다. 현실의 성공기회도 시간의 전개에 따

라 다가왔다 흘러간다. 시간을 관리하지 않으면, 자기 현실의 성공 기회도 관리되지 않는다.[47]

자기 현실에서 시간을 확보하라

생명을 다투는 위급한 상황에서 가장 필요한 것은 시간이다. 모든 것이 준비되어도 대응에 필요한 시간을 확보할 수 없다면 그 대응이 불가능해진다.

종종 사람들은 자기에게 주어진 현실의 시간이 충분하다고 생각하는 경향이 있다. 또한 언제든지 자기의 시간을 다시 보충할 수 있다고 생각하기도 한다. 그러나 누구도 시간을 다시 보충할 수 없다. 시간에 대한 잘못된 생각이 자신을 실패로 몰아간다. 5분, 10분을 결코 가볍게 보지 말라.

시간의 활용 및 관리 방법을 전개하라

그렇다고 서둘지는 말라. 서두는 것은 시간을 아끼는 것과 다르다. 일처리와 시간을 결합하여 활용하는 일이 서툴 때, 서둘게 된다. 서둘게 되면, 뒷 처리 해야 할 일들이 늘어나게 되고, 결국에는 시간을 더 쓰게 된다.

시간활용에 관한 관리방법과 일처리의 신속성을 높여라.

"시간관리: 이렇게 하라"

1. 주요한 행동의 과업들을 선별하여 시간 계획을 세워라.

2. 각 과업에 필요한 시간을 배정하고, 실천할 수 있도록 하라.

3. 중점적 실천목표, 단계별 실천목표를 세워서
   시간의 전개순서에 따라 실천적 행동을 이끌어라.

4. 여러 가지 일들에 대하여 중심이 되는 핵심적 행동에 초점을 맞추어
   그에 따라 연관적 행동을 집중시키고 성과를 높여라.

5. 여러 가지의 일을 한 번에 하려고 하지 말라. 중요한 목적과 목표,
   우선순위에 따라 행동을 전개하라.

6. 시간을 최대한 확보할 수 있도록 하기 위하여
   자기 현실에서 시간을 최대한 쥐어 짜내라.

7. 시간 관리에 관한 요령이나 시간성과를 높이는 기법들을
   학습하고 능숙하게 활용하라.

8. 시작과 끝, 집중과 휴식을 구분하여 배치하고 철저히 관리하라.

9. 시간을 질질 끌거나 미루는 나쁜 시간 습관을 변화시켜라.

10. 미리 대응하여 시간을 벌어라. 예비행동, 준비행동, 마무리 행동에
    필요한 시간을 확보하라.

11. 본격적인 행동의 추진에 필요한 시간을 확보하라.

12. 시간이 부족하면 시간대응의 자원 투입을 늘려라.
    자원투입이 부족하면 대응시간을 조절하라.

13. 서두르지 말라. 신속한 일처리로 시간을 알차게 사용하라.

14. 수시로 자기의 시간사용 분석을 하여
    자기의 시간 가치와 성과를 점검하라.

15. 회의, 대인관계, 취미활동에 드는 시간을 점검하여 계획적으로 배분하라.

언제나 시간을 소중하게 여기고 알차게 활용하라. 자신의 시간을
지독할 정도로 철저히 관리하라. 자신의 의지와 상관없이 진행하고

있는 시간을 유용하게 관리하여 시간에 따른 행동의 성과를 높이기 위하여 시간을 관리하라.

시간을 무용하게 죽이는 행동과 습관을 배격하고, 시간을 유용하게 사용할 수 있는 방법을 찾아내거나 만들어내라. 특히 자신에게 허용되고 있는 시간 내에 자기 행동, 자기 책임을 완수할 수 있는 방법을 찾아내라.

시간대응의 유용성을 높여라

시간의 유용성을 높이려면 크게 다음과 같은 세 가지에 유의할 필요가 있다.

첫째, 실천해야 할 행동의 내용을 잘 선택해야 한다. 그리고 둘째로, 행동실천의 과정과 방법을 잘 선택하여야 한다. 그리고 셋째로 자기 행동실천의 성과를 높이는 방법을 찾아내서 대응한다.

행동 내용의 선택에서는 자기 현실의 제한된 시간 내에서 어떠한 것들을 우선적으로 할 것인가, 즉 중요한 것이나 긴급하게 실천이 요구되는 행동을 우선적으로 수행함으로써 시간의 유용성을 높인다.

행동 과정의 선택과 그 성과를 높이는 방법으로는 목표의 구성과 시간적 행동전개의 순서 및 과정의 관리와 절차적 실천기법들이 있다.

속도경쟁에서 시간 관리를 전략적으로 전개하라

경쟁 현실에 처한 사람은 시간과의 속도경쟁에 처하게 된다. 제한

된 시간 내에 자기가 해야 할 일이나 풀어야 할 문제를 해결해야 하기 때문이다.[48]

일 처리 행동의 신속성을 높일 수 있는 방법을 연구하라.[49] 투입 자원이 부족하다면 대응시간을 조절하라.

자신의 시간 의식을 강화하라

일처리 행동의 신속성을 높이기 위하여 정신적으로나 심리적으로 자신이 강화해야 할 점이 있다면, 이를 강화하라. 필요하다면, 시간에 관한 활동신조나 수칙을 만들어 활용하여 신속성을 높여라. 또한 일처리 행동의 신속성을 높이는 자기만의 방법을 연구하고 숙련시켜 그 성과를 높여라.

반복적 활동들을 신속하게 수행하는 과정에서 권태감이나 피로감이 자신을 힘들게 한다면, 이를 극복하기 위한 방법을 찾아내서 자신의 심리적, 정신적 상태를 건강하게 유지하라.

신속한 행동을 즐겨라. 신속성은 현실에서 전개되는 귀중한 시간이 제한되어 있을 때, 자신의 귀중한 시간을 확장시키는 능력이다. 신속성은 경쟁상황이나 위급상황, 또는 불가피하게 신속한 대응이 요구될 때, 더욱 그 가치를 발휘한다.

이럴 땐 어떻게 해야 할까?

문제현상

"난 행동이 굼뜨다." "달리기에서도 이겨본 적이 없다." "빨리 보다
제대로가 더 중요하지 않을까?"

이런 것은 하지 말라

1. 서투른 기량이나 기능으로 빨리하려고 하지 말라. 사고나 실패를 유발한다.

2. 자신의 기능이나 기량을 높이기 위한 훈련이나 연습을 게을리 하지 말라.

3. 시간을 끌지 말라. 제대로 해도 시간을 끌면서 하면, 용납되지 못한다.

이렇게 대응하라

1. 다른 사람들은 신속하게 행동을 잘 할 수 있도록 하기 위하여
   어떠한 기능을 훈련하고 숙련시키는지 알아보라.

2. 자신도 신속하게 잘 할 수 있는 기능을 훈련하고 숙련시켜라.

3. "좀더 신속하게 잘 할 수 있는 방법은 없을까?"를 연구하라.

성공을 위해 이것을 실천하라

성공실천 행동 포커스 : 신속하게 행동하라

1. 누구나 숙련시키면, 신속하게 행동할 수 있다.
   자신의 행동을 신속하게 할 수 있도록 숙련시켜라

2. 일 처리에서 요구되는 방법이나 기능을 훈련하여 보강하라.

3. 일 처리에 필요한 예비행동, 준비행동을 제대로 실천하라. 예비행동,
   준비행동이 제대로 되지 못하면 일 처리 행동의 신속성이 떨어진다.

4. 신속한 일 처리 행동을 저해하는 마음과 생각,
   관계를 정비하고 해야 할 행동에 집중하라.

5. 좀더 신속하게 할 수 있는 방법을 계속 연구하라.

성공원칙 요약

우리의 행동은 시공간 내에서 실천된다. 한번 흘러간 시간은
되돌릴 수 없기 때문에, 시간은 돈보다도 훨씬 귀중하다.

시간 관리를 통하여 자신의 귀중한 시간의 가치를 높여라.
시간을 낭비하지 말라. 시간은 자기 현실에서 가장 중요하게 여겨야 할
자기의 최대의 자산이다. 시간의 가치를 높여라.
시간을 아껴 쓰는 자에게만 시간은 가치 있는 결과와 성공을 제공한다.
미루지 말라. 지금 당장 하라. 미루어서 얻을 수 있는 것은 후회뿐이다.

경쟁상황에서는 신속한 대응행동이 중요하다. 신속성을 높이기 위하여
물리적, 정신적, 방법적, 기술적으로 일처리 행동을 개선하고
시간 성과를 강화하라.

성공원칙 실천노트

1. 주어진 시간을 최대한 활용하여 시간의 가치를 높여라.

2. 자신의 현실에서 최대한의 시간을 쥐어짜내서 시간을 최대한으로 확보하라.

3. 시간 관리의 방법을 터득하고, 시간관리의 성과를 극대화하라.

4. 신속한 일처리 행동을 할 수 있도록 자기 훈련을 강화하고
   숙련도와 기능, 기량의 수준을 높여라.

5. 불필요한 마음, 생각, 관계, 일들에 끌려 다니지 않도록 하라.
   일처리의 행동을 잘 할 수 있도록 일 처리에 필요한 시간을
   잡다한 일로부터 보호하고 현실 행동의 시간 성과를 높여라.

6. 시간에 대한 행동패턴을 개선하여 미리 대응하고,
   시간을 아껴쓰는 행동패턴을 전개하라.

7. 경쟁상황이나 위급상황, 또는 불가피하게 신속한 대응이 요구될 때,
   행동 대응의 신속성을 발휘하라.

●●●●●●●● ✓

자신의 지능을 정체시키지 말라

자신의 지능을 정체시키지 말라. 자신이 그동안 배우고 알고 있는 것이
전부라고 생각하지 말라. 변화무쌍한 자기 인생의 거친 항해에서 적용해야 할
자기 지능을 부단히 강화하는 일을 게을리 하지 말라.

배우고 또 배워라. 늘 배우고 학습하라.

　　자기 자신의 지능은 우리가 인지하건, 못하건 간에 오늘도 쉬지
않고 스스로 현실에서 살아가는데 필요한 지능 활동을 계속하고 있
다.[50]

현실의 경험과 학습을 통하여 지능이 향상된다

　　어떠한 일이나 현상에 대하여 기억과 회상 작용과 사고의 과정을
통하여 생각과 판단을 이끌어 낼 수 있는 것을 인지적 지능이라고
한다. 그러나 무엇을 어떻게 해야 하는지 아무리 생각해내려고 해도
잘 생각이 나지 않고, 즉각적으로 어떻게 해야겠다는 행동적 결론을
이끌어내는 것을 암묵적 지능이라고 한다. 또한 인식이나 이론의 관

점에서는 어떻게 인식하고 분석해야 하는지에 대한 분석적 지능과 현실에서의 실천적 관점에서 무엇을 어떻게 해야 할지를 잘 알고 대응하는 실천적 지능도 있다.

이와 같은 지능은 자기 현실에서의 경험과 학습을 통하여 축적되고 향상되어 간다.[51]

해본다고 경험하는 것이 아니다

무엇인가 경험經驗을 한다는 것은 그냥 대충 해보는 것과는 아주 다르다. 경험이란 조리에 맞는 인과적 증거를 획득하거나 확인하는 행동 또는 그 과정을 말한다.

여기에서 조리條理란 논리적 타당성을 의미한다. 이와 같은 맥락에서 실험實驗이란 조리에 맞게 인과적으로 증거를 실제로 얻는 행동이나 그 과정을 말한다. 경험과 실험은 현실이해의 이론을 통하여 자기의 체계적인 현실 지능을 강화한다. 한편, 모험冒險은 위태로움을 무릅쓰는 행동을 말한다.

경험을 통하여 지능이 축적된다는 것은 현상이나 일에 대하여 어떻게 하는 것이 조리에 맞는지를 이해하고 그 원인과 결과 그리고 그 증거들을 확실하게 인식하여 기억으로 축적하고 현실에서 활용한다는 것을 의미한다. 만약 자신의 행동현실에서 그와 같은 논리적 타당성에 맞는 인과적 증거를 확보하지 못하면, 다양하게 접하게 되는 새로운 현실에 대하여 이것저것을 열심히 해봐도 얻어지는 것이

없게 된다.[52]

　대충해보는 행위를 제대로 된 경험이라고 속단하지 말라. 그와 같이 대충해보는 행동을 지속하지 말라. 처음 한 두 번은 그냥 해보게 되더라도 세 번째부터는 제대로 경험하고 그 경험을 확대하여 자기의 성공지능을 높여가라.

경험은 조리와 방법을 터득하는 것이다

　변화무쌍한 현실이 전개되면, 다양한 경험을 통한 현실의 성공 지능을 더욱 필요로 하게 된다. 평소에 자신의 경험과 학습을 통하여 자기의 지능 향상을 이끌어오지 못한 사람들은 새로운 환경이나 현실의 변화에 대하여 제대로 대응하기 어렵게 된다.

　어떤 사람들은 다른 사람의 경험에 대하여 나도 같은 것을 해보니 무엇인가 느낄 수 있겠다고 한다. 느끼는 것은 중요하다. 그러나 경험에서 감각적인 것만 기억하려고 하지 말라.

　운전경험을 생각해보라. 운전은 그냥 자동차를 감각적으로만 몰아가는 것이 아니다. 운전에는 고유한 논리와 방법이 있고 그에 합당하게 운행하기 위한 운전의 조리條理가 있다. 그에 따라 다양한 상황에 대하여 적용해 봄으로써 운전경험이 늘게 된다. 따라서 운전행동과 도로현상에 대하여 원인과 결과를 구성하는 원리를 이해하게 되고 그에 대한 증거를 확인하게 된다.

　그러나 운전을 감각적 경험으로 받아들이는 사람들은 이와 같은 경험적 이해와 대응을 이끌어가는 자신의 지능적 행동을 계발하지 못한다. 감각적 경험을 중심으로 복잡한 상황 하에서 급하게 전개되는 운전현실에 제대로 대응하지 못하면, 순식간에 교통사고를 유발하게 된다. 감각적 경험에 의존하려고 할 때의 현실위험의 예라고 할 수 있다.

제대로 배우고 제대로 경험하라

배우고 경험하는 일은 스스로가 해야 할 일이다. 그러나 가르침을 기다리지 말라. 배우고 경험하는 일은 누가 가르쳐서 될 일이 아니다.[53] 말을 물가에 끌어갈 수는 있어도 먹일 수는 없다는 말이 있지 않은가?

그러나 물을 먹으려고 하는 말은, 아무리 막으려고 해도 물가로 달려간다. 배움과 가르침도 이와 같다. 스스로 배우려하지 않으면, 터득되지 않는다. 그런데 스스로 자신의 배움과 경험을 억제하면, 어떻게 되는가? 자신의 지능은 더 이상 진화하지 못하고, 자기 현실에서의 성과는 스스로 억제된다. 왜 그런 일을 하고 있는가? 제대로 배우고, 제대로 경험하라. 배움과 경험을 통하여 자신의 지능을 계속 향상시켜라.

조상에게 제사를 드릴 때, 현고학생顯考學生으로 시작되는 우리의 지방을 보면 알 수 있듯이 우리는 죽음 이후에도 '학생'이라는 타이틀을 지고 가는 엄청난 배움의 민족이다. 당신은 어떠한 각오로 우리의 학습능력, 경험을 신장시켜가고 있는가? 타이틀만의 현고학생으로 만족하겠는가? 무엇을 배우고 있는가? 그동안 배운 것은 무엇인가?[54]

시간이 흘러도 배운 것이 없다면, 그것은 자신에게 죄악이다. 자신의 배움의 내용과 속도가 사회의 학습지능의 진화 정도와 최소한의 보조를 맞추지 못한다면, 그것은 자신과 조직을 도태시키는 것이다.

배우지 않는 자는 도태된다. 부지런히 배우고 깨우치고 실천하라. 오늘 당신은 무엇을 배우고 있는가?

1 이와 같은 유머는 여성에 대한 관점을 왜곡시킬 수 있으므로 그다지 바람직스러운 내용의 유머는 아니다. 특히, 유혹의 주체가 여성이라는 확실한 근거도 없지만, 성공과 파멸로 이끌게 되는 것이 여성 때문인 것처럼 해석될 소지도 있다. 오히려 실제로는 유혹의 주체가 상대방이 아니라 자신일 수도 있다는 점에 착안할 필요가 있다.

2 미국의 대통령 중에도 그러한 유혹에 빠져 비리나 스캔들에 휘말리기도 하였으며, 우리 주변에서도 여기저기에서 크고 작은 유혹들에 빠져 자신의 현실과 사회적 성과를 파괴시키게 되는 경우도 많이 보게 된다.

3 대체로 유혹은 사람의 판단력을 흐리게 하여 자신이 유혹에 빠지고 있는지 잘 모르게 하여 덫에 걸리게 한다. 식충식물이 곤충을 잡아먹는 것을 보라. 움직이지 못하는 식물이 날렵한 곤충을 유혹하여 꼼짝 못하게 하고 먹이 주머니에 사로잡아서 담아놓고 소화액을 뿜어내 서서히 잡아먹는다.

4 그것은 섹스의 유혹이 인간의 원초적 생존본능과 결부되어 있을 뿐만 아니라, 합리적인 생각이나 판단을 통하여 대응하는 행동논리로는 대응이 어려운 욕구와 본능의 메커니즘에 의하여 사람들을 자극하기 때문이다. 그래서 많은 사람들이 성공의 과정에서, 또는 성공을 이루고 난 뒤에 섹스의 유혹에 휩쓸리게 되고, 유혹의 현실에 절대복종하게 되는 상황에 처하게 되어, 결과적으로는 씁쓸한 인생의 현실을 경험하게 된다.

5 제 정신이 아닐 경우, 섹스의 유혹은 자신이 유혹을 당하고 있는지, 아니면 유혹을 하고 있는지에 대한 분간도 되질 못한다. 왜냐하면, 자신의 내면에도 강렬한 성적 욕구가 늘 도사리고 있기 때문이다.

6 많은 사람들이 이러한 애정과 섹스의 혼동과 착시현상, 그리고 착각으로 인간적 갈등을 호소한다.

7 설상가상으로 유혹의 현실에 절대복종의 노예가 되어 옆에서 말려도 듣지를 않는다. 이럴 때에는 자신의 마음, 생각, 행동, 관계를 중심으로 판단하는 수밖에 없다. 이럴 때, 의존할 수 있는 판단의 지침은 세 가지. 절대복종의 정도와 서로 진정으로 사랑하는가에 대한 진정성의 관점과 자신의 사랑의 행위에 대한 합법성을 점검하여 판단하는 것이다.

8 진정한 사랑은 열정적인 자기희생을 불사한다. 자신의 성공을 포기하더라도 상대방과 사랑을 선택하겠다면, 그것은 성공을 저해하고 파괴하는 유혹의 문제가 아니라 인생에서의 애정 선택의 문제이다. 그러나 진정한 사랑의 관계라면, 어느 정도의 희생은 허락한다고 해도, 당사자의 성공을 포기하는 것을 방임하거나 종용하지 못한다. 따라서 자신의 성공을 저해하는 사랑이 진정한 사랑이라면, 그 진정성을 다시 냉정하게 점검하라.

9 상대방에게 의도적으로 접근하여 섹스의 유혹을 하게 될 경우도 있지만, 자기도 모르게 순수하고 진실한 마음을 동반한 채로 스스로 자기 유혹에 빠지게 될 수도 있다. 서로 양쪽 다 스스로 자기 유혹에 빠지게 되는 경우라고 할 수 있다. 이와 같은 경우, 서로는 그것이 상대방에 대하여 유혹이 아니라는 것을 믿고 서로 순수하고 진실하게 성적인 관계를 유지하려고 할 때에도, 일단 자제하라. 그리고 서로, 스스로 합법성을 점검하라.

10 이와 같은 유혹의 덫은 누구나 빠지기 쉬운 자기 함정이며, 결국에는 자신을 파멸로 이르는 유혹이다. 지혜로운 자도 용감한 자도, 성실한 자도 모두 이러한 유혹의 덫을 쉽게 인지하거나 인지하더라도 스스로 극복하기 힘들다.

.11 즉, 자신의 욕구가 지나치게 작용하면서 과욕의 덫에 빠지게 된다. '지나치면 모자람만 못하다'는 경구가 여기에 해당한다.

12 자신이 조금 빨리 가려고 하는 단순한 마음이 공정한 규칙을 어기게 하고 부정한 유착관계를 만들어 낸다. 심지어는 부정한 뇌물이나 급행료를 내기도 한다. 따라서 연줄을 잘 만드는데 노력을 하고, 정당한 방법과 실력발휘를 통하여 승부하기 보다는, 세력을 통하여 승부하려고 한다. 따라서 파벌, 학벌, 동문, 지역연고를 확고히 하고 그 네트워크를 넓히고 네트워크를 통하여 추구하는 성공전략을 맹종하게 된다.

13 과욕의 유혹이 지나치면, 심지어는 가족에게 돈을 타내려고 청부 강도짓을 하고 가족 살해범이 되어 영혼까지 타락시키고 씻을 수 없는 죄를 진다.

14 때로는 복수심에 불타거나 또는 특정한 욕구가 자신을 불살라 정신이 마비되어 균형을 제어하지 못하고 정신의 자기 조절 기능이 상실될 때 등장한다.

15 과욕은 자신의 성정性情과 기운氣運의 흐름에 영향을 주기 때문에, 심인성心因性 부조화, 신체의 조절기능 저하, 특정 부위의 쇠약과 같은 신체적 병이 나타난다. 병명은 여러 가지로 제시되지만, 공통적인 병인病因은 과욕이다.

16 서둘수록 계획을 빠듯하게 세우게 되고 현실성과가 떨어지게 된다. 더욱이 자기 행동에서 스스로 과속을 유발시킨다.

17 만약 자기 스스로 자기 성찰을 통하여 정도正道에서 벗어남을 알 수 있다면, 신속히 과욕을 절제하라.

18 예를 들어 주변에서 잘 아는 사람들이 자기 현실에 대하여 "요즘, 좀 이상한 것 같지 않아?"와 같은 지적이 일면, 무엇인가 고쳐야 할 점이 있다는 사실을 알라. 그러한 사람들이 가까운 주변에 없다면, 스스로 찾아가 자신의 근황을 설명하고, 의견을 청취하라. 만약, 지적이 나온다면, 어떠한 점이 이상한 지를 묻고 자신을 점검하여 조절할 수 있도록 하라.

19 유혹은 자신이 불안하거나 혼란스러울 때, 더욱 더 강해진다. 자신의 내면에서 일어나는 여러 가지의 욕구에 흔들리기 시작하면, 자기 통제력과 절제능력이 떨어지고, 자기 욕구에 복종하게 된다.

20 편안함에 길들여진 아이들을 보라. 조금만 힘들어도, 쉽게 포기한다. 그런데도 대부분의 부모들은 자기 자녀들은 편안하게 키우려고 한다. 이상하지 않은가? 자신의 자녀들을 잘되게 하기 위한 사랑이 자녀들을 나약하고 무기력하게 만들 뿐만 아니라, 자기 자신만 편하게 하는 현실을 추구하게 한다.
이리한 아이들이 자라나서 어른이 되면, 부모에 대한 공양을 소홀히 할 뿐만 아니라, 자신의 자녀들에 대한 노고도 기울이려고 하지 않는다.

21 한 나라를 무너뜨리려면, 국민과 지도자를 편안함과 안일함에 길들이면 쉽게 무너뜨릴 수 있다. 아무리 강건한 조직도 편안함과 안일함에 길들이면 조만간 붕괴된다.

22 자기 통제에 대하여는 제2권 제6주를 참조.

23 이상하게 생각될 수 있지만, 자신이 잘 되기 위하여 성공해야겠다는 의지를 발휘할 때보다 자기 또는 상대방을 파괴시키기 위하여 무엇인가를 해야겠다는 마음이 더 강렬하게 그리고 더 오래 자신의 현실에 영향력을 미칠 수 있다.

24 어떠한 사람이 자신에게 파괴적 위협을 가할 경우, 파괴는 그 대상에 대하여 증오심을 불러일으키게 되고 상대방과 같은 방식으로 파괴적으로 대응하는 모방 대응이 상호작용으로 일반화된다. 그러나 자기 파괴의 경우, 자기 자신이 스스로에게 그러한 위협을 하지 않았을 경우에도 스스로 자기 자신에게 파괴적 행동을 통하여 자기 자신을 망가뜨리려고 한다는 점에서 자기 자신에게 지나치게 부당한 행위가 아닐 수 없다.

25 예를 들어, 악성전염병이 급하게 지역적으로 전개되거나 사회적 범죄와 같은 것에 대하여 대응하는 것을 들 수 있다. 파괴의 대상을 바람직하지 못한 것이나 제거해야 할 대상이나 현상에 초점을 맞추어 대응하도록 하는 것이다. 그와 같은 대상이나 현상의 경우, 철저한 파괴의 대응활동은 사회적으로도 장려될 뿐만 아니라 바람직한 결과를 이끌어낸다. 그러나 이와 같은 대응은 자기의 의식, 또는 무의식의 저변에 도사리고 있는 파괴욕구의 발현과 작용을 억제하기보다는 심리적 흐름을 원활하게 하면서 그 방향과 내용을 선별적으로, 그리고 바람직한 방향으로 전환하여 주도할 수 있을 경우에 가능하다는 점에 유의하라.

26 예를 들면, 길거리 동전 타구장에 가서 마음껏 야구공에 파괴의 마음을 분출한다. 또는 폭력과 파괴가 난무하는 영화 관람이나 게임을 하기도 한다. 그러나 이와 같은 방법은 손쉽게 분출하고 해소할 수 있다는 장점 때문에, 쉽게 반복적 행동으로 빠져들게 되어 중독되기도 한다. 이와 같은 파괴적 현실에 중독되어 심각해지면, 자기 통제력이 약하거나 미숙한 청소년들이 자기 현실에서도 파괴적 행동을 절제하지 못하게 되어 사회적으로 해악을 끼치게 되기도 한다. 따라서 분출의 통제는 손쉬운 분출 방법에 자신이 길들여지지 않도록 할 필요가 있다.

27 명상과 기도는 자신을 초월하여 자신을 조망할 수 있도록 하여 욕구의 발현과 진행을 다스리도록 할 뿐만 아니라 자신의 욕구진행을 정화시켜 정신과 영혼을 건강하게 한다. 특히 절망적 마음이 자신의 정신과 영혼을 좀먹게 될 경우, 명상과 기도는 자기 성찰을 통하여 절망에서 극복할 수 있는 강력한 효능이 있다.

28 종교생활을 통한 수양이나 심리치료를 통하여 원인통제가 가능하다. 앞에서 예를 든 기도와 명상이 원인을 통제하는 데에도 유용하다. 자기 현실에서 손쉽게 전개할 수 있는 원인통제의 방법은 사랑을 베푸는 방법이다. 사랑을 베풀기 시작하면, 파괴욕구가 급속히 소멸한다. 빛이 어둠의 세력을 소멸시키는 것과 같이 사랑의 광명이 파괴욕구를 파괴하기 때문이다.

29 뿐만 아니라 파괴적 마음과 욕구, 행동이 생기기 전에 보다 바람직한 방향으로 자기 현실과 인생을 이끌어감으로써 자기의 현실성과를 높일 수 있기 때문에, 지혜로운 대응방법이라고 할 수 있다.

30 예를 들면, 화가 나기 시작하거나 답답한 마음이나 무엇인가를 파괴하고 싶은 마음이 일려고 할 때, 2km 달리기를 하거나 근력운동으로 땀을 뺀다. 운동을 하는 동안, 화내는 마음이나 파괴의 마음이 더 이상 그 진행을 멈추고 소멸된다.

31 음주는 처음에는 파괴욕구를 누그러뜨리는 것 같지만, 체내 알코올 흡수량이 증가하게 되면, 오히려 욕구통제를 하기 어려워져서 낭패를 보게 된다. 흡연과 약물도 중독성이 강하며 이와 같은 방법에 의존하여 마음이나 욕구를 달래기 시작하면, 자신의 몸과 현실이 평생 고생하게 된다.

32 터널 끝이 보이지 않는다고 좌절하지 말라. 목표, 방법, 그리고 추진하는 전략과 능력, 자원이 제대로 발휘되고 있다면, 계속 노력하고 분발하여 터널 끝으로 자신을 스스로 밀어내라.

33 성공을 위하여 꿈과 소망, 목표를 달성하려고 전력으로 질주하다보면, 넘어질 수도 있다. 그러나 그동안은 성공을 위하여 매번 다시 일어나서 현실을 극복하고 적응해왔다. 그동안 수많은 좌절과 고통을 극복하여 현재까지 성공해왔는데, 여기에서 좌절한다면 너무 억울하지 않은가?

34 그러나 자세히 살펴보면 자신이 무슨 일을 하다가 외부의 난관이나 해결하기 힘든 역경에 의하여 좌절하는 것이 아니라, 나약하고 안일한 마음이 자기도 모르게 자기 내면을 녹슬게 하고, 그에 의하여 두려움을 불러일으키고 스스로 좌절하여 파괴되어버리는 것이다.

35 그래도 안 되면, 땀을 내는 적당한 운동을 하라. 운동으로 자신의 나약함을 이겨내라. 달리기도 좋고, 팔굽혀펴기, 다리굽혀펴기, 육체미 운동도 좋다. 땀을 내면서 나약함을 이겨내라. 좌절과 타협하려는 나약한 마음이 땀으로 다 빠져 나간다. 그동안의 좌절을 용기와 지혜로 스스로 극복해온 것처럼, 계속 극복하고 타개해나가라. 자신을 좀먹는 편안, 좌절, 파괴의 편좌파便挫破 경계령을 내리고 항시 대비하라.

36 그러나 때로는 생각이 마음을 강하게 하거나 약하게 하기도 하며, 생각에 따라 마음을 변화시키기도 한다. 생각과 마음은 자신의 존재와 인식의 뿌리에 깊게 연결되어 있기 때문이다.

37 예를 들어 미팅에서 사람을 만났을 때, 상대방을 보고 "오, 그 사람 괜찮은 것 같은데?" 와 같은 판단이다. 그러나 심적 사고는 직관적 사고와는 다른 것이다. 직관적 사고는 명백히 직관적 사고를 구성하는 직관적 관점이 작용한다. 그러나 심적 사고는 마음의 작용이 크게 작용한다. "난, 특별히 설명하기는 힘들지만, 그 일보다 이 일을 하고 싶어요"라고 하는 생각이 대부분 심적 사고에 입각하고 있다.

38 심적 사고를 좀더 파고 들어가보면, 자신의 마음의 대지에서 수용하고 애착을 갖고 있는 마음의 요소들이 작용한다.

39 가장 일상적으로 접하게 되는 대표적인 예가 요리이다. TV에서 방영되는 요리를 가정주부에게 요리해보라고 하면 재료에 간장과 소금을 약간, 그리고 마늘과 파, 생강을 적당히 넣은 요리를 해서 저녁식사에 가져온다. 도대체 뭐가 적당량이고 약간은 무엇인지를 아무리 잘해보려고 해도 알 수가 없다. 그런데도 주부는 약간과 적당량을 제대로 찾아낸다. 여기에는 그동안의 경험과 조리에 대한 암묵적 지식과 직관적 관점이 작용하기 때문이다.

40 생각하는 힘이 부족하거나 생각하는 것이 귀찮다고 여겨지는 사람들은 생각을 통하여 자신의 현실에 대응하기 보다는 행동이나 마음을 중심으로 자기 현실을 이끌어간다. 그러나 대부분의 사람들은 생각의 힘을 이해하고, 마음과 행동, 그리고 주변의 관계를 관리하기 위하여 생각을 정리하고, 필요한 사고방법을 학습하거나 개발하며, 전략을 세워 자신의 현실에 대응한다.

41 즉, 빨간 색의 유리로 세상을 보면 세상이 온통 빨갛게 보인다. 어떤 색의 유리로 세상을 보는가에 따라 세상이 달라 보이고, 생각도 다르게 한다. 이와 마찬가지로 현실과 세상을 슬픈 것으로 보는 사람은 자신의 현실과 세상의 모든 것이 슬퍼 보이고 자신이 기쁜 것이라고 생각하며 세상을 보는 사람은 기쁜 것들을 중심으로 세상과 자기 현실이 보인다. 뿐만 아니라 자신이 규정한 틀에 의하여 세상을 보는 경향도 있다. 예를 들면, 네모의 창으로 세상을 보면, 세상이 네모로 보이고, 동그란 창으로 보면 세상이 둥글게 보인다.

42 고시 공부를 하는 사람은 식당에서 밥을 먹으면서도 오직 시험과 답안만을 생각한다. 신문을 봐도 시험문제가 나올 만한 것들을 중심으로 스크랩한다. 어디를 가야 할 때도, 시험에 참고가 되는 교과서나 문제집을 들고 다닌다. 모든 것이 시험과 연관된다.

43 오로지 돈을 벌어들이려고만 하는 사람에게 지역발전을 위하여 사업을 하는 것이 좋겠다는 생각은 자신의 가치에 합당하지 않기 때문에 받아들여지지 않는다. 쓸데없는 곳에는 돈을 쓰지 않는다는 원칙을 따르는 사람에게 불우한 이웃을 위한 자선사업에 지원하자고 하는 생각은 받아들여지지 않는다. 그러나 자신의 출신지역의 발전을 최우선 가치로 하는 사람은 어떠한 어려움이 있건 지역발전에 관한 생각을 발전시키려고 한다.

44 예를 들면, 어떤 사람들은 논리적 사고를 중심으로 사고하지만, 어떤 사람들은 심적 사고나 직관적 사고를 중심으로 사고한다. 같은 논리적 사고를 취하더라도 어떤 사람은 현상의 원인과 과정, 그리고 결과를 이해하는 것에 초점을 맞추지만, 어떤 사람은 실천을 위한 논리적 사고에 초점을 맞춘다.

45 사고방식이나 철학이 복잡하게 전개되면, 그 관리가 어렵게 되고 실천도 복잡해진다. 간단명료하고 실천에 초점을 맞추어 사고방식을 개발한다.

46 자신이 시간을 의식하지 않고, 시간을 관리하지 않는다고 해서 시간이 흐르지 않는 것은 아니다. 시간은 자신이 관리하 건 하지 않건 우리의 의지와 전혀 상관없이 시간 자체의 우주의 속도로 계속 진행하기 때문이다. 따라서 자기 스스로 자기의 시간을 의도적으로 관리하지 않으면, 시간은 낭비되기 마련이다.

47 인생의 성공은 시간을 어떻게 사용하는가에 따라 결정된다. 따라서 시간을 소중히 하는 사람이 성공한다. "시간이 돈이다"라는 명언은 돈을 벌려고 하는 사람에게만 해당되는

것이 아니다. 시간은 자신의 인생에서 가장 중요한 '자원'이기 때문이다. 시간이 없으면, 누구도 성공할 수 없다.

48 시간속도경쟁에 들어가게 되면, 행동에서의 빠른 일처리와 성과유지, 품질유지가 관건이 된다. 여기에는 일을 신속하게 잘 수행할 수 있는 숙련도와 기량이 갖춰져야 한다. 뿐만 아니라 예비행동과 준비행동도 제한된 시간 내에 완수되어야 한다. 예비행동과 준비행동을 포함하여 일 처리 행동을 신속하게 하는 것은 자기 행동의 성과를 크게 개선시킬 뿐만 아니라, 경쟁 현실에서의 경쟁력을 크게 높인다.

49 물리적, 정신적, 방법적, 기술적으로 일처리 행동의 신속성을 높이기 위한 방법을 학습하고 이를 강화하라. 사무실이나 작업환경에서 자신의 일 처리 행동의 신속성을 높이기 위하여 필요한 물리적 방법과 기능적 방법을 강화하고 필요하다면, 환경과 시설, 기능의 배치를 최적화시켜라.

50 지능은 현실에서 어떠한 일이나 관계, 또는 활동에서 무엇이 어떻게 잘못되었는지를 자신의 신체에 기록하고, 어떻게 하는 것이 바람직한 것인지를 판단하여 스스로 자신의 기억에 남긴다.

51 그러나 많은 사람들이 학교를 졸업하면, 본인은 다 배웠다고 성급히 판단하고 더 이상 배우려고 하지 않는 경향이 있다. 뿐만 아니라 그동안 배워서 자기의 것으로 만든 것을 완전한 지식이라고 믿기도 한다. 그래서 다른 사람들이 자신의 지식이나 지능을 이야기하려 해도 진지하게 들으려 하지 않는다. 최근에는 학교의 교실에서조차 교사가 열심히 설명을 하려해도 학생들이 귀를 기울여 경청하려고 하지도 않는다. 이 얼마나 성급하고 경솔한 짓인가? 자신의 지식이 정말 완전한 지식이라 그런 것인가?

52 10년간 똑같은 일을 해도 자신이 무엇인가를 제대로 깨닫지 못하면, 그것은 기간동안 제대로 경험을 한 것이 아니며 그 일의 추진에 따라 자신의 지능도 향상되지 못한다. 그런데도 자신은 10년간 계속 그 일에 대하여 경험을 충실히, 그리고 열심히 하고 있다고 믿는 것이다. 즉, 자신은 '경험'을 하고 있는 것이 아니라 10년간 같은 일을 '그저 해보고 있을 뿐'이다. 어떠한 것이 그 일에 대한 조리이며, 어떠한 원인과 결과가 작용하고 있는지 증거를 이해하고 어떻게 해야 성공적으로 하는지에 대한 연구가 없다면 그것은 10년간의 경험이 아니다. 단 며칠간의 훈련과 연습만으로도 충분히 획득할 수 있는 현실인 것이다.

53 초중고 12년간 학교에서 선생님들과 가정에서 부모님이 당신을 얼마나 가르치려고 했는지 기억하는가? 그런데 당신은 얼마나 받아들이고 배워왔는가?

54 박동준, 경영명상 100제, 소프트전략경영연구원, 2008. pp.235~237.

제2부

오늘부터 3주간 실천하는 성공원칙

오늘의 자기현실에서 성공을 실현하라

성공하려면 우선 오늘 자기 현실에서 성공해야 한다.
나중에 한 번에 성공하려고 하지 말라.
성공은 매일 매일의 성실함과 그 결실로 축적되어
현실에서 드러나는 것이다.

현실에 적응하고 대응하려면 먼저 자기 현실에서
요구하는 기본에 충실하라. 자신의 기본을 바로 잡고 강화해야
현실대응의 힘과 능력이 제대로 발휘된다.
기본전략을 전개하여 자기 현실대응의 성과를 높여라.
매일 매일의 성공현실에서 자신의 실패를 관리하라.
자신의 성공현실에 대응하는 행동의 성과를 높이고
불필요한 행동을 중지하고 제거하라.
자기 현실의 주인공은 바로 당신이다.
자기 자신의 현실을 납득하고 자기 현실을 이끌어 성공현실을 실현하라.

기본에 충실하라

기본에 충실하라. 기본만 잘 갖추어도 이미 절반은 성공한 것이다.

현실에서 생존하고 성장하려면 자신의 기본을 갖추어야 한다. 기본(基本)은 자신이 처하고 있는 현실의 시공간에 대하여 반듯한 터를 잡고 뿌리를 제대로 내리는 것을 의미한다.

자신이 자리하고 있는 터를 불안하고 잘못된 곳에 자리를 잡으면 생육과 생존이 힘들어지게 될 뿐만 아니라 불안한 입지에 대응하기 위하여 자신의 현실대응에 추가적으로 부담해야 할 노력과 자원이 투입되어야 한다. 뿐만 아니라 자신의 현실에 생존과 성장의 뿌리를 깊숙이 내려서 힘들고 어려운 상황에도 버티고 견디어 낼 수 있도록 하여야 한다.

기본을 확립하고 충실히 하는 것은 생존전략원칙의 실천뿐만 아니라 현실성공 전략에서도 반드시 요구되는 현실대응의 핵심적인 원칙이다. 자신의 기본과 기본전략을 강화하라.

제4주의 주요내용

1. 기본을 갖추어라 2. 기본을 단속하고 유지하라 3. 기본의 변화에 대응하라
4. 항상 준수해야 할 기본에 충실하라 5. 기본의식을 강화하라
6. 기전략을 전개하라 7. 본전략을 전개하라 8. 책임을 완수하라

기본을 갖추어라

현실에서 요구하는 기본적 조건이나 요구사항을 점검하라.
기본은 처하고 있는 현실에 따라 다르다.
자신의 기본을 점검하여 필요한 대응을 전개하라.

기본은 터와 뿌리를 확립하는 것이다. 자신의 터와 뿌리를 안정적으로 확립하라.

기본에 유의하라

기본이 부실하면 성공은커녕 자신을 유지하기도 힘들게 된다. 기본은 자신이 처하고 있는 환경 시공간에서의 터를 잡는 일과 그 터에서 자신을 확립하는 것을 의미한다.[1]

자식의 교육환경을 고려하여 이사한 맹모삼천孟母三遷의 일화는 어디에 터를 잡는 것이 자녀의 교육에 좋은 것인가를 보여주는 좋은 예이다. 터를 제대로 선택하고 그 터에 제대로 자리 잡는 것이 기본의 기基에 해당한다.

본本은 뿌리, 바탕, 근원을 제대로 확립하는 것이다. 뿌리를 예를 들자면, 자신이 자리 잡고 있는 터의 환경적 조건에 합당하게 뿌리를 내리고 생명활동을 전개하여야 한다. 바탕을 예로 들자면, 자신이 처하고 있는 현실에 합당하게 자신이 소양이자 바탕, 역량, 자질을 갖추어야 한다. 근원을 예로 들자면, 자신이 처하고 있는 현실대응의 기본적인 원칙과 기준을 확립하고 충족하여야 한다.

따라서 기본을 확립하고 충실히 한다는 것은 자신이 처하고 있는 시공간의 현실에 대하여 합당하고 바람직한 터를 선택하고 그에 따라 본本을 확립하는 것이다.

논어論語에도 君子務本 本立而道生, 즉 군자는 근본에 힘쓰니, 근본이 서면 도가 생긴다고 하였다. 자신의 기본을 확립하는 것은 전략을 바로 세우고 실현하는 것과도 일맥상통한다.

기본을 바로 잡지 않고 전략을 전개하는 것은 위태로움을 조장한다. 기본에 충실하면, 그에 따라 자기 현실에서 현실성과를 거둘 수 있다. 자신의 기본을 점검하라.

기본을 점검하라

기본에 대한 점검은 현실의 대상영역과 현실 대응의 내용과 방법, 그리고 대응주체의 기본적 요건과 의지, 지능, 실천능력, 자세에 대한 점검으로 구분된다.

먼저 대상영역에 대한 기본의 점검은 시공간에 대한 대응에서의 기본과 자기 현실에 대한 대응에서의 기본으로 나누어 볼 수 있다.

시공간에 대한 대응에서는 시간적 대응과 공간적 대응에 대한 기본으로 구분된다. 현실에 대한 대응에서의 기본은 내부적 대응과 외부적 대응에서의 기본으로 구분하여 살펴볼 수 있다.

현실대응의 내용과 방법에 대한 점검에서는 자신이 추구하는 현실대응의 행동과 관계를 중심으로 외부적 대응과 내부적 대응의 내용과 방법을 점검한다.

이와 더불어 자기 현실대응의 주체로서의 기본을 점검한다. 즉, 대응주체의 기본적 요건과 의지, 지능, 실천능력, 의식, 태도, 자세에 대한 점검에서는 외부적 대응과 내부적 대응에서 필요한 수준의 충족을 중심으로 점검한다.

두 가지의 기본에 유의하라

현실에서 요구되는 기본에는 어떠한 현실의 상황이건 반드시 충족해야 하는 일반적 기본과 상황의 특수성에 따라 적용해야 하는 상황적 기본이 있다.

따라서 기본이라고 해도 항상 동일한 내용이나 방식에 의하여 대응할 경우, 기본의 적용성과가 다르다. 예를 들어 동일한 내용의 교육을 할 때에도 피교육자의 수준에 따라 교육의 내용과 방식이 다르다. 즉, 학생의 수준에 따라 교육의 내용을 달리 하는 것이 교육에서의 일반적 기본이다.

그러나 서로 수준이 같은 학생일지라도 학생들의 진로가 다를 경우, 그 교육내용을 달리한다. 그렇다면, 그것은 상황적 기본이라고 할 수 있다.

사업을 전개할 경우, 제품 또는 서비스의 가격이나 품질을 균일하게 유지하는 것이 시장대응의 일반적 기본이다. 그러나 특정한 수준의 품질이 요구되는 특수한 상황에서는 동일한 가격의 서비스라도 품질을 더 높여 대응한다.

자기 현실에서 자기에게 요구하는 기본을 파악하라. 기본에 충실히 하면, 자기 현실에서 자신이 추구하는 성과를 실현할 수 있다.

예를 들면, 신입사원의 채용시 자신이 지원하고자 하는 회사에서 일정한 수준의 전문성, 윤리의식, 창의성, 상황적응성을 기본으로 요구한다면, 그에 따라 자신의 전문성, 윤리의식, 창의성, 상황적응성을 갖추어야 한다. 이와 마찬가지로 자신이 지원하고자 하는 회사에서 높은 수준의 외국어능력을 특별히 원하는 회사라면, 자신의 외국어능력을 원하는 수준까지 높여야 한다. 기본의 자격이 미달되어 있다면, 그 기본 자격을 갖추어야 한다.

자기 현실에서 자기에게 요구하는 기본을 충족하라. 기본이 부실하면, 현실대응에서 성과를 실현할 수 없기 때문이다.

기본이 갖춰지지 못한 경우

자기의 현실에 대응할 수 있는 기본이 갖춰지지 못하였다면 일단은 기본자격, 또는 기본능력의 불비로 현실대응에 있어서 큰 약점이 된다.

그러나 기본자격이나 능력이 부족하다고 해서 자신의 현실대응에 있어서 소극적인 사람이 될 필요는 없다. 부족한 것은 채우면 되기 때문이다.

지금부터라도 부족한 것을 채워라. 지금부터라도 자신의 기본을 튼튼하게 하면 조만간 자신도 충분히 대응할 수 있다. 자신의 기본을 충실하게 확립하려고 하지 않는 사람이 문제를 일으킨다.

만약, 자신의 기본을 확립하기 위하여 몇 년간의 시간이 필요하다면, 자신이 현재 추진하려던 계획을 늦추고 수정하여 대응하라.

서둘지 말라. 인생은 지금만 사는 것이 아니다. 자신이 현재 갖추고 있는 기본으로 대응할 수 있는 일을 수행하면서 자신이 추구하고자 하는 일에서 요구하는 기본을 갖추어라.

기본을 단속하고 유지하라

그동안 터를 잘 잡고 닦아놓아도 주변과의 관계에 따라
자신의 시공간이 변화한다. 자신의 기본을 단속하지 않으면,
강건하게 확립한 기본도 균열이 생기고 뿌리도 썩기 시작한다.

자신의 기본을 단속하라. 기본의 단속에 주의를
기울이지 않고 게을리 하면, 기본이 흐트러진다.

강건하게 확립된 기본도 허물어진다

잘 갖춰진 강건한 기본도 현실의 전개에 따라 서서히 허물어진다.
세계 최강의 군대도 그 기본을 유지하지 않으면 머지않아 파멸에 이
르고, 웅장하게 구축된 강건한 건축물도 세월이 흐르거나 강력한 지
진에 의하여 파괴된다.

어린 시절부터 훈련해왔던 기본기에 능통하고 충실했던 운동도
계속 그 기본을 지속적으로 강화하지 않으면, 그 운동실력을 제대로
발휘할 수 없으며, 한때 최고의 영어실력을 자랑하던 친구들이나 수
학공식박사도 계속 사용하고 학습하지 않으면, 머지않아 그 실력도

뒤쳐지게 된다.

자신의 기본이 제대로 발휘되고 있는지 점검하라.

기본을 허물어뜨리는 요인들과 조건들에 유의하라

서로 너무도 절친했던 연인들이 부지불식간에 애정에 금이 가고 어느 틈에 서로 남이 되어 간다. 무엇인지는 잘 모르지만 어떤 외부적 요인이나 내부적 요인이 서로의 관계를 청산하게 한다.

이와 마찬가지로 자신이 확립했던 기본도 외부적 요인이나 내부적 요인에 의하여 기본이 허물어지기 시작한다.

예를 들면, 자신의 직업생활에서 반드시 이것만은 준수하겠다고 작정했던 직장생활의 기본이 어느 틈에 훼손되고 변질되어 자신도 모르게 다른 사람이 되어 간다. 돈을 벌면, 반드시 부모님께 효도하겠다고 굳은 결심을 하고 시작했던 사회생활이지만, 세월이 흐르고 보니 전혀 그렇지 못한 인생을 살아간다. 자신의 인생의 기본이 흔들려버린 것이다.

조직행동의 경우, 고객의 안전과 복리증진을 위하여 최선을 다하겠다고 결심하고 사업을 전개하던 조직에서 고객을 상대로 폭리를 취한다. 사업의 기본이 허물어지고 엉뚱한 것들에 현혹되어 자신과 조직의 사회적 기능을 왜곡시킨다.

자신의 기본을 단속하는 일은 자기 현실을 충실히 유지하기 위하여 부단히 점검되고 실천되어야 한다. 기본을 단속하는 일을 방심하거나 게을리 하면, 자신의 기본을 해치려는 일들이 슬그머니 머리를 들어 자신의 초심을 변질시키고 자신이 확립하고자 하는 기본을 훼손하기 때문이다.

대부분의 청소년들의 집단적 범죄들은 친한 친구들끼리 재미있게 놀다가 죄를 저지르게 된다. 조금만 자중하였더라도 현실의 기본에서 벗어나지 않고 범죄로 이어지지 않았을 터인데, 재밋거리로 시작한 일이 자신의 현실과 기본을 위협하고 파괴하는 상황으로 몰고 간다.

친하다고 하여 자신의 기본이나 상대방의 기본을 파괴하지 말라. 또한 재미나 흥미, 또는 즉흥적 마음의 움직임에 따라 자신의 기본을 허물어뜨리지 말라.

자신의 기본을 허물어뜨리는 외부적, 내부적 요인들과 조건에 대응하라. 기본을 유지해야 자신의 현실이 유지된다.

기본의 변화에 대응하라

현실의 전개와 변화에 따라 그에 대응하는 기본도 변화한다.
기본을 확립하고 충실히 하려면 현실의 요건에 따라 대응해야 할
기본이 무엇인지를 먼저 파악해야 한다.

기본이 변화되면, 대응해야 할 행동과 관계, 자신의 현실전개의
요소들이 변화한다. 기본의 변화에 대응하라.

오늘 기본이 확립되어있다고 해서 그 기본이 내일도 계속되리라
는 보장은 없다. 정말 그럴까?

그렇다. 기본은 터와 뿌리에 관한 것이기 때문이다. 처하고 있는
터가 나빠지면 깊게 뿌리를 내릴 수 없게 되며, 뿌리가 아무리 깊어
도 토양이나 조건이 나빠지면, 그 기본을 유지할 수 없게 된다.

기본은 처하고 있는 현실에 따라 정비되어야 한다

그동안 교통의 요지에 터를 잘 잡아서 점포를 잘 운영해오던 경우
도, 새로운 도로가 개설되면서 하루아침에 지리적 이점을 상실하고

점포를 문 닫게 되는 경우가 있다. 현실이 변화하고 있기 때문이다.

자신이 처한 현실을 보라. 현실의 시공간은 그것이 어떠한 것이건, 자신의 외부적 환경에서 요구하고 있는 요건과 조건이 있다.[3]

이와 같은 자기 현실의 외부요건 또는 외부조건은 자신에게 무엇인가를 해야 할 것을 요구한다. 예를 들면 학교의 교사는 학교교육의 목적을 실천하기 위하여 필요한 교사의 직무와 역할, 책임에 관한 요건을 부여하고, 그에 따라 교직의 요건을 이행할 것을 의무로 부여한다. 이와 마찬가지로 학생은 학교교육의 목적을 실현하기 위하여 필요한 학생활동의 교육과 학교생활의 요건을 부여한다. 사업을 수행하는 사람들은 사업의 외부적 환경과 현실에서 요구하는 요건에 합당하게 사업을 수행하여야 한다.

이처럼 자신이 처하고 있는 현실 요건의 상황변화에 따라 기본을 부단히 정비하지 않으면, 자신이 의존해왔던 기본이 제구실을 하지 못하게 된다.

학교교육의 현실을 보라. 교사는 학교의 교정에서조차 교사의 사실상의 지위가 위태로우며 그에 대응하는 학부모는 자녀의 권리만 앞세우고 교육현장의 교사의 권리보장에 대하여 방임하고 있다. 학부모 유권자의 표를 의식한 정부는 교사의 직무보장에 대하여 별다른 관심을 보이지 못하고 있으므로, 현실적으로 교권과 교육의 기본이 크게 흔들리고 있다.

이와 같은 현실에서 과거의 기본을 추구할 경우, 해당 교사의 기본은 부적절하다고 평가되어 교육현장에서 추방된다. 교육에 대한 사회적 기본이 흔들리고 있는 것이다. 이러한 기본의 파괴는 교육현장에서만 대응할 수 있는 일이 아니다. 교육현장은 물론이고 정당 및 정치세력, 사회와 정부, 그리고 학생과 학부모가 함께 새로운 기본을 확립하고 대응하려는 노력이 경주되어야 그 기본이 확립될 수 있는 것이다.[4]

사업을 추진하거나 직장생활을 수행하고 있는 직업인들의 기본도 현실의 요건에 따라 재정비되고 보완되어야 함은 마찬가지이다.

물자가 부족하여 만들면 팔리던 시대의 기업경영과 관리행동의 기본은 잘 만드는 것에 초점을 맞추어 확립되어왔다. 그러나 산업의 발전과 산업사회의 고도화의 진전은 아무리 잘 만들어도 팔리지 않는 시대로 접어들고 있다. 이와 같은 현실에서는 잘 만드는 것도 중요하지만, 더욱 중요한 것은 팔리는 물건을 만들어 잘 파는 것이 사업 경영과 관리의 기본으로 변화되고 있다.

이러한 현실은 조직내 경영자와 관리자에게 충성할 것을 요구하는 조직문화에 대하여 조직구성원들에게 조직인이면서도 소비자와 사회에 충성을 하는 조직인으로 변모시키며 조직이론과 그 기본을 변화시키고 있다. 확립하고 정비해야 할 기본이 변화하고 있는 것이다.

기본의 가변성, 다양성, 유연성을 요구하는 현실

자신이 처하고 있는 현실의 환경이나 상황의 변화에 따라 대응해야 할 기본이 변화하면서 기존의 기본이 흔들리고 있다. 이와 같은 현실에서는 자신이 처하고 있는 터에 의존하거나 기존의 뿌리에 의존하는 일이 안정적이고 확실한 현실 대응의 방법이 되지 못한다.

현실의 변화가 기본의 가변성, 다양성, 유연성을 요구하고 있기 때문이다. 이와 같은 현실에서는 자신이 그동안 확립하고 의존해왔던 불변성, 획일성, 고정성의 기본에 대하여 변혁하고 정비할 것을 요구한다.

　따라서 자기 현실의 기본을 단속할 때에도 그에 합당하게 변화를 추구해야 하는 것이다.

항상 준수해야 할 기본에 충실하라

현실이 아무리 변해가도 항상 준수해야 할 일반적 기본이 있다. 그 기본을 잊지 말라.

항상 준수해야 할 기본이 무엇인지 잘 모른다면, 자신이 믿고 따르는
종교의 가르침이나 자신이 존경하는 분. 은사, 스승으로부터 지도받아라.
그것을 당신의 인생의 원칙으로 삼고 현실대응의 기본으로 삼아라.

전 세계적으로 통용되는 만국공통어

아무리 세계가 넓은 것 같아도, 세계 각지에서 보편적으로 준수되고 유지되는 삶의 기본이 있다. 즉, 돈이 많거나 적거나, 성공한 사람이거나 또는 특정한 전문영역이나 특수한 일에 종사하는 사람이거나 보편적 기준으로 작용하는 것들이 있다.

시공간의 차이나 학식이나 경륜, 전문성, 직업과는 상관없이 인간 세계의 현실에서 적용되고 실천되고 있는 기본적 기준들로 예를 들면, ①생명의 존중, ②생존과 번영에 대한 추구, ③자유와 권리의 보장, ④노력이나 희생에 대한 보답, ⑤책임의 이행, ⑥필요의 충족, ⑦진실함과 올바름, ⑧공정함, ⑨감사함, ⑩상호신뢰에 대한 기

본적 정신 및 의식이 바로 그것이다.

낯선 지역의 문화를 그려낸 영화를 봐도 이와 같은 보편적이고 일반적 기준을 스토리로 표현하면 쉽게 공감할 수 있는 이유는 그것이 어느 시대, 어느 상황에서도 인간으로서 쉽게 납득할 수 있기 때문이다. 이와 같은 기본적 정신, 의식이 사회와 사람들의 윤리, 문화, 가치관, 원칙, 도덕적 규칙을 확립하고 각자의 현실과 삶이 추구해야 할 것들을 규정하며, 유지시킨다.

이와 같은 일반적 기준은 자신의 일상에서 항상 충족하라. 대부분의 현실갈등과 마찰, 충돌이 일반적 기준의 충족여부에서 비롯된다.

기본이 결여되면, 스스로의 현실대응성을 약하게 한다

자기 자신의 현실의 삶을 유지해오면서, 현실성과를 추구해오는 일상에서 자신의 기본에 대한 정신적, 의식적 노력이 간과되거나 방임되고 무시될 경우, 누구나 준수해야 할 바로 그 기본에 충실하지 못하게 된다.

자신의 기본이 확립되지 못하고 충실하지 못하게 되면 기본적으로 충족되고 실천되어야 할 일들이나 현실이 제대로 실현되지 못하게 된다. 따라서 자기 현실과 자신이 왜곡되고 바람직하지 못한 일들이나 후회스러운 일들이 늘어나게 되며, 쉽게 해낼 수 있는 일들조차 제대로 전개되지 못한다.

예를 들어 상호신뢰에 대한 기본을 상실하면 어려운 일을 당해도 주변의 도움을 얻지 못하게 된다. 사업이나 직업현실에서도 마찬가지이다. 비즈니스의 기본fundamental은 선의와 신용good will의 실천이다. 그러나 그에 대한 기본을 상실하면, 사람들이 함께 일을 하려고 하지 않는다.

다른 사람들은 당연히 그리고 쉽게 해내는 일도 자신이 하려면 당연하게 하지 못하고 쉽지 않은 것은 기본이 제대로 갖춰져 있지 않기 때문이다.

이와 같은 경우, 주변과 사회적 불공평함을 탓하기도 한다. 그러나 그러한 주변과 사회적 불공평함을 탓하기 이전에 자신이 사회적 기본을 갖추지 못하고 그로 인하여 주변과 사회에 대하여 불편함을 제공해왔던 자신을 먼저 통찰해야 한다.

항상 준수해야 할 보편적이고 일반적인 기본에 충실하라. 이와 같은 기본을 소홀히 하면, 다른 것들을 아무리 열심히 갖추어도 자기 현실에서의 성과를 실현하기 힘들게 된다.

이제부터라도 기본에 충실하라

그동안 자기 현실에서 이와 같은 일반적 기본에 충실하게 대응해 오지 못했다면, 이제부터라도 그동안의 자기 자신의 현실행동에 변화를 주고 자신이 대응해야 할 일반적 기본을 충실히 하라. 자신의 현실성과가 크게 개선된다.

외부적 대인관계만 개선되는 것이 아니다. 자신의 내면적 정신세계도 확장되고 자신의 현실도 건강해짐을 느끼게 된다. 기본에 충실하기 시작하면, 우선 자신의 표정이 밝아진다. 자신의 기본이 확립되어 가면서 현실 속에서 안정감이 솟아오르기 때문이다. 뿐만 아니라 자신의 마음과 생각, 행동에 기본의 힘이 더해지기 시작한다. 기본확립이 현실에서 그 효능을 발휘하기 때문이다.

삶은 기본을 갖추고 자기 현실을 창조하는 것이다

산다는 것이 무엇인가? 주변의 사람들에게 물어보라. 이에 대하여 확고한 자신의 답변을 하지 못하는 사람들이 의외로 많다는 것을 알면, 깜짝 놀랄 일이다.

그러나 산다는 것이 무엇인지를 모르는 사람들과 함께 살아가고 있는 자신도 그에 대하여 명확히 답변하지 못한다면, 도대체 우리는 어떠한 세상에서 어떠한 삶을 살아가고 있는 것일까?

기억하라. 산다는 것은 기본을 갖추고 자기의 현실을 창조하는 것이다.

봄이 되어 산과 들에 나갔다가 여기저기에서 피어오르는 식물들과 아름다운 꽃들을 보면 자기도 모르게 경탄을 하게 된다. 아무리 인간 세상의 번잡하고 혼란스럽고 혐오스러운 일들로 불안했던 마음도 참으로 아름다운 봄의 천국의 모습이 눈에 들어오면 누구나 봄의 아름다움을 노래하는 시인의 마음을 갖게 된다.

"아! 봄의 꽃들은 참으로 아름답도다."

그와 같은 꽃들은 제각기 자신의 터를 잡고 뿌리를 내려 얼어붙은 동토와 혹한의 바람을 버텨내며 생존하고 자신의 꽃을 피워내고 있는 것이다. 그것이 바로 우리가 함께 하는 우주와 자연의 삶이다.

기본을 갖추고 기본에 충실하라. 그것이 삶의 본질이며 산다는 것의 내용이다. 오늘의 삶도 내일의 삶도 자신이 항상 준수해야 할 기본에 충실하라.

기본의식을 강화하라

기본에 대한 자신의 의식을 점검하고 강화하라.
기본의식은 기본확립과 기본충실, 기본유지단속의 의식으로 구성된다.

자신의 기본의식을 강화하여 현실대응의 기본을 확립하라.

자기의 기본을 주도하는 기본의식

기본을 확립하고 충실하려고 해도 그에 대한 인식과 대응의지가
조성되지 못하면 제대로 실천되지 못한다. 자신의 현실에 대하여 기
본을 인식하고 제대로 확립하고 실천하려는 의식을 **기본의식**基本意
識, 또는 **기본 멘탈리티**라고 부르도록 하자.

기본의식은 기본에 대한 필요성 인식과 기본에 대한 추진의지 그
리고 실천행동에 대한 의식에 의하여 구성된다.

기본에 대한 인식에는 어떠한 것이 기본인가에 대한 현상의 이해
와 필요성 인식, 그 실천 방법과 결과에 대한 인식으로 구성된다.

기본에 대한 추진의지를 간략히 **기본의지**라고 하자. 기본의지는

자신의 현실에 대하여 기본을 파악하고 인식하려고 하는 의지와 기본의 확립의지 및 실천의지로 구성된다.

실천행동에 대한 인식은 자기 현실에서 기본에 대한 판단과 실천 대응행동의 내용, 방법, 행동전개와 그 결과에 대한 피드백으로 구성된다.

대체로 사람들은 자신이 처하고 있는 기본에 대하여는 별다른 관심을 두려고 하지 않는 경향이 있다. 그것은 자신의 기본을 너무나 당연한 것으로 간주하려고 하기 때문이다. 그러나 자신의 기본에 대하여 주도면밀하게 대응하려는 사람들은 자신의 기본이 현실에서 어떻게 전개되고 있고 어떻게 확립되어야 하는지에 대하여 인식하여 점검하고 자신의 기본을 확고히 실천해나간다.

기본만 확실히 해도 어느 정도의 현실성과를 확실히 확보할 수 있기 때문이다.[5] 사업의 추진도 이와 마찬가지이다. 신통한 전략을 찾아 헤메이는 조직보다, 기본을 확실히 하고 기본에 충실한 기업이 지속적으로 높은 성과를 실현한다.

기본의식이 추구하는 세 가지의 기본대응

기본의식이 추구하는 현실의 기본대응은 〈도표 3〉에서 보는 바와 같이 세 가지로 집약된다. 첫째는 기본의 확립이며 둘째는 기본의 충실이고 셋째는 기본의 유지단속이다.

기본의 확립에 대한 의식은 자신의 현실에 대응하기 위하여 어떠한 기본을 확립할 것인가를 의식하여 필요한 기본 요소들을 점검하고 현실 대응의 기본으로 설정한다.

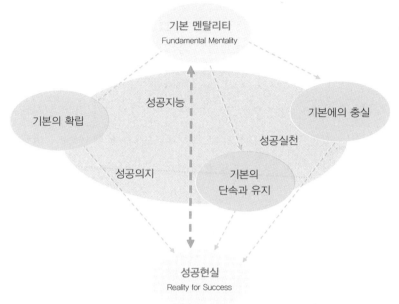

도표 3 | 기본의식의 전개

기본에의 충실에 대한 의식은 자신의 기본을 실천하기 위하여 기본에서 요구하는 것들을 충실히 실천하기 위하여 대응해야 할 점들을 점검하고 실천을 강화한다.

기본의 단속과 유지에서는 자신의 기본을 파괴하거나 잘못 이끄는 것들에 대하여 대응할 것들을 인식하고 대응한다.[6]

이와 같은 기본의식이 균형적으로 전개되고 실천될 때, 자신의 기본이 제대로 발휘된다.

기본의식을 강화하기 위한 일곱 가지의 일상행동

자기의 현실대응에서 기본의식을 확실하게 하려면, 기본의식의 전개와 기본의식이 추구하는 바에 대하여 다음과 같은 일곱 가지의 일상적 대응을 강화해야 한다.

1. 현실에서 무엇이 기본인가를 제대로 인식하라

자신이 처하고 있는 현실, 또는 자신이 추구하고자 하는 현실에서 요구되는 기본에 대한 요건과 조건이 무엇인지를 인식하라. 현실의 기본이 무엇인지 모르면, 그에 효과적으로 대응하기 어렵게 된다.

2. 기본의지를 강화하라

현실에서 요구되는 기본에 대한 추진의지, 즉 기본의지를 강화하라. 기본의 확립과 실천의 필요성이 아무리 높아도 그에 대응하여 추진하고자 하는 기본의지가 결여되면, 기본의 확립과 실천, 단속과 유지가 제대로 전개되지 못한다. 기본을 갖추고 그에 따라 현실대응의 성과를 높이고자 하는 기본의지를 강화하라.

3. 기본의 실천의식을 강화하라

기본을 확립하고 실천하고자 하는 의지가 충만해도 실천행동으로 옮기고자 하는 실천의식을 강화하지 못하면, 기본의 실천에 힘을 불어넣기 어렵게 된다. 따라서 실천의식을 강화하여 기본에 대한 현실 판단을 강화하고 기본을 실천하기 위한 행동의 내용, 방법을 점검하고 실천행동의 전개와 그 결과에 대한 피드백을 이끌어라.

4. 기본 확립의식을 강화하라

자신의 현실에 대응하기 위하여 어떠한 기본을 확립할 것인가를 이해하고 기본의 요소들을 인식하고 점검하라. 만약, 자신이 추구해오던 기본이 자신의 현실에 적합하지 않다면, 자신의 기본을 어떻게 보완하여 대응할 것인지를 확인하라.

환경의 변화에 따라 자신의 기본을 변화시켜야 한다면, 그에 합당한 기본을 점검하여 새로운 현실에 합당한 기본을 확립하라.

5. 기본에의 충실의식을 강화하라

자신이 확립하고 의존하는 기본에 충실히 하기 위하여 필요한 인식과 대응에 주의를 기울여라. 기본에 충실히 하는 사람에게는 이상하게도 주변에서 의도적이건 또는 무심코 그 기본을 깨뜨리려는 시도나 시험의 도전을 받게 된다. 그와 같은 장난 도전에 자신의 기본을 무너뜨리지 말라.

6. 기본의 단속과 유지를 강화하라

자신이 확립한 기본과 그 충실한 실천을 저해하거나 잘못 이끄는 것들에 대하여 단속하고 기본을 유지하라. 그러한 것들이 내부적 또는 외부적인 요인에 의한 것이건 간에, 그에 대하여 대응하라.

7. 기본의식이 추구하는 기본대응의 균형적 실천을 강화하라

만약 현실의 기본을 유지하는 일이 곤란해질 경우에 처하게 되면, 기본의 확립과 실천, 유지와 단속에 대하여 새롭게 대응할 것인지 아니면 부분적으로 수정할 것인지에 대하여 점검하라.

자신의 기본을 희생하면서 자신이 소중하게 여기는 대상을 구해야 한다면, 제2주차에 살펴본 〈원칙 2.7〉의 희생의 생존전략을 점검하라.

특별한 상황에 처하게 되어 자신의 기본이 크게 훼손되었을 경우, 다시는 자신의 기본을 바로 잡을 수 없다고 속단하지 말라. 자신이 확립했던 기본은 오뚝이와 같이 다시 회복하는 **내재적 복원력**이 있다. 파괴된 자신의 기본을 다시 복구하라. 자신의 기본을 복원하고 복구함에 있어서 결코 다른 사람의 눈치를 보지 말라.

기본을 복원함에 있어서 기본의 확립과 충실한 실천, 유지와 단속을 균형적으로 전개하라. 만약, 기본은 확립되었지만 충실한 실천이 곤란하다면, 실천이 용이한 기본으로 재확립하라. 이와 마찬가지로 기본의 유지와 단속이 힘들다면, 그것의 실천이 용이한 방법을 적용하여 기본을 정비하라.

아무리 훌륭한 기본이라도 제대로 실천되지 않으면 무의미하기 때문이다.

기전략을 전개하라

기본을 확립하는 전략은 자신의 환경에 대하여 어떠한 터를
잡을 것인가에 대한 전략과 어떻게 뿌리를 내릴 것인가의 전략을 말한다.
만약, 자신이 처하고 있는 터를 잘못 잡았다면, 터를 바꾸어라.
터는 제대로 잡았지만, 뿌리를 내리지 못하고 있다면
뿌리를 내리기 위한 방법과 실천행동을 강화하라.

자신의 현실대응에 있어서 기본을 확립하는 전략을 점검하라.

자신이 처하고 있는 현실에 대응하기 위한 기본을 확립하고 그에
충실히 대응하여 기본을 단속하고 유지하는 일을 좀더 효과적으로
전개하기 위하여 기본전략을 점검하고 전개할 필요가 있다.

여기에서 설명되고 있는 기본전략의 논리는 필자가 일반인들을
위한 전략 워크숍에서 활용하기 위하여 고안한 개념과 방법이지만,
조금만 유의하여 살펴보고 자신의 현실에서 실제로 적용해본다면
현실성과를 개선해볼 수 있는 유익한 전략논리이므로 잘 음미하기
바란다.

자신이 처하고 있는 현실에 대응하기 위하여 터를 잡고 뿌리를 내리는 전략을 기본전략이라고 한다. 따라서 기본전략은 생존전략과 성장의 전략의 기본이 된다.

기본전략은 전략의 구성상 기基전략과 본本전략으로 구성된다. 기전략은 자기 현실에서 어디에 자리를 잡는가에 대한 최상의 판단과 방법을 결정한다.

이동성이 부족한 식물군들의 기전략은 식물기관의 기능을 활용하거나 바람이나 빗물, 또는 주변에 서식하는 동물의 습성을 이용하여 씨앗을 주변에 퍼뜨린다. 그러나 어디에 가서 잘 생존할 수 있는지에 대한 확실성이 불분명하므로 많은 씨앗을 주변에 퍼트려 생존확률, 즉 생존가능성을 높인다. 이것이 식물의 생존지능에 의한 기전략의 전개의 예라고 할 수 있다.

동물의 경우 기전략은 주변의 생존환경과 현실에 대하여 최적의 장소를 찾아 이동하여 자신과 무리들의 터를 잡는다. 따라서 자신의 신체적 이동성을 활용하여 최대한 넓은 지역을 탐색하며, 동물적 생존지능을 활용하여 기전략을 전개한다.

사람들도 자신에게 최적의 지역이나 직업을 선택하여 자신의 인생과 삶의 터전을 선택하고 자리잡는다.

흥미로운 사실은 식물이나 동물들과는 달리, 사람은 자신의 생존지능을 발휘함에 있어서 취향이나 개인적 선호와 같은 선별적 태도가 반영된다는 점이다. 자신의 취향이나 개인적 선호에 맞지 않거나 또한 이동이 가능할 경우, 자신의 현재 거점에서의 적극적 생존을 거부하고 새로운 거점을 찾아 이동한다는 점이 자연계의 기전략과 다른 점이라고 할 수 있다.

자신은 어떻게 인생과 삶의 터전을 선택하고 대응하고 있는가? 자신의 **기전략**의 내용과 방법을 점검하라.

기전략의 전개논리

기基**전략**을 점검하려면 우선 자신이 전개하고자 하는 현실의 범위와 그 선택의 논리를 점검해야 한다. 현실의 시공간의 범위를 초월하게 되면, 기전략의 전개가 어려워지기 때문이다.

따라서 기전략의 출발점에서는 현재 자신이 머무르고 있는 터를 중심으로 현재의 터를 유지하거나 개선하거나 또는 새로운 터로 이동할 것인지를 결정한다.

이어서 자신이 선택한 터를 그대로 활용할 것인지 또는 좀 더 좋게 만들 것인지를 통하여 유지와 변화를 선택적으로 또는 결합적으로 추구한다.

기전략의 대표적인 예가 학생의 진로선택이나 사업을 시작하는 사람이 업종과 지역을 선택하는 전략이라고 할 수 있다. 기전략은 자신이 처한 현실에서 대응할 수 있는 것을 중심으로 전개된다. 즉, 자신의 현실대응성에 따라 기전략의 선택적 의사결정이 전개된다.

이와 같은 기전략의 대응성은 **외부적 대응성**과 **내부적 대응성**으로 구분된다. 외부적 대응성에서는 자신이 선택한 또는 자신이 처하고 있는 현실에 대해 어떠한 대응을 통하여 현실에서 생존과 성과를 추구할 수 있는가를 중심으로 대응성을 점검한다. 내부적 대응성은 자신이 외부적 현실에 대하여 어떠한 것들을 동원할 수 있고 어떻게 대응할 수 있는가에 따라 그 대응성을 점검한다. 따라서 자신이 해낼 수 없는 분야나 대상을 선택하여 대응하는 기전략은 타당성을 상실한다.

만약 불가피하게 불리한 터전에 자리 잡고 그 현실을 유지해야 한다면, 기전략에서는 그에 대응하기 위하여 주변의 환경이나 자기의 현실을 자신의 처지에 유리하게 변화시켜 대응한다. 예를 들, 비가 오면 침수가 잦은 지역에 거주하는 경우, 주변의 물길을 돌려 침수의 피해가 없도록 하는 것을 들 수 있다.

자신의 현실대응에서 기전략의 전개의 내용과 실천을 점검하라

자신의 현실에서 기전략이 어떻게 구성되고 있으며 어떻게 전개되고 있는지를 점검하라. 만약 현재의 자신이 전개하고 있는 전략이 자신이 추구하고자 하는 기전략이 아니라면, 즉시 기전략의 전개논리를 점검하여 수정하라.

현재의 자기 자신의 현실이 자신이 추구하고자 하는 직업이나 사업이 아니라면, 또는 자신이 지속적으로 충실히 실천할 수 없는 일이라면 과감히 전환하라. 전환해야 한다면, 지금이 가장 **빠른** 때이다.

만약, 자신이 반드시 유지해야 하는 현실이지만 불리한 요소들이 많기 때문에 현실성과가 저조하다면, 기전략의 전개논리에 따라 주변의 환경이나 현실의 요소들을 자기에게 유리하게 전환하거나 변화시켜 현실성과를 개선하라. 그것이 불가능하다면, 자신이 처하고 있는 터를 정비하고 재구성하여 불리한 요소들을 최소화하라.

농경지의 지력이 떨어지면, 지력을 화복시키기 위하여 잠시 경작을 멈추고 안식년을 보내게 하거나 퇴비나 거름을 보강하여 지력을 회복시킨다. 이와 마찬가지로 자신의 터전에 문제가 생기기 시작하면, 터를 보전하고 자신의 현실 조건을 충족하기 위하여 그에 대응하라.

본전략을 전개하라

터를 잘 잡아도 뿌리를 제대로 내리지 못하면 제대로 생존하고 성장할 수 없다.
본전략의 핵심은 생존과 성장의 기반을 조성하며 현실대응의 성과를 높이는 것이다.
제대로 뿌리를 내리지 못하고 있다면 신속히 뿌리를 내리기 위한
전략과 실천행동을 강화하라.

자신의 현실대응에 있어서 기본전략에서 허점, 미비점,
개선해야 할 점들을 신속히 교정하여 기본을 강화하라.

자신의 현실생존과 현실대응의 뿌리를 내리는 본전략을 점검하라

본本전략은 자신이 처하고 있는 현실의 환경에 대하여 현실 활동
의 뿌리를 내려 생존과 성장의 기초를 만드는 전략이다.

아무리 좋은 위치에 터를 잡아도 뿌리를 제대로 내리지 못하면 생
존할 수 없는 것과 마찬가지로 현실에 뿌리를 내리는 본전략은 생명
을 유지하고 성장에 대응하는 핵심적인 전략이 된다.

본전략은 자신의 현실에 대응하여 물리적으로 뿌리를 내리고 영
양을 충족하며, 줄기와 꽃으로 필요한 자원과 에너지를 공급하여 생
존과 성장활동을 전개한다.

학생이라면 학교에 소속하여 뿌리를 내리고 자신이 처한 교육환경에서 지식과 교양, 기술, 사회적으로 필요한 역량을 학습하여 미래의 직업과 인생의 생존과 성장활동을 준비한다. 사업을 추진하는 사업가라면, 자신이 선택한 지역과 업종을 중심으로 본업을 수행하면서 사업의 뿌리를 내리고 수익을 실현하며, 직원과 새로운 제품개발에 필요한 자원과 능력을 투입하여 사업생존과 성장활동을 전개한다.

자신의 현실에 대응하는 본전략은 어떠한가? 그 실태와 내용을 점검하라. 무엇을 보완하여 자신의 본전략의 성과를 높여야 할 것인가?

본전략의 전개논리

본전략의 핵심적 전개논리는 뿌리를 잘 내리고 생존과 성장의 기반을 조성하며, 필요한 영양을 공급하는 일이다. 따라서 잘못된 뿌리는 제거하고, 확실한 뿌리를 중심으로 자신의 생존과 성장의 현실대응의 성과를 높인다.

새로운 지역이나 업종에서 터를 잡아 뿌리를 내리는 전략을 침투 penetration 전략이라고 한다. 시장을 중심으로 보면 시장진입전략 market entry strategy이 있다.

본전략은 뿌리를 내리고자 하는 대상 지역의 토질의 견고한 정도나 영양분의 함량, 수분이나 기상환경, 주변의 사회적 영향관계 등을 고려하여 자신의 생존과 성장의 유효수명을 점검하고 얼마 동안의 기간에 어느 정도의 깊이로 뿌리를 내리고 어떠한 영양을 흡수하여 어디에 공급할 것인지를 결정한다.

만약 필요한 영양이나 자원이 조달되지 못한다면, 어떻게 확보하여 뿌리에 공급할 것인지에 대한 방법과 대안들도 수립한다.

예를 들어 교회에 다니는 청소년이 목회자가 되고자 할 경우, 어디에 뿌리를 내리고 목회자가 될 때까지 기간은 어떻게 되며, 학업은 어디까지 어떻게 공부를 할 것인지에 대한 진로성공의 본전략을 수립하여 전개한다. 만약, 학업의 수행에 필요한 학비나 생활비를 자비로 조달하여야 한다면, 어디에서 무엇을 통하여 비용을 조달할 것인지, 그리고 그에 대한 현실대응활동은 어떻게 전개할 것인지를 결정하여 본전략을 실천한다.

작은 점포의 사업을 추진하는 경우라면 현재 추진하고 있는 사업을 어느 지역을 대상으로 어느 규모로 언제까지 이끌어갈 것인지를 결정한다. 만약 추진하고 있는 지역에서 유사업종과 점포의 경쟁밀도가 높다면, 매출과 수익은 어느 정도의 수준으로 얼마나 확보할 것이며, 손익분기점을 어떻게 이끌어갈 것인지, 그리고 이를 위하여 어떠한 능력과 자원을 동원하고, 고객은 어떻게 끌어들일 것인지, 수익의 재투자는 어디에 어떠한 방법으로 전개할 것인지에 대하여 본전략을 전개한다.

만약, 자신이 확보한 자금이나 자원이 부족할 경우, 주변의 현실과 환경에서 어떻게 필요한 요소들을 확보하고 조달하여 「사업의 안정적 전개를 위하여 무엇을 추진할 것인지」에 대하여 본전략을 수립하고 실천한다.

이와 같이 본전략은 자신이 대응하고 있는 현실에 대하여 생존과 성장의 현실성과를 창조하고 이끌어간다.

자신의 현실에 대응하기 위하여 어떠한 본전략을 전개하고 있는 가를 점검하라. 만약, 본전략에 허점이나 전략의 설계와 추진이 미흡하다면, 어디에 어떠한 것을 보완해야 할 것인지를 파악하고 신속히 교정하여 자신의 현실성과를 제고하라.

기본전략을 결합적으로 점검하고 자신의 기본전략을 강화하라

〈원칙 4.6〉의 기전략과 〈원칙 4.7〉의 본전략을 결합하여 자신의 현실대응의 기본전략을 구성하라.

기본전략의 전개논리는 기전략과 본전략의 전개논리를 결합적으로 구성하여 활용한다. 기전략과 본전략의 논리와 내용, 그리고 그 전개실태를 점검하면, 자신의 현실에 대응하는 기본전략의 현주소를 알 수 있다.

자신의 현실에서 기본전략이 어떻게 구성되고 어떻게 전개되고 있는지를 점검하라.[7]

자신의 현실대응의 기본전략에서 허점이나 미비점, 또는 개선해야 할 점들이 파악되면, 신속히 교정하여 자신의 기본을 강화하고 현실성과를 개선하라.

●●●●●●●●✔

항상 감사하라

감사하라. 감사는 인사의 기본이다. 감사는 말로만 하는 것이 아니다.
감사는 실천하는 것이다.

감사함을 억제하는 요인들에 대응하라. 감사실천의 부담과 저항감을 극복하라.
감사함으로 자신의 현실관계를 강화하라.

〈원칙 4.4〉 '항상 준수해야 할 기본에 충실하라'에서 보편적이고 일반적인 기본의 9번째 예시의 감사함을 생각해보자. 사람들과의 인사人事는 만남과 작별, 그리고 감사의 인사가 대부분이다. 자신의 현실과 주변에 대하여 감사할 줄 모르는 사람이 되지 말라.

당연히 해야 할 감사도 쉽게 실천되지 못한다

자신의 주변에서 예의를 갖추거나 친절함을 베풀면 당연히 그에 대하여 감사할 줄 알아야 한다. 또한 자신에게 관심을 기울이고 배려하여 조언을 하거나 미력하나마 도움을 보태면, 그에 대하여 감사할 줄 알아야 한다.

너무도 당연한 이야기이지만, 감사함을 느끼고 제대로 실천하는 일에 미숙한 사람들이 의외로 많다. 그래서 상대방을 실망하게 하고 분노하게 하며, 오죽하면 세상 사람들은 감사함을 모르는 사람을 개만도 못하다고 한다.[8]

우리 주변에는 자신의 소중한 현실과 주변에 대하여 감사할 줄 모르는 사람들이 너무도 많다. 소중한 자신의 부모와 가족의 사랑과 보살핌에 대하여 감사할 줄 모르는 사람, 자신의 지식과 정신세계를 이끌어준 은사나 지도자에게 감사할 줄 모르는 사람, 자신이 힘들었을 때 이를 도와준 조력자에게 감사할 줄 모르는 사람들이 너무도 많다.

감사할 줄 모르는 것뿐만이 아니라 감사로 갚아야 할 분들에게 오히려 배신을 하고 해악을 끼치는 일도 비일비재하다. 삶의 기본이 제대로 되어있지 못하기 때문이다.

늘 감사하라

어떠한 일이건 감사한 마음을 지니고 감사의 대응을 한다는 것은 생각처럼 간단한 일이 아니다. 자신에게 보살핌과 도움을 준 사람에게 감사를 느끼고 실천하는 것도 제대로 하기 어렵다.

감사할 줄 모르는 사람들은 왜 감사해야 하는지, 누구에게 감사해야 하는지, 그리고 언제, 무엇을 감사해야 하는지조차 잘 모른다. 감사의 철학도 방법도 잘 모르기 때문이다.

심지어 자신을 좌절하게 하고, 자신이 추구하는 노력과 의지를 허물어뜨리는 현실에 대하여 어떻게 감사할 수 있겠는가?

이는 원수를 사랑하라는 말씀이나[9] 불교의 육바라밀paramita 수행과도 같이 참으로 실천하기 어려운 말씀이다.

그러나 실천의 방편을 마련하면, 현실적으로 감사의 실천도 가능해진다. 자기의 현실에서 감사함을 느끼고 감사의 행동을 진정으로 실천하려면, 우선 자신과 자기의 현실을 제대로 통찰할 수 있어야 한다. 자신의 현실에 대하여 감사하려면 다음과 같은 여섯 가지에 대하여 경계하여야 한다. 즉, 무지하거나 교만하거나, 탐욕스럽거나 화를 내거나, 불순한 마음으로 대하거나 진실 되지 못한 것이 그것이다.

따라서 자신의 현실에 대하여 진실로 감사함을 납득하고 실천하기 위하여 다음과 같은 여섯 가지의 방편을 중심으로 자신을 이끌 필요가 있다.

우선 감사는 소중함을 느끼는 마음에서 비롯된다. 소중한 것이 무엇인지 모르는 사람은 감사할 수 없다. 감사는 이해하는 마음에서 비롯된다. 이해하지 못하는 사람은 감사할 수 없다. 감사는 밝게 비추는 마음에서 비롯된다. 어둡고 침울한 마음으로는 감사할 수 없다. 감사는 선뜻 자기를 내어주는 마음에서 비롯된다. 주저하는 마음으로는 감사할 수 없다. 감사는 온순한 마음에서 비롯된다. 거칠고 차가운 마음으로는 감사할 수 없다. 감사는 행복한 마음에서 비롯된다. 불행함을 느끼는 마음으로는 감사할 수 없다.

즉, 소중하게 여기고 이해하며, 밝게 비추고, 선뜻 자기를 내어주며, 온순하고 행복한 마음을 이끌어야 감사를 느끼고 감사의 실천행동을 할 수 있게 된다. 이러한 마음을 공부하는 것을 감사를 납득하

는 마음공부라고 할 수 있다.[10]

감사는 말로 하는 것이 아니라 실천하는 것이다

진심으로 감사의 마음을 표할 때, 자신과 상대방과는 서로 진정한 마음의 흐름을 이해하고 느낄 수 있게 된다.

대부분의 부모님들은 자녀들에게 당신의 자식 사랑과 보살핌을 베풀기 마련이다. 어떠한 가족이건 자녀에 대한 사랑과 보살핌의 내용에는 별다른 차이가 없다. 그러나 자녀의 입장에서 자신의 부모님께 느끼는 감사의 마음은 제각기 다르다. 따라서 감사를 느끼고 대응하는 행동도 다르게 된다.

어떤 사람들은 똑같은 일을 해주고도 감사를 느끼게 하는가 하면, 어떤 사람들은 감사는커녕 불편함만 표출하게 한다.

감사는 느끼고 표현하는 것만이 아니다. 우리는 언제부터인가 늘 '감사합니다' '고맙습니다'를 입에 달고 살아왔다. 하지만 그렇게 하루에도 수십 번씩이나 '감사'하고 있어도 그것이 자신의 마음에서는 전혀 반응하지 않으며 감사함을 실천하지도 않는다. 무엇인가 핵심이 결여된 감사의 생활을 하고 있기 때문이다.

감사는 실천행동이다. 감사의 마음을 전하고, 상대방을 소중하게 여기고 배려하며 상대방의 관심과 노력, 희생에 보답하는 것이 감사하는 것이다. 그와 같은 감사의 핵심적 행위가 빠져있기 때문에 감사함이 제대로 실천되지 않는 것이다.

감사함을 실천하라. 상대방에 대하여 소중히 배려하고 관심과 노력, 희생에 대하여 감사의 마음을 전하고 보답하라.

진심으로 감사함을 실천할 때, 서로에게는 신뢰의 관계를 촉진하고 강화한다.

배우자감을 찾지 못하여 힘들어 하고 있을 때, 우연히 옆에서 도와준 사람에게 감사함을 느끼고 전해준 음료 한잔이 두 사람의 장래를 결정하게 된다. 어느 음료회사 광고영화의 한 장면 같이 보이지만, 이와 같은 상황으로 결혼에 골인한 커플들이 의외로 많다. 감사함이 서로를 이해하고 신뢰할 수 있는 기본을 조성하였기 때문이다.

그러나 이상하게도 감사받을 일을 하면서도 감사는커녕 오해를 사거나 욕만 먹는 사람들도 있다. 서로의 관계에서 기본이 잘못 형성되고 있기 때문이다.

당사자의 입장에서는 참으로 억울하기 짝이 없으며, 현실비관의 원인이 되는 일이지만, 이상하게도 서로 간에 감사의 행위가 제대로 형성되지 못한다. 예를 들면, 상대방에게 도움을 베풀면서 상대방의 자존심을 상하게 하거나 잔소리 등으로 성가시게 하면, 상대편은 도움을 받으면서도 감사의 마음을 느끼지 못하게 된다.[11]

설령 그와 같이 성가시거나 자신의 기분에 맞지 않는 것들이 있어도 감사함을 받아들여야 하지만, 이상하게도 그것이 현실적으로 잘 실천되지 않는다. 감사함에 대한 실천에 저항이나 부담이 작용하기 때문이다.

그렇다면 반대로 상대방에게 도움을 주게 될 경우에도 감사실천에 대한 저항과 부담을 고려할 필요가 있다. 그것이 상대방에 대한 매너이다.

감사실천의 저항과 부담을 제거하라

감사함의 실천에 대한 저항과 부담은 자신의 기분이나 감정, 마음, 자존심, 열등감, 성가신 것을 싫어하고 거부하는 태도가 작용하거나 또는 감사실천이 상대방에게 지는 것이 아닐까하는 콤플렉스, 상대편과의 관계유지나 지속에 대한 부담감이나 불안감에 의하여 조성된다.

이와 같은 저항이나 부담감은 한편으로는 상대편과의 관계나 외부적 대인관계를 원만하게 이끌지 못하기 때문에 비롯되기도 한다. 따라서 가정이나 유아원에서는 아이들이 말을 배우기 시작하면 인사말을 하는 법을 가르친다. 그런데 그 의미와 행동은 제대로 가르치지 않는다. 그러다 보니 어떻게 감사해야 하는지를 제대로 배우지 못하게 된다. 이러한 것들이 자기 자신의 현실에서 기본적 대응능력의 한계를 조장하고 자신의 현실대응 행동의 실천에서 약점이 된다.

그러나 신세를 지면 그에 합당한 신세를 갚겠다는 공평함에 대한 의지와 실천을 보이는 사람은 자기 현실의 기본적 자세를 통하여 감사함을 스스럼없이 실천한다.

〈원칙 4.4〉에서 제시한 기본적 기준들의 예를 통하여 자신의 감사현실을 점검하라. 즉, ①생명의 존중, ②생존과 번영에 대한 추구, ③자유와 권리의 보장, ④노력이나 희생에 대한 보답, ⑤책임의 이행, ⑥필요의 충족, ⑦진실함과 올바름, ⑧공정함, ⑨감사함, ⑩상호신뢰의 관점에서 자신의 감사현실이 어떠한가를 점검하고 일상에서 감사실천을 강화하라.

감사는 관계를 강화한다. 사소한 것이건 중대한 것이건 감사하라. 종교인들은 자신이 믿고 있는 신에게 감사하며, 신앙생활과 현실의 관계를 강화한다. 가족에 대한 감사는 가족의 응집력을 강화한다. 연인 간의 감사는 서로의 애정을 강화한다. 동료나 주변사람들에 대한 감사는 자신의 현실관계를 강화한다.

이와는 반대로 감사를 실천하지 않으면, 서로의 관계가 느슨해지고 깨져간다. 아무리 굳은 혈연간의 가족관계나 연인의 관계도 감사의 마음을 전하지 않고 감사의 행동을 실천하지 않으면 틈이 생기고 멀어지기 시작한다.

감사의 실천에도 서로의 관계에 있어서 관계적 속성인 일관성이 작용한다. 한번 실천한 감사의 행동이 지속적인 관계를 유지할 수 있는 것은 상호관계의 일관성을 유지하기 때문이다. 일상의 사소한 것부터 감사하라.

'주면 받는다' 또는 '받으면 준다'는 공정하고 공평한 상호관계는 일관성이 유지될 때 지속된다. 어떤 때에는 하고, 어떤 때에는 하지 않으면, 일관성이 깨지게 되고 상호관계가 지속되기 어렵게 된다. 감사함의 실천에 일관성을 유지하라.

범사에 감사하라는 성경의 말씀을 기억하라.

삼가 누가 누구에게든지 악으로 악을 갚지 말게 하고 서로 대하든지 모든 사람을 대하든지 항상 선을 따르라. 항상 기뻐하라. 쉬지 말고 기도하라. 범사에 감사하라 이것이 그리스도 예수 안에서 너희를 향하신 하나님의 뜻이니라.[12]

데살로니가 전서 5장 15~18.

1 사전에서는 사물 · 현상 · 이론 · 시설 따위의 기초와 근본이라고 정의된다.

2 孔子, 論語 學而

3 이를 외부적 자기 현실에서 요구되는 요건 또는 조건이라고 하여 현실의 외부요건, 또는
   외부조건이라고 한다.

4 이러한 점에서 볼 때, 교육의 기본에 대한 이해관계인들은 단순히 학교와 학생, 학부모만
   으로 국한되지 않는다. 학부모와 학생을 포함한 사회, 정당, 이를 이용하고 있는 정치세
   력, 정부가 자신이 추구하는 이해관계를 감추어 놓고, 학교와 교사, 그리고 교육행정부처
   만 비난하는 행위는 명백히 점검되고 교정되어야 한다.

5 공부를 잘 하는 학생들을 보라. 학습의 기본이 제대로 확립되면, 밤샘학습을 하지 않아도
   60~80점은 기본으로 확보한다.

6 이에 관한 통제적 대응은 제2권 제6주를 참조.

7 만약 좀더 치밀한 전략적 발상과 설계를 통하여 자신의 기본전략을 정비하고자 한다면,
   이 책 제2권의 2주, 4주, 5주를 참고.

8 일본 동경의 시부야 전철역 앞의 광장에는 주인에 대한 감동적 충성을 보였던 하치코ハ
   チ公라는 개의 동상이 세워져 있으며 그 유골은 주인인 우에노 박사의 묘 옆에 화장하여
   안장하고 묘비를 세워 추모하고 있다.

9 나는 너희에게 이르노니 너희 원수를 사랑하며 너희를 박해하는 자를 위하여 기도
   하라 마태복음 5장 44. But I tell you: Love your enemies and pray for those who
   persecute you (Matthew 5:44 [NIV])

10 흥미로운 현상은 마음이 행동을 이끄는 관점과는 달리, 행동이 마음을 이끄는 전개에 의
   하여 감사를 납득하는 마음공부가 되어 있지 않아도 감사의 느낌과 행동의 진실한 발현
   을 통하여 감사를 납득하는 마음이 조성될 수 있다는 사실이다.

11 또는 관심과 배려를 기울이고 진심으로 염려하여 미약하나마 자신으로써는 최대한의 도
   움을 베풀게 될 경우에도, 그 도움이 과대포장 되고 있다고 생각될 경우, 감사의 마음 을
   느끼지 않으려고 한다. 상대방에게 대신 보답해야 할 감사실천의 부담이 커지기 때문이
   다.

12 Make sure that nobody pays back wrong for wrong, but always try to be kind to
   each other and to everyone else. Be joyful always; pray continually; give thanks in
   all circumstances, for this is God's will for you in Christ Jesus. (Thessalonians 5:15~18.
   [NIV])

자기 현실의 성과를 개선하라

매일 성공하라. 성공은 오늘 자신이 노력한 것에 대한 급부로 조성된다.

"어제의 나와 오늘의 나는 같은 것일까? 만약 그렇다면, 내일의 나는 오늘의 나와 같을까? 다를까?" "어제의 현실과 오늘의 현실, 그리고 내일의 현실은 어떨 것인가?"

누구나 일상생활이 전개되는 자기의 현실을 자기 자신이 매순간 느끼고 살아가고 있지만, 자기 자신과 자기의 현실을 제대로 보지 못하고 살아갈 때가 종종 있다.

제5주의 주요내용

---

1. 실패를 관리하라 2. 행동성과를 높여라 3. 행동 패턴을 수정하라
4. 중지하고 제거하라 5. 자신이 현실의 주인공이라는 사실을 알라
6. 자신이 원하는 현실을 알라 7. 자기의 유형을 교정하라 8. 책임을 완수하라

제3부에서 살펴보는 바와 같이 현실중심적인 O형과 A형조차도 자기 현실을 왜곡시켜볼 때가 많다. 더욱이 변화하고 있는 현실에 대응할 때에는 자신이 대응하고 있는 영역만을 중심으로 현실을 이해하려고 한다. 따라서 눈앞에 있는 현실만 주목하는 근시안적 현실 인식으로 일관하기도 한다.

한편 B형이나 AB형은 자신과 밀접하고 가까운 현실은 제대로 보지 못하고 원시안적 현실인식에 치중할 소지가 높아 현실성과를 떨어뜨릴 수 있다.

다음 〈도표 4〉를 살펴보자. 자기의 현실에서 성공과 실패, 그리고 실천여부를 중심으로 그 전개내용을 살펴보면, 사람들은 자기 현실에서 다음과 같은 네 가지의 현실성과를 경험하고 있음을 알 수 있다.

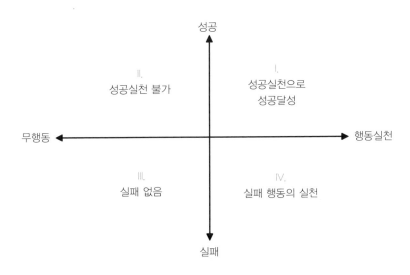

도표 4 | 현실성과의 구분

즉, 도표에서 보는 바와 같이 성공적 실천을 통하여 자기 현실의 성공을 향유하고 있는 사람들(I)과 성공을 실천하지 못하고 있는 사람들(II), 별다른 실패를 하지 않고 있는 사람들(III), 그리고 실패하는 행동을 실천하고 있는 사람들(IV)이다.

그렇다면, 어떻게 해야 할 것인가? 〈도표 5〉에서 보는 바와 같이 만약 (II)의 영역에 처하고 있기 때문에 성공실천이 불가능하다면, 자신이 성공행동을 실천할 수 있도록 (I)의 영역으로 어떻게 하든 이동시켜 자신을 이끌어 변화시켜야 한다.

(III)의 영역에 처하고 있다면, 어떻게 해야 할 것인가? 별다른 실패를 하지 않고 있다고 하여 괜찮은 것인가? 물론 아니다. 당연히 성공의 방향으로 자신의 행동실천을 강화시켜 (I)의 영역으로 이끌어야 할 것이다.

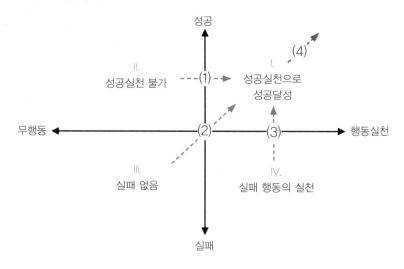

도표 5 | 성공행동의 실천을 강화하라

(IV)의 영역에 처하고 있다면, 어떻게 해야 할 것인가? 당연히 실천행동의 내용을 성공적으로 변화시켜 성공현실을 이끌어야 할 것이다.

마지막으로 (I)의 성공 영역에 처하고 있는 경우라면 어떻게 해야 할 것인가?

현재 성공하고 있다고 해서, 특별한 성공노력을 더 이상 기울일 필요가 없다고 생각한다면 그것은 오산이다. 자신의 성공을 모델로 여기저기에서 계속 추격을 해올 것이기 때문이다. 따라서 지속적으로 성공 행동을 강화하고 추진해야 한다. 도표에서 (4)의 화살표가 이를 표현하고 있다.

고민하지 말라. 우선은 급변하고 있는 자기 현실에서 안정을 찾고 성과를 확보해야 한다. 자기 자신과 자기 현실을 제대로 보라. 초점을 맞추면, 자기와 현실의 움직임이 보이기 시작한다. 자기와 현실을 너무 복잡하게 생각하지 말라. 자기 자신이 처하고 있는 현실과 그 속에서 실천되고 있는 자기 자신의 행동, 그리고 자기 현실에 영향을 주는 관계를 중심으로 생각하라.

이를 위하여 우선 현실에서 전개되고 있는 실패의 요소를 관리하라. 실패를 조금씩만 줄여가도 현실의 성과가 크게 개선된다. 또한 자기 현실을 전개하는 행동의 성과를 높이고 잘못 전개되고 있는 행동패턴을 수정하라.

필요하다면, 잘못된 행동과 현실 요소들의 진행을 신속히 중지시키고 제거하라. 이와 같은 대응은 앞의 워밍업에서 제시한 〈일반적 성공원칙의 제5원칙〉, 즉 실패최소화의 원칙을 통한 현실성과의 개선을 도모하는 방법에 의한 것이다. 이와 더불어 성공전략의 기본원칙의 〈제2원칙〉「자기 자신을 확립」하기 위하여 자기 자신이 자기 현실을 이끄는 주인공이라는 사실을 먼저 깨달아라. 자기 현실은 그것을 구성하는 요소들에 의하여 결정된다. 어떠한 요소들이 자기 현실을 구성하는지에 대하여 판단하라. 자기 현실에서 자기가 어떠한 행동을 하고 있으며, 어떠한 관계를 유지하고 있는지 살펴보라.

자신이 처하고 있는 현실이 자기가 원하는 현실이 아니며, 현재의 자기 현실을 새롭게 바꾸어 새로운 현실을 추구하고자 한다면, 그 현실을 창조하기 위하여 원하는 현실이 무엇인지를 점검하라.

이와 같은 현실의 자기 점검을 통하여 오늘 자기 현실에서 성공을 실현하고 새로운 자기 현실의 창조를 꿈꾸게 된다.

실패를 관리하라

실패를 두려워 말라. 실패는 성공의 반대가 아니다.
실패는 성공의 과정에서 등장하는 현상에 지나지 않는다.

누구나 경험하고 있는 실패의 과정을 최대한 단축하라.

모두가 성공하기 위하여 전략을 세운다고 하지만, 실제로는 모두가 성공하는 것이 아니다. 대부분 성공을 위하여 전략적 대응을 전개하지만, 한편으로는 실패하지 않기 위하여 전략을 시도하기도 한다.

성공과 실패 그리고 그 과정에서 소모되는 희생에 대하여 참고해두어야 할 중요한 유의점이 있다.

1. 성공에 대한 도전의 과정과 결과를 보면, 반드시 성공과
   실패만 있는 것이 아니다. 환경(상황) 현실 도전과 대응의
   결과는 대체로 3가지로 귀결된다. 성공 또는 실패,
   그리고 성공도 실패도 아닌 제3의 결과.

2. 결과에 이르기까지 반드시 일정 수준과 규모의 비용과 시간,
   그리고 노력과 같은 희생이 요구된다.

3. 투입한 희생의 내용과 그 과정에 비추어 볼 때,
   무엇으로 성공과 실패를 구분할 것인가?

4. 성공의 보상과 실패의 부담에 대하여 어떻게 대비, 대응할 것인가?

5. 시도하기도 전에 "성공할까? 실패할까?"를 염려하느라
   도전과 대응의 기회와 타이밍을 잃고 변명거리를
   일삼는 것은 아닌가?

6. 성공을 추구하는 자는 실패를 염두에 두지 않는다.
   즉, 실패를 두려워하는 자는 성공할 수 없다.
   실패는 성공으로 이르는 과정일 뿐이다.

7. 두려워해야 할 것은 실패가 아니라 시도하지 않는 것,
   즉 도전하지 않기 때문에 실패하는 것이다.
   실패를 무릅쓰고라도 성공을 위하여 도전하고
   노력하는 것이 성공의 요체이다.

8. 성공과 실패는 접근 및 해결방법과 수단, 추진과정,
   노력에 따른 결과이다. 방법과 수단, 추진과정의 관리,
   노력의 실천에 따라 실패를 성공으로 전환시킬 수 있다.

9. 성공의 반대는 실패가 아니라 시도하지 않는 것이다.

질문 1
"그렇다면, 어떠한 전략을 어떻게 만들어 그에 대응해야 하는가?"

당연히 자신의 꿈과 성공선언을 실현할 수 있고, 또한 성공적으로
실천할 수 있는 전략을 만들어야 한다. 만약 그 성공이 어렵다면,
현실과 미래의 실패를 줄이는 전략이라도 만들어야 한다.

성공전략은 도전에서 출발한다. 권투경기나 구기종목의 스포츠 게임을 보라. 상대방에게 도전하려면, 상대방을 주도면밀하게 관찰하고, 상대방의 움직임을 항시 주시한다.

이와 마찬가지로 우리가 처하고 있는 환경과 현실에 대하여 도전하려면, 변화하고 있는 현실과 환경에 대하여 주도면밀하게 관찰하고 그에 따라 대응해야 한다. 즉, 변화하고 있는 현실과 환경에 초점을 맞추어 자신의 꿈과 성공선언을 실현할 수 있는 전략을 세워야 한다.

전략의 출발점에서 주목해야 할 점은 바로 우리가 처한 환경 현실 속에서 꿈을 실현할 수 있는 답을 찾아야 한다는 것이다. 즉, 꿈을 실현하기 위하여 외부의 환경 현실에 대응하는 창조적 전략을 만들어 내어 도전하고 실천하는 일이다.

노력하지 않고 성공할 수 있다는 식의 성공전략은 모두 허구이다. 성공전략의 본질은 노력을 투입하면서 성공률을 높이고 실패율을 낮추는 것이다.

성공을 달성하기 위한 과정에서 누구나 다양한 형태의 실패를 경험할 수 있다. 성공과정이란 성공을 위하여 다양한 시도를 전개하는

과정이다. 따라서 성공전략은 실패를 줄이고 효과적으로 성공에 이르는 첩경을 모색한다.[1]

당면하고 있는 현실, 환경, 상황에 대한 이해와 접근방법을 정확히 하라. 성공전략은 현실의 과제에 대한 해결방법을 찾아내서 필요한 수단, 자원을 동원하여 성공을 실현하는 것이다. 따라서 실패를 줄이고 성공에 이르는 첩경을 모색하기 위하여 필요한 것들이 성공전략의 핵심요소가 된다. 이와 같은 활동을 어떻게 할 것인가를 설계하는 것을 전략 설계라고 한다. 전략 설계를 통하여 만들어진 내용을 전략이라고 하고 그 내용을 실천하는 것을 전략 실천, 또는 전략 실행이라고 한다.

따라서 전략과 그 대안의 창조 및 추진과정에 유의하고, 필요한 지혜와 행동노력을 강구하며, 성공에 이르기까지 집요하게 추진하고 상황을 돌파하려는 의지가 필수적 요소이다.

전략의 설계와 실천대응에는 착오가 발생할 수 있다

전략을 설계하고 실행하는 과정에서 누구나 여러 가지의 실패를 경험하게 된다. 우선 전략 설계의 단계에서부터 판단착오를 경험할 수 있다.

'아마도 이러한 상황이라면 이렇게 하면 될 것이다'와 같은 짐작과 추측에 의한 판단은 현실의 실제에서 적용되지 않을 수도 있다. 예를 들면, 퇴직 후 창업이나 실업상태를 모면하기 위하여 "무엇을 할까?" 고민하던 대부분의 사람들은 "먹는 장사는 망하지 않는다"는 말을 진지하게 받아들이게 된다.

그러나 현실적으로는 먹는 장사를 창업한 많은 사람들이 고전과 실패를 경험하고 있다. 여기에는 판단착오와 시행착오가 작용한다. 즉, 정말로 먹는 장사는 성공을 보장하는 사업인가에 대한 판단을 검증해보지 않고 착수한다면, 그것은 판단착오에 의한 시행착오를 경험하게 된다. 그러나 이와 같은 실패의 경험은 새로운 중요한 현실적 교훈과 해당 사업에 관한 현실적 지식을 터득하게 된다. 따라서 전략 설계에서는 추측이나 짐작에 의한 판단보다는 사실과 현실에 입각한 현장 조사가 우선 추진되어야 한다.

자신이 추구하는 영역이나 해당 지역에서 어떠한 현실 니즈가 있는가를 우선적으로 조사하여 판별하여 전략설계를 하고 그에 따라 대응하여 판단착오를 줄이는 것이 실패를 줄이는 일이 된다.

전략 설계가 잘 된다하더라도, 전략 실천에서 실패할 수 있다. 예를 들면, 서비스를 제대로 전개하지 못하거나 품질을 제대로 충족하지 못하게 되면, 영업활동이나 매출수입이 제대로 실현되지 못한다. 이와 같은 시행착오를 바로잡지 못하게 되면, 전략실천에서 실패할 수 있다.

실패의 시행착오를 통하여 전략이 세련되어 간다

처음 해보는 일이나 사업에서 판단착오나 시행착오는 누구나 경험할 수 있다. 중요한 것은 그와 같은 판단과 시행의 착오를 경험하게 될 때 어떻게 대응하는가를 깨닫는 것이다.

판단착오와 시행착오에 따라 실패를 경험하면서 누구나 깨닫게 되는 것이 있다. "아, 그렇게 하면 안 되는구나~!"

바로 이와 같은 깨달음이 자신의 성공지능을 높여 새로운 방법을 찾게 하고, 그에 따라 대응하면서 성공의 길로 나아간다. 자신의 실패나 타인의 실패를 통하여 배우는 사람들은 오늘의 실패로 낙오하지 않는다. 새로 도전하는 각오와 방법의 개선을 통하여 집요한 실천을 지속적으로 전개하기 때문이다.

오늘의 실패는 자신을 각성시키는 계기이며, 잘못을 바로잡도록 하는 학습기회이다. 실패했다고 생각되는 바로 그 순간, 분개하고 좌절하는 일은 어리적은 짓이다. 현재의 실패에 매달리지 말라. 실패는 이미 지나가버리고 이제 남은 것은 실패의 결과뿐이다. 그렇다면, 실패의 결과에 대응하라.

성공현실의 창조의 과정에서 경험하게 되는 현재의 실패를 냉정하게 인식하고, 무엇 때문에 실패하게 되었는지를 조사하라.

실패가 우리에게 요구하는 것은 심리적 동요나 낙담하는 일이 아니다. 실패가 우리에게 요구하는 것은 '무엇 때문에, 우리가 실패하게 되었는가와 그렇다면 어떻게 해야 할 것인가'를 찾아내라는 퀴즈다. 그 퀴즈를 못 풀면, 실패는 또 다른 현실의 실패를 던져주고 우리가 어떻게 대응하는지 시험한다.[2]

그런데 아무리 해도 안 된다고 물러서면 그것은 실패가 아니라, 포기이며 도전에서의 패배이다. 실패는 교정을 통하여 성공으로 만들 수 있지만, 패배는 재기하지 않으면 성공할 수 없다.

실패이건 패배이건, 성공을 향해 다시 분발하여 성공하는 전략을 만들어 내어 노력한다면, 언제나 성공의 길은 열려있다는 사실을 잊지 말라. 또한 자신의 성공은 다른 사람의 것이 아닌 바로 자신의 몫이라는 점을 또한 잊지 말라.

이럴 땐 어떻게 해야 할까?

문제현상

"실패할까봐 두렵다." "더 이상 실패할 수는 없다. 이번에 실패하면 죽는다." "실패하는 것은 바보같이 보인다. 실패하느니 차라리 시도하지 않는 것이 좋다."

이런 것은 하지 말라

1. 실패를 두려워 말라. 실패가 염려되어 시도를 거부하지 말라.

2. 실패에 대하여 너무 엄격하거나 가혹하게 대하지 말라.
   누구나 실패할 수 있다. 실패를 통하여 반성하고,
   자신의 성공지능을 높여라.

이렇게 대응하라

1. 실패를 예상하고 실패요인을 관리하라.

2. 실패를 기록하고 실패를 통하여 무엇을 개선해야 하는지를 알아내라.

3. 실패를 줄이고 최소화시킬 수 있는 방법을 연구하고 공부하라.

성공을 위해 이것을 실천하라

성공실천 행동 포커스 : 실패를 최소화하라

1. 실패는 누구에게나 일어난다. 서둘거나 자만하지 말라.
   실패를 하게 되어도 낙담하거나 동요하지 말라.

2. 실패가 일어날 수 있는 요인과 상황을 미리 예상하라.
   그러한 실패요인들과 예상되는 실패의 상황에 대비하라.

3. 실패를 성공을 위한 학습경험으로 삼아라. 실패를 연구하고
   대비하여 두 번 다시 같은 실패를 반복하지 말라.

4. 새로운 경험에 대한 새로운 실패는 또 등장할 수 있다.
   등장할 수 있는 실패를 최소화시켜라.

성공원칙 요약

실패는 성공으로 이르는 과정에서 누구나 경험할 수 있다. 실패를 통하여
무엇을 바꾸고, 어떻게 해야 성공하게 되는지를 깨닫게 된다.
그 깨달음을 소중하게 받아들여라. 실패의 과정을 최소화하는 전략을
만들어 실천하라.

성공원칙 실천노트

1. 실패를 두려워하지 말라. 두려워할 것은 실패가 아니라,
   시도하지 않는 것이다.

2. 성공을 달성하는 최고의 기량은 실패의 경험과 실패를 극복하기 위한
   부단한 연습을 통하여 완성된다.

3. 타인의 실패경험을 통하여 학습하라. 당면하고 있는 현실에서
   실패를 극복하고 성공시킨 경험과 방법을 학습하라.

4. 실패에 대하여 감정적으로 동요하거나 낙담하지 말라. 좌절하지 말라.

5. 자신이 실패했다고 생각되는 바로 그 순간에 해야 할 일은 그동안
   추진해왔던 방법과 노력에서 무엇을 바꿔야 할지를 정직하게 깨닫는
   일이다. 이 때, 시간을 끌지 말고, 신속히 그리고 착실하게 교정하라.

행동성과를 높여라

행동은 성공을 지향해야 하고, 생각이나 마음은 행동을 지향해야 한다.
정신은 성공을 위한 마음, 생각, 행동을 통제하고,
현실에서의 성공적 실천을 위한 통제를 잘 이끌어야 한다.

본격적 행동에서 최고의 성과가 나올 수 있도록 모든 정성과 노력, 최선을 집중하라.

행동은 자기 현실 성과를 결정하는 가장 중요한 실천적 요소이다.

베토벤의 운명 교향곡의 악보가 아무리 훌륭해도 악단과 악기를 통하여 연주되지 못하면 의미가 없듯이, 아무리 훌륭한 생각이나 마음도 현실에서 실천되지 못하면 현실적으로 무의미하다. 마음과 생각은 자신의 신체에 의하여 행동으로 실천될 때, 비로소 존재의 의미와 가치를 실현한다.

교향곡의 예를 들면, 마음은 음을 결정하고 생각은 악기의 화성을 결정한다. 자신의 육체를 빌어 행동이 연주할 때, 정신은 이를 지휘한다.

자신의 인생작품에 대한 연주를 감상해보라. 어떠한가?

만약 연주가 잘못되고 있다면, 당연히 연주의 행동을 교정해야 한다. 그러나 연주는 잘 되었지만, 악기의 화성과 곡의 전개, 즉 생각이 잘못되었다면, 당연히 생각을 고쳐야 한다.

자기의 현실은 자기가 지휘하고 실천하는 대로 전개 된다

연주도 곡도 괜찮지만, 음조가 잘못되었다면, 그 마음을 다스려 곡을 고쳐야 할 것이다. 연주도 곡도, 음조도 모두 제대로 되어 있는데, 지휘를 잘못한다면, 정신을 바로 잡아서 지휘를 제대로 해야 할 것이다. 이 모든 것이 연주, 즉 행동을 통하여 걸러지고, 교정되며, 완성의 결실을 보게 된다.

일반적으로 사고와 행동 간의 관계에서 대부분 개념적으로 사고와 행동을 등가, 즉 대등한 비중으로 생각하려는 경향이 있다. 그러나 현실적으로 볼 때, 대부분의 성과는 행동에 의하여 완성된다.

그래서 많은 사람들이 성공의 원동력을 주로 행동을 완수하는 데 필요한 실천의 노력이라고 강조한다.

사실이다. 현실성공의 관점에서는 생각보다 행동이 더 중요하다. 생각이 많은 사람보다 실천을 많이 하는 사람이 성공한다. 생각을 좀 적게 하더라도 실천을 많이 하라. 성공하려면 항상 행동 실천을 염두에 두어야 한다. 훌륭한 생각이라도 실천할 수 없는 생각이나 지식은 일단 치워둬라. 그런 생각이나 지식이 아니어도 지금 이 세상에 실천해야 할 일들이 너무 많다.

행동하라. 생각도 실천을 전제로 생각하라. 마음도 실천과 행동을 중심으로 가다듬어라. 따뜻한 마음, 유순한 마음, 선한 마음 모두 좋다. 그러나 행동으로 옮길 수 있는 마음을 중심으로 마음을 가다듬어라. 세상은 행동으로 지배된다. 위대한 사상도 행동으로 실천될 때만이 올바른 사상으로 정립된다.

자기 현실의 구성요소들을 성과를 중심으로 전개하라

자기 현실에 대한 불만족의 마음이나 생각도 바꾸어라. 행동으로 옮길 수 없는 불만족이나 불평은 하지도 말고, 받아들이지도 말라. 그렇게 해보면, 성공을 위하여 어떤 자세로 행동에 임해야 하는지 알 수 있다.

즉, 행동은 성공을 지향해야 하고, 생각이나 마음은 성공적 행동을 지향해야 한다. 또한 정신은 성공을 위한 마음, 생각, 행동을 통제하고, 현실에서의 성공적 실천을 위한 통제를 잘 이끌어야 한다.[3]

그러나 행동에서 성공하지 못한다면, 당연히 행동을 수정해야 한다. 행동을 수정해도 안 된다면, 성공적 행동을 이끌지 못한 마음과 생각, 관계, 정신으로 구성되는 자기 행동의 패키지의 구성요소들을 보완하고 수정해야 한다.

자기의 현실성과를 높이기 위하여 자기 행동을 강화하려면 〈도표 6〉과 같이 정신, 마음, 생각, 행동, 관계의 5가지를 살펴서 그 실천 성과를 강화하라.

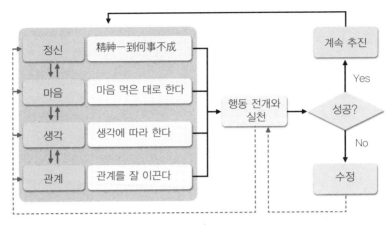

도표 6 | 현실의 행동전개와 성공실천의 핵심요소

첫째, 행동의 숙련도와 기량을 높여라.[4] 숙련되지 못한 행동은 불
만족한 성과를 가져올 뿐만 아니라, 행동에 대한 자기와 주위 사람
들의 만족감을 저하시킨다. 따라서 자신의 현실에서 요구되는 행동
을 좀더 숙련시키고 기량을 높이는 자기 훈련을 강화해야 한다.

유통업계에 입사한 C씨는 백화점 매장근무에 배속되었다. 자신은
대인관계에는 자신이 없고, 기획업무를 희망하였지만, 유통업계는
영업이 생명이므로 매장업무를 경험해야 한다고 하여 여성용품점에
서 근무하며 시범점포의 코너에서 여성고객들을 상대로 판매활동을
하게 되었다. C씨는 매일 하루하루가 지옥 같은 현실이라고 생각하
였다. 앞에서 살펴본 제1주의 생존전략의 원칙들에서 점검한 바와
같이 자신의 생존현실에서 균형을 유지하지 않으면, 더 이상 현재의
직업인생에서 도저히 생존해낼 수 없는 상황에 처하게 된 것이다.

이와 같은 경우, 어떻게 해야 할 것인가?

우선 자신의 핵심적 업무활동에서 접객활동에 대한 행동요령과 방법을 습득하여, 자신의 판매행동을 숙련시키기 위하여 노력할 필요가 있다. 예를 들면, 매일 아무도 없는 공터나 옥상으로 나아가 큰 소리로 인사하는 방법, 상냥하게 응대하는 방법부터 연습한다.

상대가 어떠한 사람이건, 판매활동에서 실천되어야 하는 행동을 능숙하게 해낼 수 있도록 숙련시켜간다. 이와 같은 노력이 자신의 행동성과를 강화한다. 자신의 성격 때문에, 대인관계가 미숙하면, 스스로 내성적인 성격을 변화시키는 노력도 해야 한다. 자신의 행동이 변화하면, 자기 현실도 변화된다. 지옥과 같던 매장에서의 생활이 점차 즐거워지기 시작한다.

그러나 자기 현실에서 기본적 행동의 실천능력이 떨어지면, 자기 현실이 불편하게 된다.[5] 가정 생활에서도 기본적 행동에 대한 실천능력이 갖춰지지 못하면, 자기 가정에서 자기 현실에 대한 불만이 늘게 된다.[6]

따라서 기본적 행동의 성과를 높이기 위하여 필요한 기량과 숙련의 수준을 높이는 것이 중요하다.

행동 요령을 터득하라

둘째, 행동에서 요령을 터득해야 한다. 행동에는 요령이 있다. 요령要領은 가장 요긴한 곳을 잡아서 이끄는 것을 말한다. 공부를 하건, 일을 하건, 장사를 하건, 연애를 하건 매사에 요령이 있다.[7] 요령은 다루어야 할 대상의 중심이나 약점을 파고들어 흔들어 효과적으로 대응하는 것이다.

현실에서 요령을 발휘하는 예를 보자. 움직이기 힘든 소에게 고삐를 만들어 걸어 쉽게 이끈다. 씨름이나 힘겨루기에서 상대방의 힘의 중심점을 공략하여 꼼짝 못하게 하고 쓰러뜨린다.[8] 이와 같이 요령의 방법을 찾아내면 자기 현실행동의 성과를 높일 수 있다.

자신이 추진하는 행동에서 요령을 가장 빨리 찾는 방법은 역시 지식과 경험을 활용하는 방법이다.[9] 그러나 요령만 찾으려고 하고 행동 실천을 게을리 하는 함정에 빠지지 않도록 하라.

예비, 준비, 본격, 마무리 행동을 강화하라

셋째, 예비행동, 준비행동, 본격행동, 마무리 행동을 철저히 해야 한다.[10]

자동차 여행을 하려면 자동차를 운행할 수 있는 최적의 상태로 만들어놓아야 한다. 필요하다면, 비상시를 대비하여 여분의 타이어와 준비물들을 확보한다. 이것이 예비행동이다. 준비행동은 자동차 여행을 바로 출발할 수 있도록 필요한 준비를 마치는 일이다.[11]

좀더 지능적인 사람들은 일처리의 순서와 방법, 절차를 수립하는 계획행동을 예비적 행동에 포함시킨다. 즉, 본격적인 활동을 하기 전에, 어떻게 하면 일을 잘 할 수 있는가를 감안하여 일처리를 계획하고 점검하고 관리해야 하는 요점을 정리하여 체크리스트를 만든다.[12]

연극공연이나 패션쇼의 진행을 보라. 두 시간 정도의 공연과 행사이지만, 그 준비가 얼마나 치밀한지 살펴보라. 잘못된 대사 한마디, 스텝 하나에 "다시!"가 연발된다. 더욱이 새로운 무대에서 새로운 연극을 준비하거나 생소한 장소에서 패션쇼를 준비하는 사람들의 경우에는 준비해야할 일들이 더욱 많음은 두말할 나위가 없다.

그런데 자신의 학과목의 시험공부의 준비는 어떠한가? "공부가 힘들다고? 천만의 말씀, 졸업하고 실전에 붙어봐라, 공부처럼 편한 것이 없다는 것을 알게 될 거야~!" 현장에서 열심히 뛰고 있는, 성공하고 있는 선배님들의 말씀이다.

잘못된 것을 신속히 교정하라

넷째, 행동의 결과와 과정을 점검하여 잘못된 점을 신속히 고쳐야 한다. 행동에는 언제나 시작이 있고 과정이 있으며, 그 결과가 있다. 시작에서 필요한 일들은 예비행동과 준비행동을 통하여 잘 수행한다고 해도, 본격적인 행동의 전개과정과 그 결실의 마무리 과정이 잘못되면, 행동의 성과를 제약하게 된다.

본격행동과 마무리 행동에 유의하라. 시작은 요란하지만, 본격행동과 마무리 행동이 제대로 되지 못하면, 성과를 제대로 올릴 수 없게 된다. 본격행동과 마무리 행동을 강화하라.

우리의 농촌에서 실행되고 있는 쌀농사를 보라. 좋은 씨앗을 준비하고 나쁜 씨앗은 솎아내어 발아를 시켜 모판을 준비한다. 논을 갈아주고 물을 대는 예비행동과 준비행동이 끝나면, 본격적으로 논에 모심기를 시작한다.

이러한 일들을 마치면 본격적 행동으로 재배를 잘 해야 한다. 병충해가 오지 못하게 관리해주고, 거름을 주어 영양을 공급해주고 잡초를 뽑아내 생육을 돕는다. 본격적인 행동의 전개과정이 실천되는 것이다. 그러나 추수의 결실을 제대로 마무리하지 못하면, 한 해의 농사를 망치게 된다.

이와 마찬가지로 자기 현실에서 행동의 전개과정과 결과를 거두는 본격적 행동을 소홀히 하면, 행동의 성과가 떨어진다. 공부를 하건, 일을 하건, 조직생활을 하건, 행동의 전개과정과 일처리의 마무리를 완전하게 하여 결과를 거두는 일에 전력을 기울여야 한다.

생각해보라. 권투선수가 예비행동과 준비행동만 열심히 하고, 본 게임에서 설렁설렁하면, 어떻게 될 것인가? 15회전? 천만의 말씀이다. 1회전도 제대로 버티지 못한다. 본격적 행동의 과정과 결과는 자기 현실의 본론이며, 핵심이다. 여기에서 대충해서는 아무것도 되지 않는다.

자기 현실에서 자신의 본격적 행동을 빼면, 모두 소설이나 인형극과 다를 바 없는 무의미한 것이다. 본격적 행동에서 최고의 성과가 나올 수 있도록 모든 성의와 노력, 최선을 다하라.[13]

힘든 일은 싫다? 자신의 본업 활동에서 최고의 성과를 얻어 보라. 그리고 그 기쁨과 행복, 보람을 그동안의 고통과 비교해보라. "힘든 일? 문제없어요!"라는 말이 저절로 나온다.

반드시 자기 자신의 현실 행동에서 최고의 성과를 실현하라.[14] 자신의 최고의 성과를 실현하는 일에서 흔들리지 말라. 당신의 행동은 당신이 지휘한다. 화가의 그림을 보라. 화가가 그리는 대로 그려지지 않는가? 당신이 어떻게 이끄는가에 따라 자신의 행동도 그에 따라 실현된다. 당신이 이룩할 수 있는 최고의 성과를 실현하도록 자신의 행동을 이끌어라.

자신의 행동을 연구하라

다섯째, 보다 나은 행동을 하기 위하여 연구해야 한다. 생각은 다시 할 수도 있고, 생각 중에 다른 것들을 충분히 고려할 수도 있다. 그러나 행동으로 실천하는 과정에서는 행동의 순서나 내용, 방법을 쉽게 변경할 수 없는 일이 많다.

어떻게 하면 좀 더 나은 행동을 할 수 있는가에 대한 연구는 일과 행동의 성과를 개선하고 일과 행동의 내용을 개량할 수 있을 뿐만 아니라 지능적 발전과 진화로 자신과 조직의 경쟁력을 크게 높인다. 또한 일과 행동을 좀더 즐겁고 행복하게 할 수 있는 기쁨과 재미를 찾게 해준다. 더욱이 보다 나은 행동에 대한 반성과 연구를 통하여 자기 현실을 가치를 높일 수 있게 한다.

단, 자신의 현실성과의 개선활동에서 유의할 점은 개선에 초점을 맞추다가 자기 현실의 균형감각을 상실하는 일은 피해야 한다는 점이다. 자신의 외부적 일의 성과창출에 몰두하다가 가정이 파괴되거나 자기 자신이 파괴되는 일이 생기도록 하지 않도록 유의해야 한다.

성과의 개선을 위하여 자신을 채찍질하는 일이 빈번해지게 되면 자신에게 가해지는 채찍질에 더 많은 관심과 힘을 가하게 되면서 채찍을 맞고 있는 자신을 상실하게 되는 경우가 종종 있기 때문이다.

이와 같은 경우, 균형감각을 유지할 수 있는 가장 기본적인 측정지표는 자신과 자신이 소중하게 생각하는 가족들의 행복감이다. 아무리 성과를 개선하는 일이 중요해도 자신과 가족의 행복을 저해하는 것이라면, 일단 현재 자신이 추구하고 있는 현실의 성과추구 행동을 점검하고 자신이 추구하는 성공을 통제하라.

어떻게 하면 보다 나은 행동을 할 수 있는가를 스스로 연구하라.

이럴 땐 어떻게 해야 할까?

문제현상

"힘든 것. 복잡한 것은 싫다. 간단하고 쉽게 잘 할 수 있는 것은 없을까?"
"행동을 변화시키는 것이 어렵다. 하던 대로 열심히 잘 하면 안 되나?"

이런 것은 하지 말라

1. 생각 없이 행동하지 말라. 자신의 행동이
   성공적으로 실행되고 있는지 점검하라.

2. 무조건 행동하지 말라. 행동의 결과를 예상하라.

3. 자신이 행동결과가 어떠했는지 판단해보지 않고, 다음 행동을 하지 말라.

4. 숙련을 위해 기울이는 노력을 경시하지 말라.

이렇게 대응하라

1. 좀더 좋은 결과를 만들려면 어떻게 해야 하는지를 생각하라.

2. 그러한 생각을 추가하여 행동을 조금씩 변화시켜가라.

3. 행동을 좀더 잘 할 수 있는 방법. 요령을 터득하라.

4. 필요한 기량을 강화하라.

5. 성공적 행동을 연구하라.

성공을 위해 이것을 실천하라

성공실천 행동 포커스 : 매일 지속적으로 행동의 성과를 높여라

1. 자기 현실을 행복하게 하고 성공하려면,
   성공적 행동을 실천하는 것이 가장 중요하다.

2. 성공과 관계없는 행동들을 제거하라.

3. 성공하기 위하여 필요한 실천 행동의 내용과 추진 요령을
   학습하고 훈련하여 그 숙련도와 기량을 높여라.

4. 예비행동, 준비행동, 마무리 행동을 강화하라.

5. 행동의 과정과 결과를 확실히 챙기고 관리하라.

성공원칙 요약

행동은 자기 현실을 실현하고 완성한다. 성공하려면 자기의 현실 행동을
점검하여 성공하기 위하여 필요한 행동으로 재구성하라.
성공에 불필요한 행동은 모두 제거하라.
늘 좀 더 나은 행동성과를 올릴 수 있도록 연구하고, 행동을 개선하라.

성공원칙 실천노트

1. 생각보다는 행동이 중요하다. 마음, 생각, 관계, 정신을 모두 자기의
   현실 행동을 성공적으로 실천하기 위한 방향으로 정렬시켜라.

2. 학습과 훈련을 통하여 행동의 숙련도를 높이고 기량을 강화하여 행동의
   성과를 극대화하라. 자신의 숙련도를 최고의 수준까지 향상시켜라.

3. 행동의 요령을 터득하고, 요령을 활용하여 행동성과를 높여라.

4. 예비행동과 준비행동을 강화하여 본격적 행동의 성과를 크게 높여라.

5. 본격적 행동에서 최고의 성과를 달성하라. 자신이건 상대방이건,
   이기고 난 다음에 자신의 노력을 평가하라.

6. 대충대충 마무리하지 말라. 어떠한 일이건 마무리 행동에 철저를 기하라.

7. 큰 일을 실천하고 싶으면, 큰 조직을 활용하라.

8. 행동의 과정과 결과를 관리하라.
   잘못된 행동을 신속히 교정하여 행동성과를 높여라.

9. 보다 나은 행동을 실행하기 위하여 연구하고 개선하라.

10. 자신의 성과를 지속적으로 높이되 너무 호되게 자신을 채찍질 하지 말라.
    성과개선의 중압감과 스트레스에 휘말리지 말라.
    힘이 들 때엔 쉬어가며 대응하라.

행동 패턴을 수정하라

지속적이고 일관적으로 실행되는 반복적 행동과 행동방식의 특성을 점검하라.

자신의 행동 패턴을 바꿔야 할 때를 알라. 자기 현실 대응의 성과가 떨어지거나 관계적 성과가 떨어지면, 즉시 행동 패턴의 내용을 수정하라.

행동 패턴behavior pattern은 개인이나 그룹 또는 조직이 당면하고 있는 현실의 상황이나 과제에 대응할 때 반복적, 일관적으로 대응하는 행동방식의 특성이다.[15]

행동패턴은 지속적으로 반복된다

누구나 자신의 현실과 상황, 문제에 대응하는 방식에 있어서 반복적으로 보이는 행동 패턴이 있다. 이에 대한 가장 대표적인 것은 습관적 행동과 행동의 경향이다.

사람들은 반복적으로 대응해야 할 상황이나 자기의 일상 현실에 대응할 때, 예측과 통제를 용이하게 하고 현실대응에서 보다 편리하고 불안감을 줄이기 위하여 나름대로의 행동 패턴을 만들어 활용하게 된다.

특히 특정한 행동에 의하여 과거에 심한 고통이나 실패를 경험하였을 경우, 그와 같은 행동을 피하고 안정적 결과를 기대할 수 있는 행동을 선택하여 자신의 일관적 행동 패턴으로 취하게 된다. 일상적 행동에서도 사람들은 특정한 행동 패턴을 보인다.[16]

이와 같이 자신이 고유한 행동 패턴을 만들어 활용하는 이유는 그와 같은 행동이 자신에게 유리하거나 또는 안심감, 만족감을 충족시켜주기 때문이다.

행동 패턴이 일관성을 지니고 반복적 행동의 특성을 유지하게 되면, 자기 현실 속에서의 자기 행동에 대하여 지속적 작용을 하게 된다.[17] 이와 같이 자신의 패턴이 행동에 미치는 지속적 작용은 경우에 따라 부작용을 초래하기도 한다. 예를 들면, 그동안의 행동 패턴을 만들어내게 된 상황과 유사한 현실 상황의 경우가 아닐 경우에도, 기존의 행동 패턴이 자신의 행동을 이끌게 된다.

즉, 새로운 환경과 자기 현실의 변화가 등장하게 되어도 그에 따라 변화하여 대응해야 할 행동의 내용을 변화시키지 않고 그동안의 행동 패턴의 내용으로 대응하게 되는 경우가 빈번하게 생기게 된다.

그동안의 행동패턴이 새로운 현실적응을 억제한다

12년 이상 학교 교육을 받아온 신입사원들에게 간단한 입문교육

을 시켜 현장에 배치하면, 사업과 조직의 현실대응의 행동이 서툴러 일을 제대로 못하는 경우가 많다.[18]

왜 그럴까? 자신의 학창시절과 성장과정의 **20년 이상** 자기중심적 현실행동 패턴을 단기간에 새로 출발하는 기업인생에 적합한 것으로 바로 수정할 수 없기 때문에 회사생활에 신속히 적응하지 못하는 것이다.

이와 같이 그동안의 현실대응 자기행동의 패턴이 새롭게 직장에서 요구하는 바람직한 직장인의 행동 패턴과 차이가 클수록 직장활동에 대한 적응이 힘들게 된다. 따라서 유능한 신입사원들도 패턴전환을 능숙하게 전개하지 못할 때, 일 보다도 현실대응의 행동패턴 충돌을 해결하고 자신을 새로운 행동패턴으로 적응시키는 일에서 고전하게 된다.

개인뿐만이 아니다. 기업이나 정부의 조직에서도 이와 같은 일이 비일비재하다. 상황이 구조적으로 변화하여 중대한 새로운 전략을 수립해야 하는 순간에도, 그동안 실행해 온 전략대응의 행동 패턴이 작용한다.[19]

이와 같이 일정한 행동 패턴을 유지하려는 경향이 지속되면, 새롭게 변화하고 있는 자기 환경에서 빈번하게 그리고 반복적으로 시행착오를 유발하며, 실패를 더욱 촉진하게 된다. 신속하게 자기의 행동 패턴을 점검하고 보완하거나 수정하라.

행동패턴을 분석하라

여기에서 유의할 점은 모든 행동패턴이 다 문제가 되는 것은 아니라는 점이다.

특정한 현실 상황에서 특정한 행동 패턴이 문제가 된다는 것은 '자신의 행동패턴을 인식하고 어떠한 상황에서 어떠한 것이 문제가 되며 어떠한 것을 유지하는 것이 좋은지'에 대한 판단을 해야 한다는 것을 깨닫게 한다.

따라서 현실의 특정한 상황에 대하여 적합한 행동 패턴을 찾아내어 그에 적응시켜야 한다. 그렇다면, 현실적으로 자신의 행동 패턴이 문제가 되고 있다는 사실을 '언제 어떻게 깨달을 것인가'를 잘 판단해야 한다.

자기 행동 패턴에 대한 문제현상의 점검은 환경 현실에 대한 점검과 관계적 활동에서의 점검으로 나누어 볼 수 있다.

환경 현실에 대한 행동 패턴의 점검은 자신의 행동 패턴이 당면하고 있는 환경이나 현실에 적합하지 않거나 성과가 저조하게 될 경우에 실시된다. 만약 환경 현실이 새로운 방향으로 전개되어 새롭게 변화되면, 그에 합당한 대응행동을 요구하게 된다.[20]

두 번째로는 자신이 처하고 있는 환경 현실에서의 관계적 성과가 떨어질 때이다. 예를 들면, 자기 현실에서 서로에 대한 기대와 이해에서 충돌과 문제가 발생할 경우이다.

새로운 패턴을 설계하라

직장이나 가정, 또는 사회적 활동에서 서로에 대한 기대와 이해의 충돌과 문제가 발생하고 있다면, 일단 현재의 자기 행동 패턴을 점검하고 성공에 도움이 될 수 있는 내용으로 새로이 구성하여 대응하라.

새로운 행동패턴을 구성하려면 무엇이 자신의 꿈과 소망을 성공시킬 수 있는 행동들이며 어떻게 지속적인 행동 패턴으로 만들어야 하는가에 대하여 연구하고 학습하여 찾아내고 숙련시켜야 한다.[21]

자신이 추구하려는 일과 꿈을 달성하여 성공하려면 자신의 행동을 어떻게 지속적이고 반복적으로 실천해야 성공할 수 있는지를 연구하고 찾아내어 예비행동과 준비행동, 본격행동, 마무리행동의 성과를 강화하라.

따라서 자기의 행동 패턴이 무조건, 자동적으로 현실에 적용되도록 하지 말라. 그것이 자기의 행동 패턴이건, 다른 성공한 사람의 행동 패턴이건 간에 자동적으로 자신의 행동을 이끌게 하지 말라.[22]

행동 패턴의 점검

자신의 행동 패턴을 구성하는 내용을 미리 주기적으로 살펴보고 점검할 필요가 있다. 그렇다면 언제, 어떻게 자기의 행동 패턴을 점검할 것인가?

자기의 행동 패턴은 자기 현실에 적응하기 위하여 그동안 습득한 지식과 훈련으로 숙련시켜온 행동과 행동요령, 그리고 자기에게 안전하고 편리한, 성공적인 행동의 내용과 방식들로 구성된다.

그런데, 그러한 행동 패턴에 따라 일이나 자신의 행동을 전개할 때, "어? 왜 잘 안되지?"하는 생각이 들면, 일단 행동 패턴에 문제가 없는가를 생각하는 것이다.

자기 현실의 성공을 위하여 간략하게 핵심적으로 파악해야 할 점검 체크리스트는 다음과 같다.

행동 패턴의 자기점검 체크리스트
1. 현실에 대응하는 나의 행동에서 잘못된 것이 무엇일까?
2. 다른 지식이나 방법이 필요한 것은 아닌가?
3. 숙련된 수준의 훈련이 더 필요한 것인가?
4. 행동요령이 잘못된 것은 아닌가?
5. 행동 실천의 성공전략이 잘못된 것은 아닌가?

만약, 행동 패턴을 구성하고 있는 지식과 방법이 현실에서 부적합하다면 어떻게 해야 할까? 그렇다면 기존의 성공적 방법이나 성공전략이 무엇이 잘못되었는지를 알아내고, 수정하여 자기 현실에 적합한 지식과 방법을 찾아내서 동원하거나, 연구하여 적용하고 현실 성공에 적합한 새로운 행동 패턴을 만들어야 한다.

그러나 지식과 방법, 성공전략이 모두 타당하지만, 자신이 그 실천 행동의 요령을 잘 모르거나, 숙련된 수준이나 기량이 부족하다면, 신속히 자기 행동의 요령을 학습하고, 숙련수준을 높이며 기량을 강화하기 위한 정성과 노력들을 기울여야 한다.

이와 같은 점을 염두에 두고, 스스로 생각해보라. 어떠한 행동패턴이 자신이 취해야 할 성공적 행동 패턴인가?

자신의 고유한 성공 패턴을 창조하라

자신의 성공을 실천하기 위하여 자신의 행동 패턴을 보완하라. 자신의 현실에서 성공을 위한 특별한 행동 패턴을 다른 곳에서 찾으려고 하지 말라. 자기 현실에서 요구되는 최상의 자신의 행동 패턴을 스스로 창조하라. 당신도 할 수 있다.

그렇다면 이제 생각해보라. 부동산 신화가 최고조에 이를 때의 부동산 재벌, 예를 들면 트럼프Donald J. Trump의 성공철학은 언제 따라야 하고 어떤 것을 선별하여 채택해야 할 것인가?

자원의 가공과 조립을 중심으로 하는 제조업이 산업의 중심으로 활약하여 최고의 대우를 받을 때의 성공전략이나 성공철학이 크게 주목을 받아왔다. 그렇다면 미국 자동차의 대표주자였던 창업자 포드Henry Ford나 가전의 대명사인 제너럴 일렉트릭의 전문경영인 잭 웰치Jack Welch, 또는 철강왕 카네기Andrew Carnegie의 성공철학은 언제 따라야 하고 어떤 것을 선별하여 채택해야 할 것인가?

설득력 있는 논지로 저술된 일본 기업 경영의 성공경험을 중심으로 제시하고 있는 일본의 성공전략과 성공철학이 베스트셀러가 되어 그 성공전략을 배우기 위하여 여기저기에서 대단한 관심을 끌고 있다. 모방을 통한 성공학습은 중요하다. 그러나 모방전략에는 한계가 있다.

그러한 성공전략에 관심을 보이고 있는 사람들은 어떠한 자기 현실에 있으며 그러한 자기 현실에서 어떠한 성공전략을 적용하려고 하고 있는가? 왜 그러한 성공전략들에 주목하고 있는가? 그와 같은 성공전략에서 가르쳐주는 것은 무엇이며 가르쳐주지 않는 것은 또한 무엇인가?

그렇다면, 이제 우리가 당면하고 있는 정보화 시대, 컨버전스의 시대, 가치와 문화의 시대의 우리 현실에서는 어떠한 성공전략을 따라야 할 것인가?

깨달아라. 우선 그들의 성공전략은 당신을 위한 성공전략이 아니라는 사실을 깨달아라. 그들의 성공전략은 바로 그들의 자기 현실에서 그들이 성공하기 위한 지식과 방법, 그리고 행동의 숙련과 기량을 자기 나름대로 정리한 것에 지나지 않는다.

당신의 현실에서 당면하고 있는 문제나 당신의 소망을 해결하고 성공시키기 위하여 작성된 것이 결코 아니다. 당신의 자기 현실을 위한 성공전략은 당신이 만들어야 하는 것이다.

이럴 땐 어떻게 해야 할까?

문제현상

"반복적으로 습관적으로 행동되는 것들을 고치기가 힘들다."
"나의 행동 패턴을 나도 잘 모르는데 어떻게 고칠까?"

이런 것은 하지 말라

1. 한번 길들여진 것은 영원히 변하지 않는다는 생각을 버려라.
   누구나 나쁜 습관이나 잘못된 행동 패턴을 고칠 수 있다.

2. 습관이나 행동 패턴이 고질화되어 있을 경우,
   그것을 없애려고 고생하지 말라. 다른 것으로 대체하라.

3. 잘못된 습관이나 나쁜 행동 패턴을 유지하기 위해
   자기의 현실을 희생시키지 말라.

이렇게 대응하라

1. 행동 패턴이나 습관에서 핵심적인 행동의 내용을 찾아내고
   그러한 행동을 하게 되는 원인을 찾아내라.

2. 당면하고 있는 자기 현실에서 부적절한 행동 패턴을 구성하는
   행동들이나 습관에 변화를 가져오라.

3. 자기 현실에서 성공적 대응행동을 중심으로 행동패턴을 변화시켜라.

성공을 위해 이것을 실천하라

성공실천 행동 포커스 : 자기 현실에 합당한 성공적 행동 패턴을 구성하라

1. 자기의 행동이 자기 현실의 생활에 부적절하거나, 성과가 높지 않아서
   불만스럽거나, 주변 사람들과의 관계에서 오해를 받게 될 경우,
   자기 행동 패턴에서 무엇이 문제를 일으키고 있는가를 점검하라.

2. 난처한 상황을 일시적으로 모면하려고 하지 말라.
   자기 행동의 내용을 바꾸어 대응하라.

3. 현실 성공에 초점을 맞추어 성과가 없는 행동내용들은
   과감히 제거하고 더 이상 반복하지 말라.

4. 자기 현실에 적합한 행동내용을 중심으로
   그동안의 행동 패턴을 재구성하라.

5. 현실 성과를 중심으로 주기적으로 자기 행동 패턴을 점검하라.

성공원칙 요약

자신이 일을 추진하는 행동 패턴, 일상의 생활에서의
행동패턴을 분석하라. 행동 패턴은 반복적이고 일관적으로
수행되는 행동 주체의 행동 방식과 특성이다.
행동 패턴은 자기 현실에 적응하기 위하여 자기가 그동안 습득한 지식과
훈련으로 숙련시켜온 행동과 행동요령, 그리고 자기에게 안전하고 편리한,
성공적인 행동의 내용과 방식들로 구성된다.

자기의 행동패턴을 점검하라. 자기 현실에서 성과를 억제하는
행동패턴이나 성과가 오르지 않는 행동패턴의 요소들을 수정하고
변화시켜 자기가 추구하는 성공을 실현할 수 있는 행동패턴으로 신속히
수정하라. 자기 현실의 상황에 부적합한 행동 패턴은 신속히 수정하여
현실성과를 크게 높여라.

성공원칙 실천노트

1. 행동 패턴은 자기 현실에서 일관적이고 반복적으로 실천되므로
   성공적 행동 패턴을 구성하여 실천하면, 행동의 성과를 높일 수 있다.

2. 상황이나 현실의 변화에 적합하지 못한 행동 패턴을 고집할 경우,
   현실 성과가 떨어지고 실패를 촉진한다.

3. 현실과 상황이 변화하면, 그에 합당한 행동을 중심으로
   성공하기 위하여 필요한 행동 패턴을 구성하여 전개하라.

4. 다양한 현실을 살아가고 있다면, 각각의 현실에
   합당한 다양한 행동 패턴들을 성공적으로 전개할 수 있도록 하라.

5. 현실 성공에 초점을 맞추어 성과가 없는 행동내용들은
   과감히 제거하고 더 이상 반복하지 말라.

6. 현실 성과를 중심으로 자기 행동 패턴을 주기적으로 점검하라.

7. 다른 사람의 성공전략에 입각한 행동 패턴을 맹신하지 말라.
   다른 사람들의 행동패턴을 참조하여 자신의 고유한,
   독창적인 행동 패턴을 창조하고 실천하라.

중지하고 개선하라

지속적 성공을 창조하기 위하여 불필요한 것들을 중지시키고 제거하라.
새로운 것들을 담으려면, 필요 없는 것들은 제거해야 한다.

　지속적인 성공을 추진하고 자기 현실을 창조하기 위하여 불필요
한 것들을 중지하라.

　만약 자기, 또는 자기의 현실 요소들의 전개와 진행이 잘못 전개
되고 있기 때문에 현실성과에 중대한 영향을 미치고 있다면, 당장
중지하라. 중지할 수 없다면 제거하라.

　어제까지의 현실에는 타당하게 작용했던 정신, 마음, 생각, 행동,
관계들이 새로운 성공 현실에서는 타당하지 않을 수도 있다. 자기의
현실성공을 위하여 매진해왔던 일상에서 자기를 이끌었던 정신도
새로운 성공 현실에서는 제정신이 아닐 수 있다.

　그동안 자기의 성공현실만을 위하여 생각하고 판단하여 마음을

다스려 자기 행동과 관계를 이끌어왔던 정신을 새로이 바로잡지 못하면, 참으로 중요한 것들을 상실하게 될 수도 있다.

정신뿐만이 아니다. 생각이나 마음, 행동, 관계의 자기 현실을 구성하고 실천하는 것들을 세밀하게 반성하여 잘못된 것은 즉시 중지시키고 제거하라.

무엇 때문에 잘못된 것을 유지하고 있는가?

그 이유를 알 수 없다면, 신속하게 중지하고 제거하라.[23]

자기 현실에서 잘못된 것, 부적당한 것을 당장 중지하고 제거하라. 중지와 제거를 잘해야 현재의 성과를 개선할 수 있는 여력과 여지를 만들어 낼 수 있고, 새로운 현실을 슬기롭게 창조하고 유지할 수 있는 여유를 가질 수 있다.

●●●●●○○○

자신이 현실의
주인공이라는 사실을 알라

지금 무엇을 하고 있는 것인가? 당신이 자기 현실의 주인공(主人公)이다.

주인공이라면 자기의 현실에서 무엇을 해야 하는가?

2010년 3월 31일자 신문에는 OECD 국가중 우리나라의 자살률이 가장 높다는 보고가 발표되었다.[24]

도저히 어떻게도 할 수 없는 절망적 현실에 처하게 되면, 누구나 비관하거나 체념하고, 스스로 좌절하여 생을 포기하고 싶은 생각이 들 수 있다. 그러나 그러한 생각이 자신을 엄습해오면, 자신의 생각과 판단은 점점 더 혼란스럽게 되고 자신을 지배하려고 들게 된다.

일단 자살과 같은 대안을 선택을 하게 되면, 그 선택을 행동으로 옮기려는 충동이 강렬해지게 된다. 그와 같은 충동이 일어나게 되더라도, 자기가 스스로 그러한 충동을 억제하거나 충동이 행동을 이끌지 못하게 통제할 수도 있다. 그러나 자살하는 사람들은 이러한 자기 행동을 통제하려고 하는 마음이나 정신을 외면하고 자기 스스로 절망적 행동에 자신을 맡겨버리는 것이다.[25]

이와 같은 진행과정을 보면, 외견상 절망적 현실이 현실의 주체인 자신의 생명을 포기하게 만들고 있는 것처럼 보인다. 즉, 현실이라고 하는 것과 자기 자신과의 관계에서 현실을 극복할 수 없기 때문에 어쩔 수 없이 자기 자신을 포기하는 것처럼 자기 행동의 원인과 결과를 합리화하기도 한다.[26]

따라서 큰 실패를 하게 되면, 자신을 포기하려고 하는 생각을 당연한 것처럼 생각하게 되기도 한다. 그래서 실패를 자살과 자연스럽게 연결하여 생각하게 된다.

자살행동은 자신의 현실과 상황을 바꾸거나 해결하는 최후의 수단으로 생각되는 경향이 있다. 그러나 자살을 한다고 하여 현실이 바뀌거나 변하는 것은 하나도 없다.[27]

자살은 자기를 살해하는 것이다. 즉, 자살은 「자기 살해의 행위」를 줄인 말이다. 따라서 자살을 한다는 것은 자기살해범이 되는 것이다. 누군가를 살해하여 생명을 앗아가는 행위는 명백히 범죄행위이다. 어떠한 경우이건 자기 살해가 정당화되거나 미화될 수 없다. 현실에서 자기를 구성하고 있는 어떠한 것이 어떠한 이유로 존엄한 자기를 심판하고 살해하라고 명할 수 있는가? 과연 그것이 정당한 것인가?

자살은 자신의 존엄한 생명을 보전하지 못하는 명백한 자기 실패이다. 자신이 어떠한 삶을 살아가고 있거나, 또는 현실에서 어떠한 어려움에 당면하고 있건 간에, 언제나 그리고 가능하다면 천수天壽를 다할 때까지 반드시 생존하여야 한다.

"비굴하게 사느니 차라리 죽음을 택하겠다"는 표현에 절대로 감동하지 말라.
그보다는 "오늘 비록 비굴하게 살더라도, 내일은 비굴한 현실을 떨쳐버리고 참다운 용기와 기백을 발휘하는 인생을 살아서 반드시 자신이 추구하는 삶을 회복하겠다"는 의식을 강화하라.

우선 살아야 한다.

'살아남아야' 자신의 귀중하고 존엄한 생명을 위하여 그리고 자신이 소중하게 여기는 사람들을 위하여 무엇이건 할 것이 아닌가? 살아남아야 자신에게 생명을 전해주신 부모님께도 그동안 제대로 하지 못한 보은과 보답도 할 수 있지 않겠는가?

성공을 추구하려면, 우선 살아남아야 한다. 어떠한 현실에 처하건 자신에 대한 존엄하고 귀중한 생존의식을 오염시키거나 타락시키지 말라. 생존전략을 강화하고 자신의 귀중한 생명과 존엄한 존재의식, 사고, 행동을 주관하는 정신을 강하게 하라.

어떤 스님이 주장자를 땅에 치고 다니면서 불법을 배우는 학승들에게 "주인공아, 주인공아"를 외치고 다니셨다고 한다. 그것이 무슨 의미일까?

주인공이라는 말은 당신이 바로 자기 자신의 삶과 우주 속에 엄연히 존재하는 자기 존재의 주인이라는 점을 존중하여 공이라는 호칭을 붙여, 자기 자신의 주인공主人公이라고 하였다고 한다.

당신이 바로 자신의 인생과 존재의 주인공이며, 당신 자신의 자기 현실의 주인공이다.

당신이 자신의 과거, 현재, 미래의 모든 현실의 주인공이다.

자신의 삶과 현실의 '주인공'이 자기 현실을 엉뚱하게 구성하고 그 것도 모자라서 그러한 자기 현실에 지배당해서야 되겠는가?

자신의 존재와 자기 현실을 지배하라. 그것이 바로 주인공이 당연히 해야 할 일이다.

이럴 땐 어떻게 해야 할까?

문제현상

"난, 내 현실이 맘에 들지 않는다." "내 현실에 지배당하고 있는 내 자신이 한심하게 보인다. 그러나 이 현실을 떠날 수는 없다."

이런 것은 하지 말라

1. 자신의 현실 때문에 자신을 미워하거나 책망하지 말라.

2. 현실과 타협하지 말라. 현실에서 무엇을 원하고 무엇을 해야 하는지를 알고 대응하라.

3. 현실에서 자포자기하지 말라. 어떠한 현실에도 양지와 음지가 있다.

4. 현실이 자신보다 더 위대하고 절대적이라고 믿지 말라. 현실에 압도되지 말라. 현실도 변화한다.

이렇게 대응하라

1. 자신의 현실은 언제부터 그리고 왜, 현재와 같이 되었는가를 성찰하라.

2. 자신의 현실을 구속하고 있는 것들이 무엇인가를 파악하라.

3. 현실에서 성공을 위하여 해야 할 일들이 무엇인가를 파악하라.

4. 자신이 무엇을 추구하고 무엇을 달성하고 있는지를 확실히 알라.

성공을 위해 이것을 실천하라

> **성공실천 행동 포커스 : "나는 주인공이다"를 크게 외쳐라**

1. 크게 보이는 현실에 속지 말라. 크건 작건 어차피 현실은 당신의 무대에 지나지 않는다.

2. 생존전략을 강화하여 생존하고 승리하라. 지금 한 번에 이길 수 없다면, 매일 조금씩 이겨나가라. 지속이 힘이다. 지속하면 태산도 옮길 수 있다.

3. 자신이 주인공이라는 사실을 확신하라.

4. 주인은 책임을 지는 사람이다. 책임은 맡아서 실천하면 된다.

자기 현실을 도맡아 자기 책임을 실천하라.

5. 성공전략을 만들어내고, 실천하라. 언젠가는 현재의 현실을
   크게 변화시켜 성공하는 현실을 만들어낼 것이다.

성공원칙 요약

자신이 자신의 삶과 현실의 '주인공'이다. 반드시 생존하라.
세상이 비극적으로 보인다고, 당신의 현실까지 비극으로 만들 필요는 없다.
자기 현실을 제대로 구성하고 선택하라. 엉뚱하게 구성된 자기 현실에
지배당해서야 되겠는가?

당신이 자신의 존재와 자기 현실을 지배하라.

성공원칙 실천노트

1. 어떠한 현실에 처해 있건 당신은 자기 현실의 주인공이다.
   인생의 무대에서 당신의 배역이 어떠하건, 당신이 주인공이다.

2. 성공과 실패는 자기가 이끄는 현실에 의하여 결정된다.
   성공의 무대를 만들어 성공을 연출하면, 성공이 실현된다.

3. 성공과 실패를 자기 자신과 연동시키지 말라. 자신이 성공했다고, 또는
   실패했다고 자기를 성공 또는 실패와 동일시하지 말라. 성공과 실패는
   무대의 현실과 결과일 뿐, 생명의 주인공인 자기 자신이 아니다.

4. 절망하지 말라. 절망은 자신의 정신과 마음, 생각을 지배하려는
   경향이 있다. 자신의 절망에 지배당하지 말라. 자신의 절망에 지배당하는
   것보다는 적에게 지배당하는 편이 낫다.

5. 자기를 존중하라. 자신의 생명과 삶을 창조하는 자기를 존중하라.
   그러나 자기를 혼란스럽게 하고, 좌절하게 하며, 절망적으로 이끄는
   자기를 존중하지는 말라.

6. 자신의 과거현실에 지배당하지 말라. 현재와 미래 현실의 주인공으로서
   자기 현실을 주도하고 창조하라.

7. 생존전략을 강화하여 어떠한 경우이건, 반드시 생존하라.
   생존해야 승리와 성공의 역사를 완성한다.

자신이 원하는 현실을 알라

자신이 바라고 추구하는 현실을 알라.

그 현실이 자기로부터 얼마나 떨어져 있는가를 이해하라.

누구나 자신이 바라고 추구하는 현실이 있다. 그것이 이상적인 것이건, 아니면 전혀 불가능한 것이건 자신이 추구하고 있는 현실이 어떠한 것인지를 명확히 이해하라.

인생을 살다보면, 현재의 삶과 자신의 인생이 자신이 바라던 것과는 전혀 다른 현실이지만 그 현실을 달게 받아들이고 살아가야 하는 상황에 처하게 될 때도 많다.

쓰레기 통에서도 장미는 핀다

가장 대표적인 것이 일본의 침략과 강제 합병시대, 1945년의 해방, 그리고 1950년의 파괴적 남침전쟁, 1960년대의 근대화와 산업발전과 같은 격동의 세월을 몸소 겪어온 우리의 조부모와 부모세대라고 할 수 있다.

일제시대를 생각해보라. 자기가 자신의 마음대로 선택하고 만든 자기 현실이 아니라, 더럽고 치사하고, 억울함에 분통이 터지고, 몸과 정신, 마음을 유린당해가며 살아야 했다. 참으로 기가 막힌 일본의 식민통치의 시대 현실에서 우리나라 말도 제대로 못쓰고 자기의 생각대로 행동하지도 못하면서 생존한다는 것이 마음과 정신, 생각과 행동의 각 측면에서 얼마나 힘들었겠는가?

격동의 세월 속에서 많은 사람들이 자신이 원하지 않는 결혼을 하게 되었다. 그렇지만 그와 같은 현실에서도 자신이 낳은 자녀는 자신의 혈육의 생명이기 때문에, 소중하게 여기고 가족을 위하여 인생을 살아왔다. 그렇게 살아온 우리 조부모, 부모대의 인생의 현실은 엄밀하게 본다면, 명백히 자신이 원하고 선택하고 만들어온 자기 현실이 아닌 강요된 선택에 의한 상황에 따른 현실이었다.

물론 자신의 새로운 현실을 찾아 자녀를 버리고 떠난 사람들도 있었지만, 대다수의 많은 사람들은 자신의 마음에 들지 않는 현실에서도 자녀들을 양육하며, 지금까지 살아왔다. 그렇게 키워진 자녀들이 오늘의 세계 속의 자랑스러운 한국인들이다.

그렇다면, 우리의 조부모님과 부모님들을 모두 성공하셨다고 볼 수도 있다. 특히, 더 존중해야 할 점은 그 모든 현실이 스스로 선택한 자기 현실이 아니었음에도, 마음과 정신, 생각과 행동, 그리고 관계들을 유린당한 절망적인 현실에서 최선을 다하여 성공을 이루어 내셨다는 점이다.

그와 같은 현실에서의 성공은 올림픽 금메달보다 훨씬 더 값지고 존귀한 성공이다. 선수촌에서 보살핌을 받으며 자신이 선택한 생활 속에서 고되고 엄격한 훈련과 단련을 통하여 올림픽에서 메달을 딴 것 보다 훨씬 더 고귀하고 존엄한 것이다.

이와 같이 자신이 선택하지 않았지만 현재의 자기 현실을 바꿀 수 없는 상황에 처해있는 사람들이라면, 우리의 조부모님과 부모님과 같이 자기 현실을 긍정하며, 현재의 자기 현실을 좀더 좋게 하기 위하여 성공을 추구하기 위한 노력을 기울여야 한다.

왜 그렇게 해야 하는 걸까? 현실도 맘에 들지 않는데 성공이라도 보란 듯이 해야 할 것이 아닌가?

이와 같이 고되고 절망스러운 세월을 겪은 부모들은 한결같은 공통점이 있다. 모두 자녀들에게는 자신과 비슷한 처지를 절대로 물려주지 않겠다는 간절한 소망이다. 그래서 부모는 자식들에게 부모처럼 자신이 선택하지 못한 삶을 살아가지 않기를 바라며, 자녀들에게 자신이 살아갈 인생과 현실을 자신이 원하는 대로 스스로 선택하여 살아가기를 바란다. 부모세대가 살아오지 못한 자기가 선택하고 살아가는 현실, 자기 창조의 현실을 살아갈 수 있기를 바라기 때문이다.

이 얼마나 행복한 인생인가? 자신의 인생을 자기 스스로 선택하고 결정할 수 있다는 것이 말이다. 그래서 요즘 젊은이들은 자기가 선택한 자기 현실을 스스로 창조하고 조성해간다.

자기 현실을 구성하는 요소들

자신이 바라고 추구하는 현실이 '현재의 자기 현실에서 실현가능한 것'이라면 자기 현실에서 부단히 노력하여 실현하면 된다. 그것이 성공의 첩경이다. 즉, 자기 현실을 구성하는 5가지 요소들을 더욱 확실히 갖추고 그 노력과 실천을 강화하여, 성공을 실현하는 것이 전략이다.

현실의 구성요소	실천의 강화	목표
정신	맑고 강한 정신으로 해야 할 일들을 중심으로 집중력을 강화한다.	현재의 자기 현실에서 최상의 성과를 달성하여 자신이 추구하는 현실을 실현한다.
마음	잡념을 없애고, 성공을 위한 열정의 마음을 강화한다.	
생각	성공전략을 강화하고 효과적인 방법을 찾아내서 당면하고 있는 문제를 해결하고 실천에 적용한다.	
행동	중요한 목표와 실천행동을 중심으로 행동성과를 강화한다.	
관계	성공에 도움이 되는 관계를 유지하고 강화한다.	

표2 | 현실구성요소와 실천행동

이와 같은 경우, 현재의 자기 현실에서 노력을 기울여 최대한의 성과를 낼 수 있는 방법과 지혜들을 중심으로 성공전략이 추진된다. 추구해야 할 목표도 현재의 자기 현실 내에서 설정할 수 있으며, 성공을 위하여 필요한 시간과 노력, 자원의 낭비를 줄이고 성과를 높이는 방법들이 자기 현실의 중요한 성공요령으로 작용한다.

자기 현실을 유지할 것인가? 새로운 현실을 추구할 것인가?

그러나 사람들 중에는 현재까지의 자기 현실을 통째로 버리고 새로운 현실을 추구하고자 하거나 또는 그렇게 하지 않으면 안 될 경우도 있다. 즉, 사정이야 어떻게 되었건 간에, 완전히 새로운 자기 현실을 만들어 성공을 추구하려고 할 때이다.

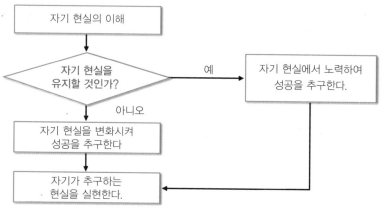

도표 7 | 자기 현실에서의 성공추구 경로

자신이 바라고 추구하는 현실이 현재의 자기 현실과 다른 것, 아주 동떨어진 것이라면 어떻게 해야 하는가?

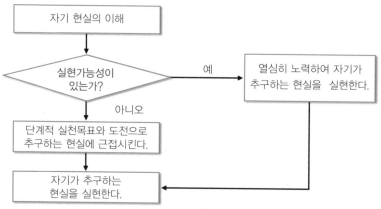

도표 8 | 실현가능성에 따른 성공현실추구의 경로

그렇다면, 당연히 자신의 현실을 변화시켜 새로운 자기 현실을 구성하여야 한다. 이와 같은 경우, 새로운 현실을 잘 구성하여 실현하는 것이 바로 본인이 추구하는 성공이다. 그렇다면 새로운 자기 현실을 잘 구성하고 새로운 현실을 잘 창조하는 방법과 전략을 만들어 실천해야 한다.

만약, 자신이 추구하고자 하는 현실이 현재의 자기 현실과 아주 다른 종류의 것이며, 그 실행이 도저히 불가능하다고 생각된다면, 어떻게 해야 할 것인가?

여기에는 두 가지의 방법이 있다.

첫 번째의 방법은 자신이 추구해야 하는 현실의 수준을 한 단계 낮추어 자신이 실현가능한 수준의 목표현실로 만드는 방법이다.

두 번째의 방법은 자신의 능력을 강화하고 부단히 노력하여 불가능한 현실을 가능한 현실로 만드는 것이다.

어떠한 방법을 택할 것인가?

어떠한 방법을 택하건 모두 성공할 수 있다. 다만 차이가 있다면, 얼마나 어떻게 노력하여 언제 달성할 것인가의 차이뿐이다.

자신이 추구하고자 하는 현실이 현재의 자기 현실에서 실현가능한 것이 아니라면, 어떻게 해야 하는가?

당연히 자기가 추구하고자 하는 현실을 만들어가기 위한 노력을 기울여야 할 것이다. 즉, 자기가 추구하는 현실과 현재의 자기 현실과의 격차가 어느 정도인가를 파악하여 그 차이를 줄여가는 방법을 찾아내고 노력을 기울어 차이를 해소시켜간다.

현실구성 요소	현재의 자기현실	목표현실	격차의 해소방법
정신	집중되지 못하고 혼미한 정신상태	맑고 강하고 원칙이 확고한 정신	매일 정신력을 강화하기 위한 자기훈련을 한다.
마음	우유부단, 쉽게 유혹에 넘어가고, 쉽게 타협하고, 좌절하는 마음, 불안한 감정상태	강인하고 신뢰할 수 있는 마음	마음을 다스리고 성공하기 위하여 필요한 안정적 마음을 유지한다. 자기와의 약속을 지키고, 약한 마음에 대한 자기통제를 강화한다.
생각	되는 대로 생각하고 논리, 지식, 방법연구는 하지 않는다.	필요한 지식, 논리와 방법의 연구	전략발상과 대안전개, 추구하는 현실의 실현에 적합한 계획 수립. 추구하는 현실에서 필요한 지식과 방법을 학습한다.
행동	행동과 실천이 관리되지 않는다.	규칙적이고 효과적인 행동과 실천	불필요한 행동을 통제한다. 효과적 행동요령과 방법을 학습하고 반복훈련으로 행동성과를 높인다. 계획에 따라 행동을 실천하고 잘못된 점들을 고친다.
관계	어수선한 주변의 관계로 시간과 노력이 낭비된다.	목표를 중심으로 서로 도움이 되는 좋은 관계를 유지	시간과 노력을 낭비하게 되는 관계를 정리하고 성공에 도움이 되는 관계를 유지하고 강화한다.

표 3 | 현실목표의 격차해소

그렇다면, 자신이 원하는 현실을 명확히 알라. 자기가 추구하는 삶, 자기가 원하는 현실을 알면, 이제부터 목표와 방법을 강화하여 자기 현실의 성공을 추구하라. 성공을 향하여 움직여라.

이럴 땐 어떻게 해야 할까?

문제현상

"현재 자기 자신의 현실을 그대로 따라야 할지, 새로운 현실을 찾아가야 할지 모르겠어요. 지금 이대로 살자니 문제가 많고, 새로운 현실은 두렵고…"

이런 것은 하지 말라

1. 현실이 복잡하다고 하여 스스로 혼란에 빠지지 말라.

2. 자신의 현실을 혼란스럽게 하는 것들을 피하고 잡념에 흔들리지 말라.

3. 자신이 처한 현재의 현실을 비관하지 말라.

4. 권태감이나 변덕스러운 마음에 흔들리지 말라.

5. 자기 자신이 추구하는 꿈과 현실을 상실하지 말라.

이렇게 대응하라

1. 자신이 진정으로 추구하는 꿈과 현실이 무엇인지를 알라.

2. 주변의 현실에서 다른 사람들이 어떻게 극복해나가고 있는지를 살펴보라.

3. 자신이 추구하는 것과 자신이 할 수 있는 것, 할 수 없는 것을 구분하라.

4. 자신이 노력하여 자기 현실을 변화시킬 수 있는 것들을 찾아내라.

성공을 위해 이것을 실천하라

성공실천 행동 포커스 : 나의 현실을 재창조하라

1. 자신이 추구하는 꿈과 현실이 어떠한 것인지를 명확하게 이해하라.

2. 주저하지 말라. 자신이 원하는 현실을 만들기 위하여 움직여라.

3. 현재의 나의 현실에서 무엇을 바꿔야 할 것인지를 이해하라.

4. 현재의 나의 현실에서 새롭게 변화시켜야 할 것들에 대하여 구체적인 실천계획을 세워 착수하라.

5. 새로운 현실을 창조하고자 한다면, 새로운 현실창조를 위한 성공전략을 계획하고 실천하라.

성공원칙 요약

암울하게 절망하지 말라. 자신이 바라고 추구하는 현실을 확인하라.
자신이 원하지 않는 삶이라면, 자신이 원하는 삶을 만들기 위하여
자신이 진정으로 무엇을 하고 있는지 살펴보라.
자신이 새로운 현실을 만들고 싶다면, 그러한 현실을 만들기 위하여
필요한 성공전략을 전개하라. 자신이 추구하는 새로운 현실을
만들어낼 수 없다면, 현재의 자기 현실을 자기 자신에게
가장 바람직스러운 상태로 변화시켜라.

성공원칙 실천노트

1. 어떠한 현실에 처해 있건 현실에는 장점과 단점, 좋은 점, 나쁜 점이
   있기 마련이다. 자기 현실의 나쁜 점만 보고 비관하지 말라.
   어떠한 현실에서나 장점과 성공창조의 기회가 있다.

2. 자기 현실을 행복하게 만들기 위하여 스스로 설계하고 노력하라.
   현재의 자기 현실이건 새로운 자기 현실을 만들건,
   행복은 그냥 주어지는 것이 아니다.

3. 자기 현실에서 못마땅한 점들이 있다면, 못마땅하다고
   불평과 불만을 거론할 것이 아니라, 자기 현실의 주인공으로서
   그것을 개선하기 위하여 지혜와 실천의 노력을 기울여라.

4. 현재의 현실에 머무를 것인가? 아니면, 새로운 현실을
   만들 것인가에 대하여 결단을 내려라.

5. 새로운 현실을 만들고 싶다면, 자기의 새로운 현실을
   창조하기 위하여 새로운 현실창조에 필요한 것들과 새로운 현실창조의
   성공전략을 준비하라. 단기간에 준비하고 실천할 수 없다면,
   매일 조금씩 준비하고 노력하여 새로운 현실을 만들어 내라.

6. 자신의 현실을 수정하거나 새로운 현실을 창조하는 일에 주저하거나
   머뭇거리지 말라. 자신의 현실은 자기 자신에 의하여 소망되고
   실천되는 것이다.

자기의 유형을 교정하라

자신의 유형을 점검하여 자기 현실에서 교정해야 할 것을 찾아내라.

자기 유형에서 단점을 보완할 수 있는 방법을 찾아내서 자기 유형의 현실성과를
억제하는 단점, 한계점을 보완하라.

사람들의 현실대응은 유형별로 그 대응의 방법이나 성과가 다르
며, 제각기 현실에서 자기 유형을 반복적으로 적용해오면서 단점과
한계점을 보인다. 자기의 현실대응의 특성에서 발견되는 단점과 한
계점을 극복하라.

종종 자기의 현실과 인생에서 성공하기 위해 자신의 현실대응의 유
형을 어떻게 고쳐야 할 것인가에 대하여 고민하게 된다. 여기에서 생
각해봐야 할 것이 두 가지가 있다. 자기의 유형에 대하여 '어떠한 점
을 고쳐야 할 것인가?'와 '고치려고 하면, 고쳐질까?'에 관한 점이다.

무엇을 고쳐야 할 것인가?

첫 번째의 의문은 자기의 현실대응의 유형에 대하여 고쳐야 할 이유와 필요성에 관한 문제이다.

제3부에서 살펴보는 바와 같이, 각 유형별로 당면하고 있는 문제점과 유의사항, 전략의 방향을 간략하게 요약해보면 다음 〈표 4〉와 같다.

유형구분	유형별 문제점	주의사항	전략의 방향
O형	●현상유지에 치중 ●현실 지배력에 의존 ●근시안 ●계획성 결여	●자기의 　현실유지에 초점 ●현실안주 ●새로운 변화수용의 　어려움	●근시안과 현실에 　안주하려는 현상을 극복 ●새로운 현실 변화를 　수용할 수 있도록 함 ●무모한 도전을 줄임 ●계획성을 높임
A형	●대응범위, 　통제범위의 축소 ●소극성 ●자기 과신	●높은 스트레스와 　현실안주 ●새로운 방법 연구, 　도입적용의 자기억제 ●새로운 시도의 제한	●통제범위의 축소와 　소극성에 대응 ●높은 스트레스와 　현실안주의 경향을 보완 ●새로운 방법연구나 　도입 적용 시도
B형	●계획성의 부족 ●무모한 도전과 시도 ●복잡한 상황변화에 　대한 정확한 　인식 곤란	●분석능력의 결여 ●성공과 실패의 　관리가 되지 못함 ●현실적 문제에 　관심이 결여됨	●무모한 도전을 억제하고 　관리함 ●도전의 성과 관리 ●현실적으로 안정된 　기반을 확보
AB형	●A형과 B형의 　문제점을 결합적으로 　내포하고 있음.	●A형과 B형의 　단점을 　최소화시키고 ●장점만 살려 　대응할 수 있도록 　관리하는 것이 필요	●A형과 B형의 장점을 유지 ●A형과 B형의 단점이 　작용하지 못하도록 함

표 4 ┃ 현실대응의 유형별 문제점

표에서 보는 바와 같이, O형은 자신의 성공을 위하여 좀더 치밀한 전략과 계획을 정비해야 하며, 새롭게 등장하고 있는 환경의 변화를 수용하여 자신의 현실성공을 높이도록 하여야 한다.

A형은 자기 현실대응의 지구력을 높이고 전략적으로 중요한 것들을 중심으로 전략적 중점관리를 실천할 필요가 있다. 또한 새로운 방법연구나 도입을 시도하고, 새로운 도전을 강화할 수 있도록 스스로 변화를 수용하고 주도하는 것에 대비하여야 한다. 또한 조직적으로 전개할 경우 조직적 현실대응 시스템을 강화함으로써 현실대응의 유형별 장단점을 교정하도록 한다.

B형은 그동안의 무모한 도전을 억제하고 복잡한 과제나 상황에 대한 현실인식의 방법을 개선하여야 한다. 또한 자기 도전과 시도의 성공과 실패를 관리할 수 있도록 자기 변혁을 추구할 필요가 있다.

AB형은 가장 스트레스가 높은 유형이므로 자기의 정신과 마음을 통제하고 현실의 성과를 균형적으로 유지할 수 있도록 현실에 충실하면서 변화를 성공적으로 수용하고 창조할 수 있도록 자기관리를 강화해야 한다.

이와 같이 자기 유형의 한계점을 극복하기 위하여 스스로 분발하지 않으면, 현실에서 자기의 좋은 장점을 살릴 수 있으면서도 결과적으로는 실패를 반복적으로 경험할 수도 있다.

고치려고 하면 고쳐질까?

이와 같은 단점, 한계점의 극복과 자기 유형의 보완과 관련하여 현실적으로 생각해둬야 할 것이 있다.

그것은 앞에서 제기한 두 번째의 질문으로 자기의 유형을 고치려고 하면, 고쳐질 것인가에 관한 것이다.

이에 대하여는 세 가지의 관점에서 살펴볼 필요가 있다. 즉, 자기의 현실 대응의 유형의 수정이나 교정의 가능성, 교정에 드는 노력, 그리고 고칠 수 없다면 어떻게 해야 할 것인가에 관한 점이다.

아쉽게도 현실 대응의 유형은 쉽게 고쳐지지 않는다.

고치려고 마음먹고 본격적으로 달려든다면, 유형의 변경이나 수정이 가능하다. 생존의 위협상황이나 혼신의 노력을 다하여 무엇인가를 쟁취하려고 할 경우, 현실 대응의 자기 유형을 변화시킬 수 있다. 그러나 평범한 일상생활에서 안이한 태도로 자기의 유형을 변화시키는 일은 결코 쉽지 않다.

고칠 수 없다면 어떻게 해야 하는가?

따라서 집요한 노력과 반복적인 훈련으로 체득하지 않을 경우, '머릿속의 이해'만으로는 쉽게 고쳐지지 않는다는 점에 유의할 필요가 있다. 스스로 아주 혹독한 훈련을 거치거나, 또는 상당한 노력을 투입하고 집중하여 변화시켜야 한다.

그렇다면, 어떻게 해야 할 것인가? 그것은 자신을 바꾸려고 하기보다는 특정한 상황이나 조건에서는 보완적 방법을 적용할 수 있도록 하는 것이다. 그것이 유형의 단점을 보완하는 성공요령이다.

예를 들어 A의 치밀한 계획성을 지속적인 일상적 행동으로는 따라갈 수 없는 B형이지만, 복잡한 상황이나 과제에 대응하는 일에 대하여는 한시적으로나마 계획적으로 대응할 수 있도록 하는 것이다.

이와 마찬가지로, B의 모험적 도전을 일상적으로 실천할 수는 없는 A형이지만, 특별한 상황의 전개에 대하여, 한시적으로 리스크를 감수하고 실험적 시도를 해보도록 하는 방법을 적용하는 것이다.

이와 같이 한시적으로, 또는 임시적으로나마 적용해보면서 현실 성과를 개선해나감으로써 자신의 유형적 한계를 극복해나갈 수 있는 자신감이 높아지고, 그 실천 요령이 강화된다. 이와 같은 경험이 축적되면서 자신의 성공지능이 지속적으로 향상되어 간다.

●●●●●●●●● ✔

책임을 완수하라

자기 현실에서 자기가 해야 할 일들을 수행하라. 그것이 자기 책임을 완수하는 일이다.

책임의 상황과 대상, 범위와 내용, 시제를 점검하라. 책임의 개념을 확실히 인식하라.
책임은 자기 실존의 근거를 규정한다. 자기책임을 확대하여 현실성공을 확대하라.

축구 대표팀의 게임을 보라. 공격수가 공격해야 할 때, 제대로 공격을 안 하면 어떻게 되는가? 수비수가 상대방의 공격을 제대로 저지하지 않는다면 어떻게 되는가?

이와는 반대로 우리의 수비수가 상대편 공격수를 제대로 저지하고 우리의 공격수가 상대편 수비수의 허점을 공략하여 멋진 골을 넣는 게임을 보라.

축구게임 뿐만 아니라, 자신과 조직의 경우도 마찬가지이다. 개인이건 조직이건, 마땅히 자기가 해야 할 일을 제대로 수행하면, 현재 당면하고 있는 대부분의 실패의 문제들이 스스로 해결된다.

책임은 '자기가 맡아서 해야 할 일을 제대로 수행하는 것'을 말한다. 그런데 많은 사람들이 책임責任이라고 하는 말을 주로 '잘못된 것에 대한 결과책임'의 관점에서 이해하고 사용하고 있다.

책責의 자전적 의미를 보면 ①「꾸짖다, 따져 밝히다, 규명하다」②「바라다, 권장하다, 해야 할 임무」로 풀이된다. 즉 ①과 같이 소극적, 사후적 의미와 ②와 같이 적극적, 전향적 의미가 활용된다.

현실적으로 책임에 대한 의미는 ②의 의미보다는 ①의 의미인 소극적, 사후적 대응의 의미로 책임의 개념이 폭넓게 사용되고 있다.

"일을 이렇게 만들어 놓다니, 이것은 누구책임?"과 같은 상황이 대표적인 장면이라고 할 수 있다. 그러나 현실에서 "일을 이렇게나 잘 해 놓다니, 이것은 누가?"와 같이 좋은 평가는 책임의 관점에서 보려고 하지 않는다.

따라서 책임은 스스로 도맡아 현실에 대응하는 관점보다는 결과를 추궁하고 진행상황과 결과에 대한 뒷수습을 요구하는 관점에서 활용된다. 그래서 책임이라는 말만 나오면, 마치 자기의 잘못을 추궁하는 것처럼 받아들이고 심리적으로 부담을 느끼기 시작하여 뒤로 빠지고 싶은 마음이 일게 된다.

자기 현실에서 책임소재 파악과 추궁의 상황에서 뒤로 물러나지 말라. 현실에서 자기 책임이라면 스스로 도맡아서 처리하라. 자기 책임을 상황에서 뒤로 물러난다고 책임이 줄어들게 되거나 면하게 되지 않기 때문이다. 책임의 개념을 ①의 관점에서 이해하기 시작하면 현실에 대한 자기 책임의 관점도 허술해지고, 소극적으로 대응하는 한편, 사후적으로 문제가 되지 않는 수준에서 대응함으로써 자발적인 자기 책임의 이행이 낮게 된다.

책임의 개념을 ②의 「바라다, 권장하다, 해야 할 임무」로 적극적, 전향적, 선행적 의미로 활용하라.

책임의 개념을 이해하기 위하여 다음과 같은 점들을 살펴볼 필요가 있다. 책임은 영어로 Responsibility라고 한다. 이 말은 Responsible 하는 것을 의미하며, Respond의 대응한다는 의미에서 출발하여 대응성對應性을 의미하는 개념이다.

현실대응의 원칙

대응성은 자신이 구체적으로 당면하고 있는 환경과 상황, 자기의 현실에 대하여 그 대응의 대상과 범위, 내용과 방식을 의미한다. 이러한 대응성이 현실에 대한 자기의 실존과 세계를 규정하게 된다.

대응성은 다음과 같이 세 가지의 관점에서 점검하고 검토된다.

우선, 현실 대응의 성과의 관점에서 점검하는 것이다. 앞에서도 언급되었지만, **현실대응의 제1원칙**은 '대응해야 하는 것'에 대응하는 것이다. 대응할 필요가 없는 일에 대응하는 것은 현실대응의 성공원칙에 위배된다. 따라서 대응성은 성공을 추구하기 위하여 의도적으로 방향과 범위, 내용, 방법, 당위성을 선택하고 결정한다.

두 번째의 관점은 현실대응의 가능성의 관점에서 점검하는 것이다. 현실적으로 대응할 수 없는 것에 대응하는 일은 노력과 시간, 자원을 낭비하게 될 뿐만 아니라, 현실 성공의 가능성도 낮추게 된다. 따라서 대응할 수 있는 것에 초점을 맞추어 대응하도록 함으로써 자기 현실의 성과를 높이게 된다.

따라서 자기의 현실에서 '대응할 수 있는 것에 대응하라'의 현실대응의 제2원칙이 도출된다. 현실대응의 제2원칙은 실천의 가능성을 중심으로 대응함으로써 자기 현실의 성과와 성공을 높이는 원칙이다. 이 두 가지의 원칙을 결합하면, 다음과 같은 〈표 5〉를 구성할 수 있게 된다.

현실 대응성과 현실대응원칙		대응해야 하는 것 (제1원칙)	
		X	O
대응할 수 있는 것 (제2원칙)	X	(4) 대응할 수도 없고, 대응해서는 안 되는 것	(2) 대응해야 하지만 대응할 수 없는 것
	O	(3) 대응해서는 안 되지만 대응할 수 있는 것	(1) 대응할 수 있고 대응해야 하는 것

표 5 | 현실대응원칙

현실대응의 실천원칙

이와 같은 〈표 5〉를 중심으로 구분을 해보면, 오른쪽 아래의 (1)에 해당하는 영역의 일들은 자기 현실에서 대응해야 하는 일들과 자신이 대응실행을 할 수 있는 일들이므로 신속하게 실천해야 한다.

따라서 '해야 하는 일과 할 수 있는 일에 집중하여 높은 성과를 실현한다'는 현실대응실천의 제1원칙이 도출된다.

그러나 (2)의 영역과 같이 대응해야 하는 일들이지만, 대응할 수 있는 기회나 능력, 또는 다른 조건이 충족되지 못하여 대응할 수 없는 일이라면, 대응할 수 있도록 만들어 대응해야 한다.

지금 대응할 수 없다고 하여 대응해야 할 일을 미룰 수는 없기 때문이다. 대응할 수 없다면, 대응할 수 있는 조건이나 기회를 만들어내고 필요한 능력과 자원을 확보하여 대응할 수 있는 상태로 만들어야 한다. 따라서 '해야 하는 일을 수행하기 위하여 필요한 요건을 충족하고 대응가능성을 확대시켜 높은 성과를 실현한다'는 현실대응실천의 제2원칙이 도출된다.

(3)의 영역에서는 자기가 대응할 수는 있지만, 자기가 대응해서는 안 되는 일이라면, 자신을 억제하고 대응하지 않도록 해야 한다. 대응할 수 있다고, 아무 것이나 해볼 일이 아니다. 대응할 수 있는 여력들을 대응해야 하는 일에 투입하여 자기 현실의 대응성과를 높여야 한다.

따라서 자신의 '대응 가능성을 통제하여 잘못된 일을 수행하지 않는다'는 현실대응실천의 제3원칙(1)과 '자신의 대응가능성을 해야 할 일에 집중한다'는 현실대응실천의 제3원칙(2)가 도출된다.

(4)의 영역에서는 대응해서도 안 되는 일이며, 또한 자기 현실에서 대응할 수도 없는 영역이므로 크게 신경을 쓰지 않아도 된다. 그

러나 현실의 전개에서 자기도 모르게 대응할 수 있는 상태로 변화하게 될 수도 있기 때문에, 자기 현실의 감시를 계속해나갈 필요가 있다. 따라서 자신의 '대응가능성과 해야 할 일들을 점검하여 현실을 잘못 이끌지 않는다'는 현실대응실천의 제4원칙이 도출된다.

이와 같은 현실대응의 원칙과 현실대응실천의 원칙을 중심으로 현실의 성과실천의 차원에서 어떠한 원칙이 준수되고 있으며, 어떠한 원칙이 준수되지 않고 있는지를 점검하라. 즉, 자기 현실에서 잘못되고 있는 현상들을 점검하여 현실대응의 원칙과 실천원칙을 강화하고 자기의 현실성과를 높여서 성공을 강화하라.

현실대응성(responsibility)과 현실대응 실천원칙		대응해야 하는 것에 대응하라 (현실대응의 제1원칙)	
		X	O
대응할 수 있는 것에 대응하라. (현실대응의 제2원칙)	X	(4) 현실대응실천의 제4원칙 대응가능성과 해야 할 일들을 점검하여 현실을 잘못 이끌지 않는다.	(2) 현실대응실천의 제2원칙 해야 하는 일을 수행하기 위하여 필요한 요건을 충족하고 대응가능성을 확대시켜 높은 성과를 실현한다
	O	(3) 현실대응실천의 제3원칙 (1) 대응가능성을 조절하여 잘못된 일을 수행하지 않는다 (2) 자신의 대응능력을 해야 할일에 집중한다	(1) 현실대응실천의 제1원칙 해야 하는 일과 할 수 있는 일에 집중하여높은 성과를 실현한다

표 6 | 현실대응 실천원칙

현실대응의 원칙과 실천원칙을 중심으로 대응성, 즉 「Responsibility」의 관점과 개념을 새로이 확립하라.

자기 현실에서 해야 할 일과 할 수 있는 일을 수행해야 하는 것은 당연한 일이다. 그것이 현실에서 제대로 되지 못하게 되면서, 자기 현실의 성과와 자기 성공을 억제하게 된다. 현실대응의 원칙을 제대로 실천하기 위하여 현실대응 실천원칙을 강화하라.

언제 대응할 것인가?

현실에 대한 대응성의 책임에 대하여 새로이 정비해야 할 세 번째의 관점은 시제時制에 관한 것이다.

일이 끝난 뒤에 결과적으로 누가 잘했고, 누가 잘못했는가를 따지는 사후적 책임의 인식과 대응도 중요하지만, 일을 수행하는 과정에서 현실대응실천의 원칙을 제대로 수행하는 것이 현실 성공에 더욱 중요한 것이다. 뿐만 아니라 현재의 대응실천 뿐만 아니라 내일의 대응실천에서의 성공을 어떻게 할 것인가도 미리 고려할 필요가 있다.

따라서 자기 현실에 대한 대응성의 책임은 과거, 현재, 미래의 대응성에 대한 책임의 관점으로 점검되어야 한다.

예를 들어 현재의 성공을 위한 대응성의 책임에서는 잘 해냈지만, 내일의 실패를 조장하는 것이라면, 그것은 미래의 성과를 억제하는 것이므로 제대로 된 대응, 제대로 된 책임의 이행이 아니다.

또한 미래의 성공을 추구하고 노력할 경우에도, 현재의 반복적 실패가 가중되어 생존의 현실이 위태롭게 된다면, 그 역시 제대로 된 대응, 제대로 된 책임의 이행이 아니다.

미래 현실을 위한 자기 노력, 자기 투자를 지속하라. 시간이건 자원이건, 예를 들어 최소한 **20%**는 미래를 위해 예비하여 자기의 미래 책임에 대비하라.

최소한 20%? 어떻게 20%를 대비할 수 있을까?

현실적으로 20%를 예비하는 일은 실제로 잘 실천되지 않는다. 소득에서 20%를 저축하는 일은 가능하다. 수치로 알 수 있기 때문이다. 그러나 미래를 위한 대응행동이라면, 20%라는 표현이 피상적으로 느껴지기 마련이다.

대체로 20%가 현실에서 어느 정도인지 감이 잘 오지 않기 때문이다. 이러할 때에는 절반이라고 생각하는 편이 한결 판단이 빠르게 된다. 절반을 준비한다고 해도 현재의 현실에서 요구하는 것을 충족하다보면, 미래를 위한 대비가 줄어들기 시작한다. 이때에 20% 정도의 선을 유지하도록 한다.

자기의 능력과 책임을 강화하여 현실성과를 창조하라

자기의 현실에서 자기의 능력부족으로 제대로 대응할 수 없다면, 대응할 수 있는 능력을 키워 대응하라. 그것이 자기의 책임을 지는 일이다. 자기의 현실에서 아무리 능력을 키워도 도저히 대응할 수 없다면, 작전상 후퇴하여, 자신이 대응할 수 있는 범위와 내용, 방법을 조정하여 대응하라.

도저히 자기가 해낼 수 없다면, 그에 대하여 주변의 사람들이나 협력자들에게 그 사실을 알리고, 당분간 할 수 있는 것들을 중심으로 해야 할 일들을 재구성하라. 자신이 할 수 없는 것을 주변 사람들에게 할 수 있는 것처럼 보이지 말라.

당분간은 할 수 있는 것들을 중심으로 성과를 높일 수 있도록 자기 현실을 재구성하라.

자기가 해야 한다고 하는 것들을 오랫동안 포기하지 말라. 오늘은 할 수 있는 것들을 중심으로 자기 현실을 이끌어가고 자기의 가능성을 높이기 위하여 필요한 조치들을 강구하라. 내일부터는 내가 할 수 있는 일들을 확대하여, 해야 할 일들을 잘 완수해보려고 노력해야 할 것이 아닌가?

스스로 자기 대응의 범위, 책임의 범위를 확대해나가라. 오늘보다는 내일, 내일 보다는 모레, 더 큰 자기 책임을 완수하라. 자기의 성장은 책임의 크기와 함께 성장하는 것이기 때문이다.

내일은 좀 더 큰 성공이 성공을 위하여 노력하는 당신을 애타게 기다리고 있다는 사실을 기억하라.

이럴 땐 어떻게 해야 할까?

문제현상

"나의 현실에서 무엇을 어떻게 해야 할지 판단이 서질 않는다."
"마치 낯선 외국에서 길을 잃은 것 같다." "무얼 해도 잘 안되는 것 같다."

이런 것은 하지 말라

1. 우왕좌왕 하지 말라. 차분하게 자기 현실의 내용을 살펴보라.

2. 해야 할 일과 할 수 있는 일을 혼동하지 말라.

3. 자기 책임을 회피하지 말라.

4. 자기에게 미래가 있다는 사실을 부인하지 말라.

5. 자기의 현실 책임을 축소하지 말라.

이렇게 대응하라

1. 자기의 현실대응원칙과 현실대응실천원칙을 점검하라.

2. 자기의 현실대응에서 무엇을 해야 하는지,
   필요한 요건들이 무엇인지를 파악하라.

3. 자신이 할 수 없는 것에 대하여 대응의 내용과 범위를 조절하라.

4. 시간을 두고 자기의 대응능력을 강화하여 현실 대응성을 높이고 확대하라.

성공을 위해 이것을 실천하라

현실대응원칙과 현실대응실천원칙을 강화하여 현실대응성과를 높여라

1. 책임의 개념을 적극적 관점에서 재해석하라.

2. 현실대응실천의 네 가지 원칙을 점검하여 자기 현실의 성과를 높여라.

3. 책임지는 것을 두려워 말라. 자기가 맡아서 해야 할 일을 두려워하면,
   자기 현실을 이끌 수 없게 된다.

4. 자기의 책임을 점차 키우고 확대하라. 자기 책임이행의 크기만큼
   자기 현실도 성장하고 자기 성공의 크기도 커지게 된다.

5. 현재의 대응과 미래의 성공 대응을 함께 고려하라.

성공원칙 요약

책임은 현실 대응성responsibility을 의미한다. 현실대응의 상황,
범위와 대상, 내용, 방법을 점검하라.
현실대응원칙과 현실대응실천의 원칙으로 자기 현실대응의 성과를 높여라.
현실대응의 시제에는 과거, 현재, 미래가 있다. 과거에 연연하지 말라.
현재와 미래책임에 대응하라.

성공원칙 실천노트

1. 책임은 자기를 구속하거나 부담을 주는 것이 아니라 자기 현실대응을
   제대로, 그리고 성공적으로 실천하는 것을 의미한다.

2. 스스로 책임을 맡아서 책임대응을 전개하라. 책임은 회피의 대상이
   아니라 스스로 맡아서 대응해야 하는 것이다.

3. 스스로 자기 책임을 확대하라. 책임대응의 확대가
   자기 성공의 확대를 실현한다.

4. 현재의 자기 현실에 대한 책임대응을 강화하라. 자기 현실의
   책임대응을 강화하기 위하여 현실 대응성을 높여라.

5. 자기의 현실대응성은 기회, 능력, 자원, 시간, 그리고 현실상황에서
   요구하고 있는 조건들의 충족에 따라 높아진다.

6. 조만간 다가올 미래 현실의 자기 책임대응을 고려하여 준비하라.

7. 미래책임을 부인하거나 방임하지 말라. 미래책임의 이행을 위하여
   노력, 자원, 관심, 열정에 대하여 현재의 20%를 유보(invest)하라.

8. 현실성과를 높이기 위하여 현실대응 실천의 4원칙을 준수하라.

9. 현실 대응성, 즉 현실책임을 높이기 위하여 현실대응의 전략을 정비하라.

1 여기에서 유의해야 할 점은 투입해야 할 노력을 투입하지 않고 높은 성과를 기대하는 일은 성공전략이 아니라 허무맹랑한 도박이라는 사실이다. 도박으로 성공하려고 하지 말라. 어쩌다 도박이나 요행으로 대박을 거두었다고 그것을 자랑하지 말라. 머지않아 거둔 것을 모두 되풀게 되고, 자신은 도박에 빠져 소중한 인생을 허비하게 된다.

2 실패하면 자기 현실에서 제시하는 성공과 실패의 퀴즈를 풀어라. 실패의 원인과 과정, 실패를 극복하는 방법, 연관된 실패를 예방하는 방법 등, 풀어야 할 퀴즈는 많다. 냉정하게 자신의 실패를 분석한다면, 못 풀 것도 없다. 실패를 깨닫는 바로 그 순간, 무엇인가 방법과 노력을 바꾸어야 한다는 발상을 통하여 성공을 향하여 새로운 준비를 계획하라.

3 물론, 마음만 굳게 먹어도 성공적으로 해낼 수 있는 경우도 있다. 심지어는 생각대로 되는 경우도 많다. 그러나 마음을 먹는 것도, 생각을 하는 것도 모두 행동이 전제로 되어야 하며 행동은 성공을 전제로 해야 한다.

4 자기 현실의 행동을 좀더 잘하려면, 우선 자기 행동이 어떻게 실천되고 있는지를 살펴야 한다. 행동이 미숙하거나 또는 행동을 할 수 있는 기량이 부족하다면 당연히 행동을 숙련시키기 위한 노력과 기량을 강화하는 노력을 해야 한다. 같은 일을 해도 숙련된 행동과 숙련되지 못한 행동에는 큰 차이가 있다.

5 꿈과 희망이 가득한 신혼의 가정에서 젊은 여성이 가장 처음 좌절의 경험을 하게 되는 것은 바로 가사에 대한 행동능력이 부족할 때이다. 그동안 부모님이 챙겨주던 가사와 식사를 자신이 스스로 챙겨야 할 때, 그 행동들을 능숙하게 처리하지 못하게 되면, 일상에서 불만족스러운 현실을 경험하게 된다. 심지어는 자신의 방조차 제대로 치울 줄 모르는 경우도 있다.

6 제가 할 일을 제대로 하지 못하여 생기는 자기 불만은 가정이나 학교, 직장에서도 마찬가지이다. 이와 같은 불만이 주변과의 관계에 부정적 영향을 미친다.

7 열심히 노력을 해도 요령이 없으면, 성과가 낮거나 심지어는 실패만 거듭하게 될 수도 있다. 요령을 찾아서 대응하지 않고, 무조건 노력만 해서는 행동의 성과를 높일 수 없다.

8 현실에서 볼 수 있는 쉬운 예로는 여러 사람들을 지속적으로 통솔하기 위하여 호루라기를 사용하거나 혼란스러운 대기행렬을 정리하기 위하여 순서번호표를 지급하는 것과 같은 예를 들 수 있다.

9 성공적인 선배 경험자나 전문교육기관, 또는 일처리의 방법이나 기술을 서술해놓은 책에서 요령을 찾아내라.

10 행동에는 어떠한 행동이건 본격적인 행동을 비롯하여 예비행동과 준비행동이 있다. 예비행동은 본격적인 행동을 위하여 필요한 것들을 미리 확보하는 행동을 말한다. 준비행동은 본격적인 행동을 실천할 수 있는 준비상태로 갖추는 행동이다.

11 고객대응행동을 하려면, 필요한 상품이나 서비스를 제공할 수 있도록 준비하고 필요한 복장과 자세를 갖추어야 한다. 이와 같은 행동들이 예비행동과 준비행동들이다. 시험공부를 하려면, 책상을 반듯하게 정리하고 교과서와 참고서, 노트를 배치하고, 일단 휴대전화는 무음으로 변경한다. 영화를 볼 때는 진동으로 바꾸면서, 자신의 중요한 시험공부를 하는데, 어째서 진동으로 바꾸지 않는가? 이와 같은 행동들이 준비행동이다. 그렇다면,

예비행동은 친구들이나 주변에 미리 알려, 새로운 약속이나 전화가 오지 않도록 하는 것이다. 이와 같은 행동은 자신이 시험공부, 즉 본격적인 행동을 추진하는데 방해하지 않도록 하고 본격적인 일에 집중할 수 있도록 하여 그 성과를 높인다.

12 그러한 체크리스트에 따라 본격적인 일의 수행에서 자칫 잘못하게 되는 일을 방지하고 특정한 일에 매달려, 전체적인 행동의 성과를 떨어뜨리게 되는 일을 미리 예방한다. 뿐만 아니라 현실에서 익숙한 일이라도, 행동의 내용이 일부 변경되거나, 처음해보는 것이라면, 준비 행동을 통하여 행동의 성과를 강화한다. 즉, 준비행동으로 미리 예행연습을 여러 번 해둠으로써 본격적 행동에서 시행착오가 생기지 않도록 하고, 좀더 잘 해낼 수 있도록 한다.

13 학생이라면, 학업에 모든 성의와 노력, 최선을 다해야 한다. 자신이 우체부라면, 우편배달 업무에 모든 성의와 노력을 기울여야 하고, 자신의 최선을 다해야 한다. 자신이 공무원이라면, 공무원의 본업활동에 모든 성의와 노력, 그리고 자기 최선을 다해야 한다. 자신이 의사나 간호원이라면, 의사나 간호원의 본업활동에 마땅히 모든 성의와 노력, 최선을 다해야 하는 것이다. 이와 같은 성의와 노력, 최선을 다하는 과정에서 최고의 성과가 창조된다.

14 경쟁에서 이기고 싶다면, 자기 현실의 행동에서 이겨야 한다. 상대방의 행동을 능가하는 행동을 실천하라. 행동실천의 과정에서 게으름을 피우거나 성공의 길에서 자신을 이탈시키는 생각이나 마음으로 자기의 행동성과를 제약하고, 행동을 잘못되게 하는 것들은 모두 배격하라. 자기 현실을 구성하는 마음, 생각, 관계, 정신이 성공과 무관한 또는 성공을 억제하는 방향으로 전개하려고 할 경우, 그러한 자신을 극복하라.

15 예를 들면, 자녀들에 대한 부모의 행동은 대체로 보호적이며, 교육적 행동특성을 보인다. 반면, 문제 학생들로 구성된 그룹은 기존의 사회질서와 가치관에 대하여 반항적이고, 충동적 욕구과 감정에 충실하고 미래를 위하여 자신의 노력을 기울이는 일에 대하여 거부하는 행동특성을 보인다.

16 물건을 구매할 때에도 백화점이나 할인점을 선택하거나 상품을 구매하는 양이나 품목들에 대하여 특정한 패턴을 보인다. 여가를 보내는 방식이나 심지어는 몸이 아파서 병원을 찾아가는 행동에서도 사람들마다 행동하는 방식과 패턴이 다르다.

17 자동차로 운전하여 출근할 때에도 목적지까지 가는 길은 많지만, 대체로 자신이 선호하고 따르는 경로들이 있다. 비나 눈이 오거나, 조금 이른 시간에 출발하게 되었거나, 대부분의 사람들은 주로 자신의 이동 패턴에 따라 경로를 선택하여 이동하게 된다.

18 신입사원들이 직상생활에 어려움을 겪는 가장 큰 이유는 적응력이 떨어져서 그런 것이 아니다. 우리의 신입사원들의 적응력이라고 하면 세계 제일이라고 해도 과언이 아닐 정도로 적응력이 높은 수준이다.

19 예를 들면, 새로운 기술이 개발되어 여기저기에서 해당 기술을 적용하여 산업적 변화가 전개될 것이 예상되고 있다면, 해당 기술을 반영하여 제품의 개발과 생산과 제조, 유통, 서비스를 개선하고 그에 따라 전략과 경영관리의 내용과 방식을 수정해야 한다. 이와 같은 경우에도 그동안 성공을 실현해온 과거의 전략대응의 행동 패턴이 지속적으로 작용하여, 새로운 전략상황에 대하여 과거의 전략 대응행동이 전개된다. 정부 부문에서도 마

찬가지. 새로운 사회 환경의 변화에 대응하기 위하여 새로운 정책을 개발하고 기존의 정책을 수정하여야 함에도, 기존의 정책대응의 행동패턴으로 일관한다. 여기에는 정부 조직의 행동특성이 법과 규정에 의거해야 하는 구조적 특수성이 크게 작용한다.

20 이와 같은 경우, 환경과 현실이 새로운 내용으로 변화되어 새로운 현실을 구성하고 있는데 자신의 행동 패턴이 과거의 성공 경험에 의한 행동 패턴을 따르고 있다면, 새로운 환경 현실에서의 성과를 보장할 수 없게 된다. 새로운 현실에서는 새로운 성공공식이 요구된다. 그러나 자신의 행동 패턴을 그에 합당하게 변화시키지 못하게 되면, 과거의 성공 방식에 입각한 행동 패턴이 그대로 발휘되어 성공이 어렵게 된다. 새로운 현실이 전개될 경우, 행동 패턴을 수정하라.

21 예를 들어, 영업 점포에서 고객에 대응하는 영업사원은 자신의 영업행동의 패턴을 어떻게 바꾸어야 자기 현실에서 성공할 것인지를 찾아내라. 만약 기존에 다른 사람들이 이미 성공적 행동패턴을 찾아내서 적용하고 있는 행동의 내용이 자기 현실과 적합하다면, 그러한 행동의 내용을 학습하여 자기 행동으로 숙련시켜라. 자신의 행동성과가 크게 개선된다. 그러나 다른 사람들의 성공적 행동패턴을 적용해 봐도 자기 현실에서의 성과가 개선되지 못할 경우에는 그 원인과 이유를 살펴보고 수정하고 개선하여 자기 스스로 새로운 행동으로 이끌어야 한다.

22 자기의 행동 패턴이 무의식적으로 그리고 자동적으로 자기 현실에서 자기도 모르게 적용되고 있다는 점을 깨달을 수 있다면, 그것은 다행스러운 일이다. 일단 자신의 행동패턴에 대하여 관찰할 수 있는 기회를 포착할 수 있기 때문이다. 그러나 자기 현실에서 심각한 실패나 신체적 부상 경험을 통하여 자신의 행동 패턴에서 고쳐야 할 행동의 내용을 깨닫게 된다면, 그것은 뒤늦은 대응이 된다.

23 제2권 제6주 자기 자신과 현실의 현실통제에서 제시하는 통제의 원칙을 전개하라.

24 OECD 회원국 중 10년간 자살자 수가 급증한 나라는 우리나라를 빼고 거의 없으며, 최근 10년 동안 자살이 49%나 증가하였다는 소식에 정부와 사회각층에서 놀라고 있다. 이러한 현상은 신속히 개선되어야 한다. 통계적으로 성인 100명중 3명이 자살을 시도한 경험이 있다고 하니, 참으로 심각한 문제가 아닐 수 없다. 오죽하면 자살과 같은 최악의 극단적 방법을 선택하게 되었는가에 대하여 생각해보면, 참으로 안타까운 마음이 든다.

25 이미 절망적 마음과 생각이 자신의 정신을 지배하고 있으므로 다른 마음이나 생각을 아들이거나 스스로 자신의 정신을 바로잡을 수가 없게 된다. 이와 같은 상황이 다음의 행동으로 가기 전에 신속하게 자기 파괴적 정신을 빼내어 바로잡지 못하게 되면, 자살 행위의 시도가 급속히 진행된다.

26 특히 크게 성공을 이룬 사람들의 자살소식을 접하게 되면, 왜 힘들게 이룬 자신의 성공 현실을 자살로 마감하게 되었는지 참으로 아깝고 의외의 행동으로 생각하게 된다.

27 자살은 자기 자신만을 현실에서 이탈시킨다. 현실의 관점에서 보면 다른 모든 것들은 그대로 유지되면서 자기 자신만이 제거되는 것일 뿐이다.

자신을 사랑하라

사랑하라. 사랑은 현실 극복의 힘, 창조의 힘이 있다.
사랑으로 자기 현실 성공의 동력을 삼으라.

사랑하라.

사랑하는 사람은 시인이 되고,

소설가가 되며,

모험가가 되고,

발명가가 되며,

창조적 영웅이 된다.

제6주의 주요내용

1. 자기를 품고 사랑하라   2. 자기 자신을 납득하라   3. 자기 자신을 납득시켜라
4. 현실을 납득하라   5. 자기 현실을 이끌어라   6. 자신과 대화하라
7. 자기와 자기 현실을 용서하라   8. 자기를 실현하라

| 당신이 주인공입니다 |

사랑에 빠진 사람은

사랑 그 자체가 존재의 이유가 된다.

사랑에 빠지면

불편함이나 힘든 것,

위험한 것도 문제가 되지 않는다.

사람들은 자신이 사랑하는 사람이나

자신의 사랑을 위하여

노력하고 성공을 꿈꾼다.

사람들은 사랑 때문에 기뻐하고

사랑 때문에 슬퍼한다.

사람은 사랑의 감정에 철저하게 지배된다.

사랑은 현실의 주체이자 주인공의 자기 현실을 설계하고

통제하고

희생시킨다.

그래서 사랑은 위대하다.

사랑도 가지가지.

자녀에 대한 사랑,

연인에 대한 사랑,

일이나 목표에 대한 사랑,

취향이나 특정한 사물 또는 현상에 대한 사랑과 같이

대상에 따라 다종다양하다.

어떤 이는 자신의 성공을 사랑하고,

어떤 이는 사랑을 위하여 성공을 희구한다.

현실에서 성공하려면

사랑하라.

자기 현실에서 사랑의 권능을 발휘하라.

자기 성공의 힘든 과정에서 고난과 희생의 아픔을 극복하려면

사랑의 위대한 마법을 활용하라.

사랑은 생명력이 있다.

사랑도 돌보고 키우면 더 강해진다.

사랑은 사랑의 주체가 노력하는 만큼 더욱 성장한다.

그러나 사랑은 망가뜨리면 쉽게 생명력을 상실한다.

자기 현실에서 거짓 사랑에 속거나 속이지 말라.

사랑은 주체의 능력과 대상과의 관계에 따라서 유지되고 완성된다.

사랑은 힘이다.

사랑은 현실 극복의 힘,

창조의 힘이 있다.

사랑하라.

사랑으로 자기 현실 성공의 동력을 삼으라.

자기를 품고 사랑하라

자기 자신을 사랑할 줄 모르는 자는 다른 대상도 사랑할 줄 모른다.
사랑에도 연습과 훈련이 필요하다. 우선 자기를 품고 사랑하라.

사랑은 에너지와 화학 작용이다. 스스로 뿜어내는 사랑의 에너지가 적은 사람은
다른 사람에게 사랑의 에너지를 전할 수 없다. 스스로 사랑의 에너지를 자가발전시켜라.

자신을 사랑하라

수선화는 그리스 신화의 나르시소스Narcissus가 자기 자신을 연모하다가 죽은 화신이라는 설화가 있다. 자기 자신을 사랑하는 것을 자기애自己愛라고 한다. 자기를 사랑하는 것은 다른 사람이나 대상을 사랑하는 것보다 훨씬 쉽다. 사랑의 중심과 대상이 자기 속에 있기 때문이다.

그러나 자기를 사랑하는 것은 지속력, 지지력, 균형유지의 힘이 부족해지기 쉽다. 자기의 사랑을 스스로 재충전하는 것이 어려울 뿐만 아니라 일관성을 유지하기가 힘들기 때문이다. 그래서 자기 사랑에도 스스로 자기 사랑을 성장시켜 갈 수 있는 방법과 지혜가 필요하다.

자기를 제대로 품고 사랑할 줄 모르는 사람들은 다른 사람들을 품고 사랑하는 일에도 서툴기 마련이다. 그래서 자기를 스스로 품고 사랑할 줄 모르는 연인들 간에는 서로 다툼이 잦다. 서로 자기에게 좋게 대우해줄 것만 기대하면서 상대방에게 해주려고 하는 사랑의 마음을 서로 발휘할 줄 모르기 때문이다.

이것은 상대방에 대한 이해의 부족에서 발생하는 문제가 아니다. 근본적으로 자기 자신에 대한 이해와 사랑이 부족하기 때문에 비롯되는 문제이다.

자기 자신을 품고 사랑하라. 스스로 자신을 품고 사랑할 줄 모르면, 타인을 진정한 사랑의 자리에 초대할 수 없다.

우선 자기 자신을 품고 사랑할 줄 알아야 자기가 구성하고 있는 현실과 자신이 추구하는 일을 품고 사랑할 줄 알게 된다. 자기 자신을 소중히 여기지 못하는 자가 진정으로 자기 현실을 소중히 대하기 어렵다. 자기 현실을 소중히 여기지 못하게 되면, 자기 현실을 구성하고 있는 요소들을 하찮게 여기게 된다.

자신을 품고 사랑하라. 자신을 품고 사랑하는 사람만이 자기 현실을 가치 있고 아름답게 만들어간다. 자기 자신을 품고 사랑하는 사람만이 자기 현실에서 성공을 추구할 수 있다.

자기 자신을 납득하라

납득이란 깨닫고 이해하여 수용하는 것을 말한다.
머릿속으로 이해해도 수용하지 않으면 온전히 납득한 것이 아니다.
납득은 생각과 행동의 차원에서 이해와 수용하고 실천하는 것이다.

납득하지 못하면 사랑할 수 없다. 사랑하려면 납득하라.

자기 자신을 납득하라. 납득이란 무엇인가를 깨닫고 이해하여 확실하게 수용하는 것이다. 자신이 자기의 현실에서 추진하고자 하는 것을 스스로 납득하지 못하면, 그것이 제대로 실천되지 못한다. 자기 자신도 납득하지 못하는 것을 다른 사람들에게 납득시킬 수 없다.

우선 자기 자신을 납득하라. 스스로 자기 자신을 납득하면, 자기가 관계하고 있는 자신의 현실도 납득할 수 있게 된다. 그것이 자기 현실을 이루어가는 납득의 원리이다.[1]

자신과 자기의 현실을 납득하는 것도 노력과 방법이 필요하다. 성공을 추구하고자 한다면, 스스로에게 납득되는 현실로 만들어가라.

현실에 적응하지 못하는 사람이 있다면, 우선 당사자는 두 가지의 점을 파악해야 한다. 첫째는 자기 자신에 대한 납득의 내용이다. 두 번째는 자기 현실에 대한 납득에 대한 내용이다.

자기 자신이 온전하게 납득하고 있다면, 자기 현실은 어떻게 받아들이고 있으며 그러한 현실을 자기 자신은 어떻게 받아들이고 있는지를 점검하라.

만약 자기 자신조차 스스로 온전하게 납득하지 못하고 있다면, 자신이 왜 납득하지 못하고 있는지를 점검하라. 그리고 자기 스스로 납득할 수 있도록 하라.

그렇다면 우선 자기 자신에 대한 납득이 어떠한가를 점검하라. 자신은 무엇인가를 진지하게 하고 싶어 하지만, 그것이 자기 현실에서 타당하지 못하다면, 자신의 마음이나 생각, 행동, 관계의 자기 현실의 구성요소들을 고쳐야 한다.

자기 현실이 잘못되어 있다면, 그 현실을 수정하라. 그러나 자기 현실은 타당하지만, 자기의 현실구성요소들의 전개와 진행이 잘못되어 있다면, 그 요소들을 자기 현실에 적합하고 타당한 것으로 수정하라.

자기 현실의 구성요소들이 적합하지 못하면 현실이 납득하지 않기 때문이다. 따라서 자기와 현실의 적합성이 현실 납득의 중요한 충족 요건이 된다.

자기 현실에 적합하게 대응하기 위하여 필요하다면 때로는 자신이 하고 싶어 하는 것도 희생해야 하며, 자신이 원하지 않은 일들도 참아내고 수행해야 한다. 그러한 희생을 참아내고 인내하는 행동이 자기 납득의 귀결에 의한 현실행동이다.

현실에서의 자기 갈등이나 자기 분열은 자기 납득의 실패에서 비롯된다. 자기 갈등이나 분열의 상태에 이르지 말라. 그와 같은 상태로 진행되도록 자기 현실을 내버려두지 말라.[2]

자기 현실에서 주변의 다른 사람들이 자기에게 납득시켜줄 것을 기대하지 말라. 아무리 해도 도저히 자기 현실을 납득할 수 없다면, 자기 스스로 자기 현실을 납득시켜가라. 자기 현실이 자신을 납득해주지 않는다고 해서 비관하거나 노여워하지 말라. 러시아의 시성 푸쉬킨은 다음과 같이 위로한다.

삶이 그대를 속일지라도
그에 대하여 슬퍼하거나 노여워하지 말라.
우울한 날들을 참고 견디면
화창한 날이 오는데 왜 슬퍼하는가?
마음은 미래를 그리며 살아간다.
우울함이 현재를 지배한 들 어떠한가?
모든 것은 흘러가는 것이며
지나간 것은 돌이켜 보면, 즐거운 것이 되리라.

현실을 직시해보라. 삶이 그대를 속이는 것이 아니다. 삶은 아무도 속이지 않는다.[3]

자기 자신이 스스로를 허위로 납득시키거나 납득을 잘못하고 있다면, 자기 현실을 중심으로 성찰하라. 무엇이 잘못되고 있는지 알 수 있다. 납득의 결과가 자기 현실에서 여실히 드러나기 때문이다. 자신이 어떻게 생겼건, 무엇을 잘하건 못하건, 어떠한 특성이 있건 우선 현재의 자기 자신을 납득하라. 자기 자신을 거부하고 부정하면서 자기 현실에서 성공적인 삶을 살아갈 수 없기 때문이다.

자기 자신을 납득하라. 현재 자신의 '있는 그대로'를 납득하면, 이제부터는 앞으로 어떠한 자신이 되고 싶은가, 어떠한 자기 자신이 될 수 있는가를 중심으로 새로운 자기 자신을 납득할 수 있다. 새로운 자기 자신으로의 진정한 변신이 시작되는 것이다.

우선 자신이 처한 현실에 대하여 자신이 약하고 능력이 떨어진다는 사실부터 납득하라. 자신이 자기 현실에 대응하는 일에 대하여 부족하고 한계가 있다는 사실을 납득하라. 자신이 부족하고, 약하며, 한계가 있다는 점을 제대로 납득하면, 이제부터 어떻게 해야 그와 같은 자신의 한계와 능력의 부족, 약한 점들을 극복하고 자신의 무엇을 중심으로 현실대응에서 성공을 추구할 것인지를 찾아낼 수 있게 된다.

이와 같은 관점에서의 자기 납득은 자신에 대한 착각이나 자기 현실에 대한 교만을 극복하고, 자신의 현실성공에 대한 전략적 추진과 전개에서 아주 근본적이며 유용한 착안점과 전략적 논리와 실천방법을 가능하게 한다. 그것은 자신이 추구하는 성공현실에서 무엇을 보완하고 어떻게 대응해야 할 것인지를 현실과 사실에 입각하여 출발하고 실천을 전개할 수 있도록 하기 때문이다.

뿐만 아니라 스스로 자기 자신을 납득하면 자신의 주변과 현실로부터 스스로 납득 받는 사람이 될 수 있게 된다. 자신이 스스로를 납득하지 못하는데 주변의, 또는 자신을 잘 모르는 관계에 있는 사람들이 자신을 납득한다는 것은 어불성설이다.

자신의 생각이나 감정, 행동, 관계가 자기의 현실과 주변의 사람들로부터 납득 받지 못하고 있다면, 그에 대하여 납득 받는 사람이 되도록 자신에 대한 납득행동을 전개하라.

성공을 위해 이것을 실천하라

1. 자신을 오해하거나 미워하지 말라. 자신을 합리화하지 말라.
   자신의 성질, 속성, 특징, 배경, 상황, 현실을 솔직하게 이해하라.

2. 자신을 납득할 수 없다면, 자기가 납득할 수 있는 자기 자신으로 만들어라.

3. 자기 자신과의 약속, 기대를 어긋나게 하거나 버리지 말라.
   어떠한 납득이건 납득은 신뢰를 필요로 한다. 자기 신뢰를 강화하라.

4. 자기 스스로 자기의 강점과 약점, 허점을 이해하고,
   자기가 진정으로 추구하고 있는 것을 납득하라.

5. 자신을 납득시킬 수 있는 긍정적, 희망적, 건설적 동기와 근거, 방법을
   구체적으로 제시하라.

성공원칙 요약

자기 자신을 스스로 납득해야 현실에서 어려움을 극복하고 자신의
성공현실을 창조할 수 있다. 자기 자신을 납득하지 못하면 자신이 추구하는
성공전략이나 계획도 제대로 전개되지 못한다. 스스로가 자기 자신을
따르지 않기 때문이다. 자기 신뢰를 강화하기 위하여 노력하라.

자신을 납득하라. 납득은 생각이나 머리로만 이해하는 것이 아니라.
온몸으로 수용하여 실천하는 것이다. 자신을 납득해야 자신이 추구하는
현실성공도 자기 현실에서 실천된다. 자기 자신이 도저히 납득이
되지 않으면, 자신이 납득될 수 있도록 자신을 변화시켜라.
자신을 납득하기 위하여 노력하라.

성공원칙 실천노트

1. 납득은 깨닫고 이해하며 수용하여 실천하는 것이다.

2. 자신을 납득하면 자기 현실도 납득된다.

3. 자신이 납득해야 무엇이건 자기 자신과 자기 현실에서 해낼 수 있게 된다.

4. 자신을 납득하기 위하여 노력하라.

자기 자신을 납득시켜라

자기 자신에게 자신이 어떤 사람이고 무엇을 좋아하며,
무엇을 추구하려고 하는지 납득시켜라. 자기 자신과 대화하지 않으면,
자기 자신을 확실히 납득시킬 수 없다.

납득시키는 데에도 방법이 있다. 자기 자신을 납득시키는 방법을 터득하라.

납득시키는 것도 노력이 필요하다

눈사람을 만들려면, 눈덩이를 불리며 굴려야 한다. 눈덩이를 굴리는 것도 저절로 되는 것이 아니다. 눈사람을 만들려고 하는 사람이 스스로의 힘과 공을 들여 눈덩이를 움직여 나가야 한다.[4]

자기 자신이 대응하고 있는 자신과 현실에 대하여 성공적으로 대응하려면, 우선 자기 자신과 주변을 움직여 현실성공을 이루어내야 한다. 자기 자신과 주변을 움직이려면 우선 자신을 납득시켜라. 그리고 자신을 현실에 납득시켜라.

보통의 경우를 생각해보라. 사람들은 대체로 '보통'이라면 납득된

다. 그것은 보통이라는 표준적 기준이 납득할 수 있는 요인이 되기 때문이다.

보통의 기준을 따르는 사람들의 경우 보통에서 벗어나면, 납득으로부터 멀어진다. 자신이 보통에서 초월하려면, 보통에서 멀어져도 납득될 수 있는 그 무엇이 있어야 한다.[5] 무조건 독불장군과 같은 자기 고집만으로는 납득되지 않는다. 필요한 것이 무엇일까?

그것은 자기와 주변에 대하여 자기 자신을 납득시키고 납득할 수 있는 근거와 논리를 명확히 하는 것이다.

만약 납득되지 않는다면, 그 이유를 알라. 납득불능이나 납득거부, 납득실패의 이유를 파악하여 그에 대응하라.

보통에서 멀어지고자 한다면, 보통으로부터 벗어나야 하는 타당한 이유와 필요성, 자기의 새로운 관점과 시도에 대한 유용성과 현실 타당성 및 행동 결과를 확실히 알고 납득시켜야 한다. 이와 같은 대응이 일반적인 납득의 전략적 전개방법이다.

납득의 중요성을 이해하라

자기의 성공도 자신을 납득시켜야 그 실천이 가능하다. 막연하게 자기의 성공을 생각하고 대응해서는 성공의 실천이 어려워진다. 그 누군가, 또는 어떤 것이 자기를 힘들게 하기 전에, 자기 스스로 최선을 다하지 않는 것이다. 자기 자신이 스스로 자신의 현실에 성공적으로 대응하는 것에 대하여 납득하지 못하고 있다면, 자신이 추구하려는 현실의 성공에 대응하는 일도 제대로 전개되지 않는다.[6]

정말로 자신이 생각하는 대로 해야 할 것인지에 대한 자기 납득이 제대로 되지 못하면, 자기 현실에서 성공행동이 제대로 추구되지 못한다.

납득의 원리와 필요한 요소를 이해하라

납득의 전개과정을 중심으로 성립과 실천에 필요한 원리에는 진실성, 확실성, 신뢰성, 투명성의 네 가지 기본원리가 있다.

이와 같은 네 가지의 납득의 원리는 그 실천을 위하여 필요한 5가지의 핵심적 행동요소들을 〈도표 9〉에서 보는 바와 같이 구성한다. 즉, 이해, 확신, 동의, 수락과 순응, 그리고 관계가 그것이다.

납득의 과정은 이해를 통하여 전개된다.[7] 그러나 내용에 대하여 이해를 한다고 해도 그 내용이나 실천에 대하여 확신이 부족하면 납득이 제대로 전개되지 않는다. 따라서 실천에 대한 동의의 과정이 추가된다.[8]

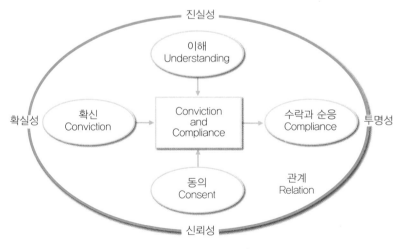

도표 9 | 납득의 성립과 실천의 핵심요소

동의는 '하고자 하는' 뜻을 같이 하는 것이므로 동의에는 추진하려고 하는 의지가 개입된다.

그러나 현실에서는 그 실천의지가 애매모호한 채로 동의되는 경우도 비일비재하다.

사람들이 모여서 무엇인가 '같이 해보자'라고 할 경우에도 어떠한 각오와 의지로 하고자 하는가에 대한 추진의지가 제각기 다르다.[9]

그러나 함께 하는 사람들의 상황과 배경, 그리고 납득에 대한 의사를 제대로 읽지 못하면, 자신이 납득하는 수준과 내용으로 상대방도 납득할 것이라고 간주한다.[10] 이와 같은 현상은 자기 자신에 대한 약속이나 계획의 전개에서도 마찬가지로 목격된다. 막연하게 계획을 세우거나 자신과 약속을 애매하게 세울 경우, 종종 자기에 대한 실망감을 느끼게 한다.[11]

동의가 이루어져도 행동실천으로 수락되고 그에 순응하여 실행되지 않으면 납득은 제대로 된 것이 아니다. 따라서 행동실천을 전개하는 수락과 순응의 과정이 제대로 전개되어야 납득이 제대로 실천되는 것이다.

마지막으로 납득은 자기의 현실 속에서 전개되기 때문에, 현실의 관계를 통하여 납득의 실천이 완성된다. 자신의 현실의 관계는 납득의 동기와 과정, 결과를 통하여 발전된다.

납득도 수준이 있다

일상 현실에서 서로 납득하는 실태를 보면, 납득의 수준과 내용도

제각기 다르다.[12]

납득의 현실이 제각기 다르기 때문이다. 따라서 납득이 제대로 실천되려면 납득의 상황적, 구조적, 관계적 논리를 이해해야 한다.

〈표 7〉의 납득의 내용과 수준을 참고해보자. 표에서는 납득의 전개과정에서 필수적인 행동과 관련된 다섯 가지의 핵심요소와 납득의 철저한 정도의 수준을 구분하고 있다. 표에서 보는 바와 같이 납득의 내용과 전개의 단계별로 납득불능이나 거부의 수준에서부터 미지근한 수준의 납득, 부분이행 또는 상황에 따라 제한적으로 전개하는 수준의 납득, 그리고 철저하게 수행하는 수준으로 나누어 볼 수 있다.

		납득의 철저한 수준				
		납득불능	납득거부	미지근한 협조나 지지	부분이행 상황에 따른 이행	완전이행
납득의 내용과 전개단계	이해	A1	B1	C1	D1	E1
	확신	A2	B2	C2	D2	E2
	동의	A3	B3	C3	D3	E3
	수락과 순응	A4	B4	C4	D4	E4
	관계	A5	B5	C5	D5	E5

표 7 | 납득의 내용과 수준

예를 들어 C3의 경우라면, 이해와 확신을 거쳐 동의를 하는 수준이지만, 실제로 현실에서 행동실천의 경우에는 두 팔을 걷어붙이고 달려들어 같이 해결하는 수준이 아니라 옆에서 관망하면서 미지근한 지지의 수준의 납득에 지나지 않는다.

A와 B의 경우는 납득을 전혀 하지 않는 경우이며, 최소한 D와 E의 수준이 되어야 납득이 성립될 수 있는 경우이다. 좀더 정확히 하자면 E4나 E5가 되어야 제대로 납득이 되었다고 할 수 있는 것이다.

그런데 대부분의 경우, 사람들은 자신 또는 현실의 상대방들이 E4나 E5의 수준에서 납득할 것이라고 간주하고 있다.

철저하게 납득시켜라

자신이건 타인이건 철저하게 납득시켜라.[13] 이와 같은 철저한 자기 납득과 실천이 자신의 성공실현을 가능하게 한다.

때로는 자기 납득이 강한 사람에 대하여 주변에서는 아집이 강하거나 고집이 세다는 평가를 내리기도 한다. 그와 같은 평가에 흔들리지 말라. 아집이 세다는 평가를 받게 된다 해도 결코 불쾌하거나 주저하지 말라.[14]

그러나 주변과 함께 대응하는 일에서 지나친 자기중심적 태도를 견지하는 일은 필요성이나 유용성 차원에서 자기 점검을 할 필요가 있다.[15]

어떤 사람들은 고집스러움에 대하여 비난하기도 한다. 그러나 고집 역시 전혀 잘못된 것이 아니다.[16] 이와 같은 고집 또한 고집행동의 전개와 그 성과를 점검함으로써 스스로 보완할 수 있다.[17]

한 번에 안 되면, 두 번, 두 번에 안 되면 세 번, 납득이 될 때까지 납득시켜라.

"누가 오든지 교원에서 새로 일하게 되면 무조건 영업을 시킵니다. 교원의 핵심역량을 파악하고 회사의 토대와 기업문화를 알게 되는 가장 빠른 교육 방식이라고 생각하고 있어요. 도전적인 매출 목표를 설정하고 이를 달성할 때까지 영업을 해야 합니다." 영업에서 그의 100도론은 유명하다. "신입사원 시절 99번을 찾아가도 거절하던 곳이 100번째 가니까 사주더라고요. 99번 찾아가서 포기했다면 그 99번은 모두 버리는거죠. 증기기관차가 가는 것도 마찬가지잖아요. 섭씨 99도에서 100도를 넘어서야 움직이지요. 목표를 세우고 끈기를 갖고 끝까지 하는 것이 성공의 비결입니다."

- 교육기업으로 年매출 1조 장평순 교원그룹 회장
- "장사의 핵심은 사람…믿음이 싹터야 제품을 팔죠"
- 100번 찾아가…물이 100도 돼야 끓어오르듯 끈기있게 영업
- 최고만 판다…제품이 곧 판매자 인격…B급으론 안통해

자료: 매일경제, MK뉴스, 2011. 3. 18.

이와 같이 납득을 하거나 납득을 시키는 일도 **100번** 시도하는 열정과 노력을 전개하라.

우선 자신을 납득시켜라. 성공을 실천하고 완성할 자기 자신과 성공하기 위하여 필요한 일들을 철저하고 확실하게 납득시켜라. 자기 자신의 성공선언도 스스로에게 완전히 납득시켜 실천하라.

성공을 위해 이것을 실천하라

1. 자신이 하고자 하는 것, 해야 하는 것을 알기 쉽게 자신 또는
   주변의 사람들에게 납득시켜라. 제대로 납득되지 않으면 오해하기
   쉽게 되고, 자신과 주변의 진정한 협력을 충분히 이끌어낼 수 없다.

2. 납득시키기 위하여 필요한 원리를 충족하라. 진실성, 확실성,
   신뢰성, 투명성의 기본원리를 충족하라.

3. 납득의 핵심적 행동요소인 이해, 확신, 동의, 수락과 순응, 관계에
   대응하라. 이를 위하여 신념, 신뢰, 근거, 추진의지를 강화하라.

4. 납득시키는 방법을 학습하라. 자신이나 주변의 사람들과의 의사전달과
   커뮤니케이션, 입증과 확신, 지지와 점검, 투명성을 유지하라.

5. 현실 관계에서는 확신과 투명성, 신뢰관계가
   유지되어야 비로소 납득이 전개된다. 납득의 방법을 터득하라.

성공원칙 실천노트

1. 납득의 중요성을 이해하라.

2. 납득시키는 일은 설명하고 이해하는 일보다 더 많은 노력이 요구된다.

3. 납득의 원리와 필요한 요소를 이해하라. 납득시키는 노력과 방법,
   그리고 요건을 강화하라. 납득에는 논리, 신념, 신뢰, 확실성, 투명성,
   점검, 피드백이 요구된다.

4. 납득에도 수준이 있다. 철저하게 납득시켜라.

5. 평소의 관계가 납득의 성과에 영향을 미친다.

6. 한 두 번의 설명으로 납득될 것이라고 기대하지 말라.
   지속적인 실천과 대응으로 납득시켜라.

현실을 납득하라

현실은 자기 선택으로 자기 자신이 조성하는 것이다. 자기가 선택하고
조성한 현실을 자기 스스로 납득할 수 없다면, 현실을 비관하고 절망하게 된다.
스스로 현실을 납득하여 현실을 철저히 수용하라.

현실을 납득하기 시작하면, 자신이 원하는 새로운 현실도 창조해나갈 수 있다.

　자기 현실은 나와 내 자신이 포함된 현실로 구성된다. 자기 현실은 스스로를 어떻게 추스르고 만들어가는 가와 그러한 자기로 현실을 어떻게 선택하고 대응해나가는가에 따라 설계된다. 그러나 그와 같이 조성된 자기 현실이 반드시 자신의 기대나 생각대로 진행되는 것은 아니다.

현실에 대한 잘못된 기대감을 배제하라

　우선 현실에 대한 잘못된 기대가 작용한다. 현실이 자기 자신, 또는 자신이 생각하고 기대했던 현실과 다를 경우, 종종 실망과 우울에 빠지게 된다. 자신과 현실에 대한 지나친 기대나 허황된 기대가

자신과 현실을 혼란스럽게 하는 것이다. 이와 같은 혼란이 자기 비관이나 현실 비관, 또는 절망으로 이어지기도 한다. 그러나 확실하고 정확하게 직시하라. 현실은 자신을 절망하게 하거나 비관시키는 것이 아니다. 자기 자신이 스스로 비관하거나 절망하는 것이다.

이러한 사실을 이해할 수 있다면, 비관이나 절망이 얼마나 어리석은 자기 함정인지를 확실히 알 수 있게 된다. 그렇다면, 우선 현실을 납득하라. 현실이 어떠한 것인지를 확실히 깨닫고 이해하며 수용하라. '나는 이런 현실은 싫어요'라고 어리광부릴 때가 아니다. 현실이 그와 같다면, 우선적으로 그 현실을 이해하고 수용하여 납득하라.

현실을 있는 그대로 받아들여라

만약 현실이 자신을 납득하지 않는다면, 자기 현실에 대하여 자신을 납득시켜라. 자신의 생각이나 감정, 행동이나 관계에 대하여 그 이유와 배경, 동기, 자신의 진심과 의도를 충분히 설명하고 노력하여 납득시켜라. 그와 같은 노력이 없이 오해나 불신을 해소하려고 하거나 자신을 납득하지 못하고 있는 현실을 탓하지 말라.

그와 같은 노력도 우선적으로 현실을 납득해야 가능한 일이다. 그리고 그 현실에서 무엇을 어떻게 해서 자신이 원하는 삶을 살아갈 것인지를 깨우치고 이해하고 자기가 새롭게 그리고자 하는 현실을 납득하여 만들어가라.

현실을 납득해야 자기 현실을 사랑하고 대응하는 방법을 스스로 터득할 수 있게 된다.

현실이 맘에 들지 않는다고 현실을 납득하려고 하지 않거나 현실을 거부해서는 현실대응의 전략을 제대로 짜낼 수 없게 된다.

현실을 납득하지 않을 경우, 주목할 것은 자신의 현실대응의 행동의 특성이 소극적으로 전개된다는 사실이다. 종종 사람들은 자신의 행동과 태도에서 대하여 적극성이나 소극성에 대한 성격적 판단을 내리는 경우가 많다. 이와 같은 행동이나 태도에 대하여 일반적 경향으로 판단을 내리는 것은 무리가 있다.[18]

현실을 납득하지 않을 경우, 유의해야 할 점은 소극적 행동전개뿐만이 아니다. 현실에 대한 부적응, 부조화의 행동으로 자기 현실의 성과를 스스로 억제한다는 점이다.[19]

또한 현실을 납득하지 않을 경우에 경험하게 되는 가장 중대한 문제는 현실적 인식이나 대응의 성과가 떨어지게 될 뿐만 아니라, 비현실적인 행동과 현실 속에서 자기 자신을 스스로 고립시킨다는 점이다.

비현실적인 사람이 되지 말라. 현실적인 사람이 되어 자기 현실을 철저히 납득하라. 자기 현실은 자기 스스로 조성해가는 것이다. 자기의 현재와 미래현실을 어떻게 조성하고 창조할 것인가는 자기의 선택에 달려있다.

현실에서 성공하는 사람들은 이러한 점에서 판단이 빠르다. 현실에 대한 납득을 제대로 그리고 가급적이면 다른 사람들보다 빨리하기 때문이다.

현실적응의 행동적 특성을 주도하는 것은 현실에 대한 납득이다. 현실을 납득해야 자신이 대응을 하건, 적응을 하건 또는 현실의 부정否定이나 초월도 할 수 있다.[20]

납득을 해야 제대로 된 합리적 부정이 가능하다.[21] 이와 마찬가지로 현실을 부정하려면 스스로 철저히 현실을 납득할 수 있어야 납득의 전개과정의 어디에서 무엇을 부정할 수 있는지 이해하고 대응할 수 있게 된다.[22]

현실 대응의 전략도 이와 같이 현실을 이해하는 것에서 출발한다. 무엇이 제대로 되고 있으며, 무엇이 제대로 되지 못하고 있는지, 투입과 전개의 과정 중에 어디에서 어떠한 결과가 나오는지를 중심으로 전략을 전개한다.[23]

따라서 현실의 납득이 충실하고 빠르면, 현실에 대한 인식, 판단, 대응도 빠르고 충실하게 되어 그 전략적 성과가 높아진다.

성공을 위해 이것을 실천하라

1. 자신의 현실을 왜 납득해야 하는가를 명확히 인식하라.

2. 현실에 대한 막연한 기대감. 잘못된 기대감을 갖지 말라.

3. 현실을 납득하기 위하여 현실을 이해하고 인정하라.

4. 현실의 철저한 납득을 통하여 현실인이 되라.

5. 주변에서 활발하고 적극적인 사람들의 자기 현실 납득방식을
   살펴보고 어떻게 납득하고 어느 수준까지 납득하고 있는지를 파악하라.

6. 자신이 현실을 납득하려는 노력을 전개하라.

7. 철저히 납득하라. 납득하고 대응하라.

성공원칙 요약

현실을 납득하라. 현실은 거부의 대상이 아니라 납득의 대상이다.
현실을 부정하고자 한다면, 충실한 현실납득의 과정을 통하여
부정의 요소를 찾아내라. 현실을 납득해야 전략을 세울 수 있다.
현실은 자기의 선택으로 자기가 조성하고 창조하는 것이다.
스스로 현실을 납득하여 현실의 성과를 개선하라.

성공원칙 실천노트

1. 현실에 대한 잘못된 기대감을 배제하라.

2. 현실을 있는 그대로 받아들여라.

3. 현실을 납득하지 못하면, 부정적, 소극적, 비현실적 행동양식이
   자기의 현실성과를 억제한다.

4. 납득이 제대로 되어야 합리적 부정도 가능하다.

5. 전략적 현실 대응도 현실납득에서 출발한다.

6. 현실 납득이 빠르고 충실하면 그에 대응하는 현실성과도 높아진다.

자기 현실을 이끌어라

현실에는 끄는 힘인 인력과 미는 힘인 추력이 작용한다.
끄는 힘과 미는 힘. 그리고 방향을 조절할 수 있는 힘과 능력을 발휘하면
자신이 추구하는 방향으로 현실을 이끌어 나아갈 수 있게 된다.

힘이 있어야 자기 현실을 이끌어갈 수 있다. 현실을 이끌어 가는
자신의 힘과 능력을 키워라.

자기 자신과 자기의 현실을 이끌어라

자기 자신과 자기 현실은 자기가 이끌어가는 것이다.[24] 자기 자신
은 스스로와 자기의 현실을 어떻게 이끌고자 하는가?

어떤 사람은 모든 것이 유리하고 여유로운 상태에서 자기 현실을
이끌어가기도 하고 어떤 사람은 힘들고 불리한 상태에서 자기 현실
을 이끌어가기도 한다.

대체로 힘들고 어려운 상태에서는 자기와 자기 현실을 주도적으
로 이끌어 가기보다는 이끌려가는 상황에 처하기 쉽다. 자기와 자기

현실을 이끌어가는 힘이 소진되어 버리면, 주도하기보다는 주도 당하게 되기 마련이다. 이와 같은 경우, 계속 주도당하면서 살아가기를 원하지 않는다면 지금부터라도 빨리 자신과 자기 현실을 이끌어가도록 해야 한다.

힘들수록 현실을 이끌고 도전하라

만약 자기 자신의 현실이 힘들고 우울하고 슬프다면 현재의 자기와 현실에 도전하라. 자기와 현실을 이끌어야 하는 이유가 바로 힘들고 우울하고 슬픈 자기의 현실을 성공적으로 이겨내고 자신이 추구하기 위한 현실을 만들기 위한 것이다. 힘들다고 또는 상황이 불리하다고 주저앉아 있지 말고, 지금이라도 다시 일어나 자신과 현실에 도전하라. 자기 자신과 현실을 이끌면서 힘들고 우울한 일들, 슬픈 일들을 이겨내라.

현실을 이끌 수 있는 힘과 능력을 키워라

자기와 현실을 어떻게 이끌어가는 가에 따라 자기와 현실의 진행 방향, 속도, 내용이 결정된다. 현실에는 이끄는 힘과 미는 힘이 작용한다. 현실을 주도적으로 이끌어가기 위하여 필요한 두 가지의 힘은 자기와 현실에 모두 적용된다.

여기에 추가적으로 방향을 결정하는 능력과 자신이 결정한 방향으로 미는 힘과 끄는 힘을 조절하여 이끌어가는 능력이 필요하다.

자기 현실을 성공적으로 이끌어가려면, 우선 방향을 잘 선택해야 한다. 자기와 현실의 진행의 방향을 잘못 결정하면, 자기 자신이 추구하고자 하는 현실의 성공이 어려워진다.[25] 자기와 현실의 진행방향을 제대로, 그리고 전략적으로 설정하라.

진행방향이 제대로 설정되지 못하였다면, 지금이라도 변경하여 성공의 진행방향으로 수정하라. 진행방향의 수정은 지금이 가장 빠른 최적기라는 사실을 명심하라.

진행방향이 제대로 설정되었다면, 자기와 현실을 미는 힘과 끄는 힘의 세기와 진행의 속도, 내용을 조절하라. 밀거나 끌고, 방향을 조절할 때, 현실을 배제하고 자기만 이끌거나, 또는 그와 반대로 현실의 요소들만 이끌고 자기는 내버려두지 말라. 현실과 자기를 한 덩어리로 묶어 이끌어라.

단, 자기 자신과 현실을 주도적으로 이끌어감에 있어서 주기적으로 예를 들면, 3개월이나 6개월 또는 1년 단위로 자기와 현실을 점검하라. 이 경우, 자신과 현실을 약간 떼어놓고, 자신이 어디로 가고 있으며 현실을 어디로 이끌고 있는지 판단하라.

현실의 고삐를 만들어 현실을 주도하라

자신이 주도적으로 현실이라는 덩치 큰 코끼리를 어떻게 이끌어 갈 것인지, 요령을 연구하라. 무겁고 힘센 황소도 코를 뚫고 고삐를 꿰어 이끌면, 고집이 강한 황소도 주인이 이끄는 대로 이끌려온다. 자신이 자기의 현실을 당겨서 이끌려면, 무엇인가 현실을 묶어서 이끌 수 있는 고삐를 만들어야 한다.

학생은 학업과 성적으로 자신의 현실을 이끌며, 마을버스 운전사는 운전기술로 버스 인생의 현실을 이끌어간다. 전문가는 전문적인 지식과 기술로 자기 현실을 이끌어가며, 범죄자는 자신의 범죄로 비극적 현실을 이끌어 간다.

자기 현실을 이끌 수 있는 고삐를 만들어 현실을 동여매라. 그것이 없다면, 자기 현실을 이끌 수 없으며 현실이 끌려오지 않을 뿐만 아니라, 현실이 이끄는 대로 자신이 이끌려 다니게 된다.

자기와 현실을 이끌되 너무 서둘지는 말라

자기와 현실을 이끌어가는 과정에서 남들이 저만큼 앞서가고 있다고 너무 빨리 진행하려고 하지 말라. 현실에서 자신이 상황이나 문제에 대응하는 것과 자신과 현실이 하나가 되어 현실을 주도적으로 이끄는 것은 다르다. 자신이 주도하는 현실 진행의 속도가 빨라지면, 높은 진행속도를 통제하기 어려울 뿐만 아니라 현실의 상황에 따라 대응해야 하는 여러 가지의 문제현상이나 현실주도행동의 실천 내용을 적절히 조절하기 어렵게 된다.

방향과 속도, 내용, 힘과 능력을 조절하기 시작하면, 자기와 자기의 현실이 명확히 자신이 추구하는 현실로 확실히 변화하기 시작한다.

성공을 위해 이것을 실천하라

1. 이끌지 않으면 끌려간다. 자신이 주도적으로 자기 현실을 이끌어가라.

2. 현실을 이끌려면, 자기의 현실을 주도면밀하게 관찰하여 어떻게
   이끌어야 할 것인가에 대하여 스스로 자기 현실에 대한 연구와
   공부를 하여야 한다.

3. 현실을 효과적으로 이끌기 위한 방법을 학습하라. 현실주도의 계획을
   세우고, 자기와 현실을 이끌어가기 위한 기법을 강화하라.

4. 목표와 목적을 세우고 그것을 부단히 밀고 나아가라.

5. 현실을 이끄는 자신과 현실을 한 덩어리로 묶어 이끌어라.

6. 자신이 주도적으로 현실이라는 덩치 큰 코끼리를 어떻게
   이끌어갈 것인지, 요령을 연구하라. 자기의 현실을 당겨서 이끌려면,
   현실의 고삐를 만들어 대응하라.

7. 자기와 현실을 주도적으로 이끌 때, 안전 주행과 속도를 유지하라.

성공원칙 요약

현실을 이끌어라. 현실을 이끄는 자기를 이끌어라. 자신의 현실을
이끌 수 있는 힘과 능력을 키워라. 현실을 이끌되 너무 서둘지는 말라.
현실에는 끄는 힘과 미는 힘이 있다. 따라서 진행방향의 선택과 힘의
조절이 요구된다. 현실을 이끌기 위하여 현실의 고삐를 만들어 대응하라.

성공원칙 실천노트

1. 자기 자신과 자기의 현실을 이끌어라.

2. 힘들수록 자기 현실을 이끌고 자기와 현실에 도전하라.

3. 자기와 현실을 이끌 수 있는 힘과 능력을 키워라.

4. 현실의 고삐를 만들어 현실을 주도하라.

5. 자기의 현실을 이끌되 너무 서둘지는 말라.

자신과 대화하라

현실에 대응하는 자기 자신과 대화하라. 자기와 자기의 현실에 성공적으로
대응하기 위하여 자기 자신과 스스로 격려하고 방법을 찾아내는 건설적 대화를 지속적으로
나누어라. 자기와 적극적이고 건설적인 대화를 지속하는 그 자기를 지지하고 격려하라.

힘들거나 낙심하거나 또는 절망하게 될 경우에도, 자기 자신과 정직하게 대화하면서
어떻게 해야 성공해낼 수 있는지 그 방법을 찾아내라.

　자기 자신과 대화하라. 자기의 현실대응에 있어서 오늘은 무엇을
잘했고 무엇이 부족했는지를 대화하라.

　자기 자신과 대화를 하기 시작하면, 현실대응에서 고군분투하고
있는 자신이 외롭게 느껴지지 않을 뿐만 아니라 어떻게 해야 자기
자신을 도울 수 있는지에 대한 방법을 찾아낼 수 있다.[26]

　자신을 도우려면 자신과 대화를 하라. 자신이 자기 현실에 대응함
에 있어서 무엇이 부족하며, 무엇을 더 잘해야 하는지를 자신과 대
화하면서 깨닫고 그에 대응하라. 만약 그러한 대응에서 서툴거나 잘
못하는 일이 있다면, 스스로 타이르고 격려하라. 자신이 좀더 잘 해
낼 수 있게 된다.

자신과의 대화를 통하여 무엇인가 확신이 서지 않는다면, 그에 대하여 주변의 사람들과 대화해보라.[27]

자신의 주변 사람들에게 질문하는 내용을 점검해보라. 자신이 스스로 질문하고자 하는 내용을 잘 알고 있으면, 핵심적인 질문을 한다. 그러나 자신이 질문하고자 하는 내용에 대한 연구나 이해가 부족하면, 질문의 내용도 초점이 흐리고 애매한 질문이 이어진다.

자신에게 자신이 알고 싶은 것을 질문해보라. 때로는 이미 자신이 충분히 그리고 정확히 대답할 수 있는 경우도 많다. 그런데도 자신이 알고 있는 근본적인 대답을 은폐하고 문제 속에서 여러 가지의 이유를 들어 스스로 방황하거나 책임을 회피하기도 한다.[28]

자신과 대화할 때, 확실히 해둘 세 가지의 유의사항이 있다. 첫째로 자신에게 정직하고 솔직하게 대화한다는 것이다.[29]

자신과 솔직하게 대화하라. 자신과의 대화법을 익히면 자신이 당면하고 있는 대부분의 문제들이 해결되기 시작한다.

둘째로 자신을 스스로 도울 자세를 견지하라. 자신이 실패하게 되거나 무엇인가에 대하여 힘들어 할 때, 자신의 성공을 돕겠다는 자세로 자신과의 대화를 하라. 자신에게 무엇이 필요하며, 주의해야 할 것이 무엇인지, 또는 어떻게 해야 자신이 균형적 태도나 감각을 잃지 않게 될 것인지에 대하여 스스로 조언하라.

셋째로 자기 자신과의 대화를 지속적으로 이끌어라. 자신이 추구하는 행동의 과정과 결과에 대하여 지속적으로 자신을 격려하고, 스스로 자신을 이끌어라. 자기 자신의 충전 에너지가 고양된다.

성공을 위해 이것을 실천하라

1. 자신에게 솔직하고 정당하게 대우하라.

2. 자신과 현실의 대응에 있어서 필요한 것이 무엇인지 상의하라.

3. 자신의 일과에서 일어나고 있는 것들에 대하여 자기 자신과 대화하고 문제점, 필요한 점, 개선해야 할 것을 찾아내라.

4. 최소한 하루에 한번, 10분간 자신과 자기 현실의 진행사항에 대하여 대화하고 상의하라.

5. 부족한 점이 있다고 자신을 비난하거나 자신에게 실망하지 말라. 부족한 점은 격려하고 잘못된 점은 개선할 것을 대화하라.

성공원칙 요약

현실을 주도하고 현실에 대응하는 자기 자신과 대화하라. 내 자신과의 대화는 자기의 현실과 자기 행동, 자기 생각을 스스로 점검하게 한다. 자기와 자기의 현실에 성공적으로 대응하기 위하여 스스로 격려하고 방법을 찾아내는 건설적 대화를 자기 자신과 지속적으로 나누어라. 자기와 적극적이고 건설적인 대화를 지속하는 그 자신을 지지하고 격려하라. 힘들거나 낙심하거나 또는 절망하게 될 경우에도, 자기 자신과 정직하게 대화하면서 어떻게 해야 성공해낼 수 있는지 그 방법을 찾아내라.

성공원칙 실천노트

1. 자기 자신과 대화하라. 잘한 것, 못한 것, 부족한 것, 개선해야 할 것에 대하여 대화하라.

2. 자신과 대화를 통하여 자기 자신을 도울 수 있는 방법을 찾아내라.

3. 자신과의 대화를 토대로 주변의 사람들과 대화하라.

4. 자신의 책임을 미루거나 회피하지 말라.

5. 자신에게 정직하고 솔직하게 대화하라.

●●●●●●●●● ○

자기와 자기 현실을 용서하라

자기나 자기 현실은 자기의 생각대로만 움직이는 것이 아니다. 자신이 생각 속에서
기대하는 것들이 현실에서는 그대로 그려지거나 실천될 것이라고 함부로 기대하지 말라.

현실생존과 성공을 위하여 살아가다 보면, 자기 마음에 들지 않는 자기 자신이나
자기의 현실전개가 밉거나 증오하고 싶을 때가 있다. 그러한 때라도 자기와
자기 현실을 증오하지 말라. 크게, 너그럽게 용서하라.

늘 무엇인가를 시작할 때에는 웅장하고 거대한 새로운 계획을 세
우기 마련이다. 어린 시절 방학생활을 기억해보라. 방학이 되면 무
엇을 하겠노라고 작정했던 대부분의 계획들이 현실에서는 제대로
실천되지 못한다.

자기의 현실에서 계획이 완벽하게 실천되는 경우는 아주 드물다.
어떠한 계획이건 실천의 과정에서 무수히 변경되고 수정되며, 그러
한 노력을 통해서도 언제나 성공을 보장하는 것도 아니다.

하물며, 특별한 노력과 준비도 하지 않은채 전개하는 자기 현실에
서 어렴풋하게, 또는 대충 생각했던 것들이 바로 현실에서 실천될
것이라고 기대하는 것 자체가 너무 무리가 아닐까? 그런데도 생각대

로 되지 않는 현실이라고 제멋대로 푸념하거나 좌절한다면, 스스로 자신의 생각의 부족과 억지논리에 빠져 있지 않은지 점검해야 한다.

자신의 절친한 친구가 자기 생각대로 따라주지 않는다면, 친구를 탓하기 전에 자신의 생각에 경솔함이나 억지가 없었는지를 우선적으로 살펴볼 일이다. 직장 동료나 거래처에서 자기의 기대처럼 움직여주지 않는다며 공정하지 않다고 화를 내거나 불만을 표출할 것이 아니다.

그보다는 자신의 현실에 대한 기대가 지나친 것은 아닌가를 점검할 일이다. 이와 같이 자신과 주변을 살펴보기 시작하면 대부분의 불만이나 실망은 지나친 기대나 욕심, 또는 경솔한 판단에 의하여 비롯된다는 것을 알 수 있게 된다.

자신이나 상대방이 현실의 전개에서 실수를 하게 될 수도 있다. 그러나 그에 대하여 너무 노여워하지 말라. 사전에 그와 같은 실수에 대비할 수 있었다면, 그러한 실수도 커다란 피해에 이르기 전에 충분히 수습될 수도 있다. 그렇다면 미리 대비하지 못함을 아쉬워하고 앞으로는 그와 같은 실수에 따른 피해에 미리 대비하도록 하는 것이 한결 현명한 처사이다.

자신의 현실이 기대에 미치지 못한다고 결코 분개하거나 증오하지 말라. 만약 실수로 잘못되어 피해가 발생하게 되더라도 그 때문에 자신이나 현실을 더욱 혼란스럽게 하지 말라. 자신과 현실을 용서하라. 용서하되 그러한 잘못이 반복되게 하지 말라.

자신에게 냉혹하게 굴지 말라. 냉혹함은 증오에서 비롯된다. 자신에게 스스로 너무 냉엄하고 가혹하게 굴면, 현실에 대응하는 자기 자신이 겁을 내게 되고 행동이 소극적으로 변하게 된다.

때로는 책임감 때문에 냉엄하고 가혹하게 변하기도 한다. 그러나 책임감과 냉혹함은 다르다. 책임감은 심리적 태도이기는 하지만, 책임있는 행동의 실천에 초점이 맞추어진다. 그러나 냉혹함은 자신이나 상대방에 대하여 거리감을 두게 하고 배려하려고 하지 않을 뿐만 아니라 지나칠 정도로 엄격한 기준이나 원칙을 중심으로 관대함을 상실하고 공정한 이해를 거부한다.

자기 자신에게 냉엄하고 가혹한 사람은 주변의 소중한 사람들에게도 은연중에 가혹한 행동을 가하게 된다.

주목할 점은 현실에서 냉엄하고 가혹한 사람들도 대부분은 태어날 때부터 그런 것은 아니라는 점이다. 무엇인가가 자신을 가혹하고 냉엄하게 만들어버린 것이다. 그러한 태도들은 모방되었거나 주입 또는 학습된 심리적 태도라고 할 수 있다. 때로는 자기와 자기 현실을 유지하고 보호하며 때로는 정당화하기 위하여 냉혹한 태도를 취하기도 한다.

예를 들어 주변에서 사람들에게 쌀쌀맞고 매정하게 대하는 사람들을 보라. 그러한 사람들도 잘 사귀어 보면, 의외로 다정다감한 면을 쉽게 찾아볼 수 있게 된다.

스스로 서로 마음을 터놓고 솔직하게 대응할 수 있을 텐데, 이상하게도 자신의 주변의 사람들에게 쌀쌀맞게 대하는 것이다. 그렇게

대하는 이유들을 들여다보면 〈도표 10〉의 위쪽에서 보는 바와 같이
자신이 어떻게 행동해야 하는지 잘 모르거나 대인관계, 즉 사람대응
이 서툴거나 귀찮을 경우, 또는 사람들에 대하여 오해하고 있을 때
그와 같은 자기 방어적 태도를 취하는 것을 알 수 있다.

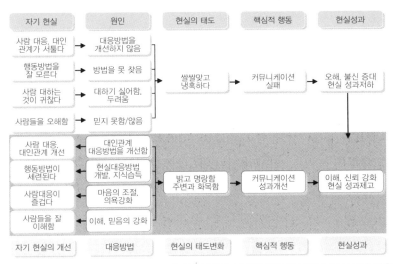

도표 10 │ 냉정한 사람의 태도의 원인과 현실성과 대응

'상대방에게 까칠하게 굴면 상대방이 쉽게 접근을 못할 것'이라는
생각과 기대감이 자기 보호색을 까칠하고 쌀쌀맞게 만들어간다. 그
러나 이와 같은 생각은 자신의 보호색을 취하게 된 동기와 내용을
간파하고 있는 사람에게는 제대로 적용되지 않는다. 오히려 외부의
대인관계와 자신의 감정표출과 유지에 미숙하고 소홀하다는 평가와
함께 부적절하다는 평가만을 얻게 된다.

그렇다면 〈도표 10〉의 아래쪽에서 보는 바와 같이 그 원인에 대응
하는 행동을 개선하고 강화함으로써 자신의 냉정한 태도와 현실을

변화시킬 수 있다. 이와 같이 어떻게든 자신의 태도를 변화시키기 위하여 방법을 찾아라.

냉엄하고 가혹한 태도를 취하는 것보다는 용서의 태도를 취하는 것이 훨씬 어렵다. 그것은 동전의 양면을 뒤집는 것처럼 쉬운 일이 결코 아니다.[30]

자신의 냉혹함을 버리려면 자신의 증오심을 버려야 한다. 냉혹함은 증오심의 발현이기 때문이다. 즉, 냉혹한 자기 자신은 증오심의 결과이며 희생인 셈이다. 자신의 증오심을 버릴 수 없는 사람에게 사랑으로 대하라고 하면, 납득하기 어렵게 된다.

이때에는 사랑하는 마음과 증오하는 마음의 원천인 마음 그 자체를 비워야 한다.[31] 자신의 마음을 온전히 비워내면, 자신을 용서할 수 있게 된다. 마음을 비워낸다는 것은 쉽지 않은 일이지만, 그러나 증오의 마음과 사랑의 마음을 동시에 비워내기 시작한다면, 증오의 마음이 서서히 약해지고 용서의 마음도 서서히 생겨나기 시작한다.

이와 같은 마음의 작용이 자기와 자기 현실을 사랑하고 소중히 여기는 비결이 된다.

성공원칙 요약

현실이나 자기 자신이 뜻대로 되지 않는다고 실망하거나 좌절하지 말라.
자기 자신이나 자기 현실은 자기의 생각대로만 움직이는 것이 아니다.
자신이 생각 속에서 기대하는 것들이 현실에서는 그대로 그려지거나
실천될 것이라고 함부로 기대하지 말라.

현실생존과 성공을 위하여 살아가다 보면, 자기 마음에 들지 않는
자기 자신이나 현실이 미울 때가 있다. 그러한 때에도 자기와
자기 현실을 크게 용서하라. 자신과 현실에 대하여 지나치게
냉혹해지지 말라. 자신이나 상대방에 대하여 용서를 할 수 없다면,
자신과 현실을 용서하는 법을 배워라.

성공원칙 실천노트

1. 자기를 포함하여 현실은 생각대로 되는 것만은 아니다.
   자신의 생각대로 되지 못한다고 해서 실망하거나 증오하지 말라.

2. 냉혹한 마음을 다스리고, 자신과 현실을 용서하라.

3. 자기 현실과 자기를 사랑하고 소중히 여겨라.

자기를 실현하라

자기실현은 자기의 생애의 각 단계에서 자기의 최대치를 이루는 것이다.
나무가 줄기와 가지, 뿌리를 최대한으로 뻗어 크게 높이 자기의 최대치를 이루며 성장한다.
꽃이 활짝 피어난다. 모든 것은 자기의 최대치, 극치를 실현한다.
자기의 최대치, 극치를 실현하라.

누구나 자기 인생을 창조하고 자기를 실현한다. 아직 자기의 최대치,
극치를 실현하지 못하였다면 그것이 무엇인가? 실현하라.
그것은 주인공이신 당신의 몫이며 당신의 아름다운 인생을 완성할 수 있는 권리이다.

쭉쭉 뻗어 올라가는 나무의 가지들을 보라. 자기가 뻗어 올릴 수 있는 최대치까지 뻗어 올리고 있다. 꽃잎의 끝을 보라. 자신이 뿜어 낼 수 있는 최대치까지 피워내고 있다. 아름다운 목소리로 세계인들을 사로잡는 우리의 성악가들을 보라. 목소리의 아름다운 정도가 극치를 이루고 있다.

자기와 자기 현실을 보라. 누구나 자기와 자기 현실을 최대치까지, 또는 자신의 극치를 실현한 사람들이 사회의 각 분야와 계층에서 성공한 사람으로 대접받고 있다.

최대치까지, 또는 극치에 이르기까지 자기를 실현하라. 하지만 최

대치, 극치에 이르기 위하여 자기 현실에서 이것저것 다 하려고 하지 말라. 이것저것 기웃거리고 건드리다 보면, 자신이 최대치, 극치에 이를 수 있는 시간과 기회, 그리고 실천을 할 여지가 없게 된다. 할 수 있는 것을 선택적으로 집중하여 그 최대치, 극치에 도전하라.

자기의 최대치, 또는 극치에 이르는 일은 바로 자기의 한계에 도전하는 일이다. 자기의 한계치를 극복하여 최대치를 실현하라. 그것이 자기를 온전히 실현하는 것이다.

자기의 최대치를 이해하려면 우선 자기의 한계를 알아야 한다. 그런데 자기의 한계를 이해하려면, 자기가 해낼 수 있는 한의 끝, 범위의 끝까지 뻗어나가 봐야 한다. 그것이 한계이며 최대치이다. 그러나 한계라고 생각되는 것에 사로잡히지 말라. 한계는 자신이 극복해보지 못한 수준을 의미한다.

한계에는 범위가 있다. 산을 올라보면, 첫 번째 봉우리에서 허덕이고 체력의 한계에 부딪히는 사람이 있다. 그럴 경우, 그 사람의 한계는 첫 번째의 봉우리가 된다. 그러나 반복해서 등산을 해보면, 어느 틈에 첫 번째 봉우리를 넘어서 좀더 높은 봉우리까지 올라갈 수 있게 된다. 자신의 한계가 확장되는 것이다.

그렇다면, 한계에 이르는 것이 바로 최대치를 의미하는 것은 아니다. 즉 자신이 확장할 수 있는 최대치의 한계범위에 이를 때까지는 아직 자기의 최대치를 실현한 것이 아니다.

만약, 그 한계범위를 보통의 일반인들이 상상하기 힘든 범위까지 확대, 확장하게 되면, 그것이 극치가 된다.

동네의 낮은 봉우리를 등산하는 것으로 시작한 사람이 세계 최고 봉의 등반가가 된다. 자기 자신의 등산인생에서 최대치, 극치를 이룬 사람이 된 것이다.

이와 같은 도전의 핵심은 바로 자기의 한계에 대한 도전이며 자기의 최대치, 극치의 실현이다.

자신의 최대치, 극치의 실현과정에서 자기의 현실구성요소들을 정비하라. 자기 현실이 어수선하거나 자기 현실의 구성요소들의 집중을 억제하면, 극한의 성과를 달성할 수 없게 되어 최대치, 극치에 이르지 못한다. 일단, 주변의 잡다한 일들은 과감히 정리하고 도전목표를 중심으로 정신, 마음, 생각, 행동, 관계를 총력 집중시켜 대응하라.

그리고 두 가지의 에너지를 투입하라. 자신의 최대치, 극치는 단순히 현실 구성요소들의 집중만으로는 실현되지 않는다. 극치에 이르려면, 자신의 혼과 열정의 에너지가 투입되어 자신을 한계에서 초월할 수 있도록 이끌어야 한다. 자신의 혼과 열정의 에너지를 투입하라. 얼마나 투입하는가에 따라 당신의 최대치, 극치에 이르는 일도 충분히 가능하게 된다.

자신의 최대치, 극치의 수준을 달성하고 실현하라. 무한도전이란 바로 이와 같은 자기 최대치의 한계를 뛰어넘어 지속적으로 자기를 실현하고 완성하는 것을 의미한다.

성공을 위해 이것을 실천하라

1. 자기와 현실을 주도하기 위하여 자기 자신의 최대치, 극치를 실현하라.

2. 자기 현실에서 이것저것 다하려고 하면, 극치에 이를 수 없다. 극치에
   이르려면, 할 수 있는 것을 선택적으로 집중하여 최대치, 극치에 도전하라.

3. 한계라고 생각되는 것에 사로잡히지 말라. 한계는 자신이 극복해보지
   못한 수준을 의미한다. 단계적으로 자신의 한계수준과 범위를 극복해나가라.

4. 자기의 현실 구성요소들을 정비하라.
   주변의 잡다한 일들을 과감히 정리하라.

5. 자신의 도전목표를 중심으로 정신, 마음, 생각, 행동, 관계를
   총력집중하여 대응하라.

6. 자신의 최대치, 극치를 이루기 위하여 자신의 혼과 열정의
   에너지를 투입하라.

성공원칙 요약

자기실현은 자기의 생애의 각 단계에서 자기의 최대치를 이루는 것이다.
모든 것은 자기의 상황에서 자기의 최대치, 극치를 실현한다.
누구나 자기 인생을 창조하고 자기를 실현한다. 자기 인생에서
자기의 최대치, 극치를 실현하라. 그것은 자기의 한계에 도전하는 일이며
바로 주인공이신 당신의 몫이며 당신의 아름다운 인생을 완성할 수 있는
권리이다. 이를 위하여 무한도전하라.

성공원칙 실천노트

1. 자기 현실에서 자기 실현의 최대치, 극치를 실현하라.

2. 할 수 있는 것을 선택적으로 집중하여 최대치, 극치에 도전하라.

3. 현실을 정비하고 자신의 한계치를 극복하라.

4. 현실구성요소를 집중하고 혼과 정열을 투입하여 최대치, 극치를 실현하라.

5. 무한도전으로 자신의 최대치, 극치를 더욱 정예화하라.

1 자기가 추구하고자 하는 현실이 맘에 들지 않고, 도저히 이해되지 못하거나 또는 납득되지 않는다고 불만을 토로하고 체념하거나 절망하거나 또는 방임하지 말라. 자기와 자기 현실을 납득하라.

2 자기 현실에 대하여 자기 스스로 납득하지 못하고 있다면, 그 이유를 찾아내라. 그리고 자기 현실을 스스로 납득하기 위하여 무엇을 해야 할 것인가를 찾아내라.

3 만약 삶의 진행 속에서 속임이 있다면, 그것은 자신이 속임을 당하는 것이다. 누구에게 속임을 당하는 것인가? 자신을 속이는 것은 자신의 삶이 결코 아니다. 자기 자신 아니면 타인, 또는 삶의 현상에 속임을 당하는 것이다. 다른 사람이 자신을 속이고 있다면, 속임을 당하지 않도록 바짝 정신을 차리고 주의를 잘 기울이면 된다. 그러나 자신에게 속지 말라. 만약, 자기 자신이 자기를 속이게 된다면 어떻게 알 수 있으며 어떻게 해야 할 것인가? 만약, 그렇다면 자신을 속이는 실체는 무엇이며 어떻게 대응해야 할 것인가?

4 자기 자신도 스스로의 힘과 공을 들여 움직여나가지 않으면, 자기 현실에서 제대로 작동하지 않는다. 이는 마치 자기 자신과 같이 생긴 인조 로봇을 기능시키는 것과 다를 바 없다.

5 보통화에 대응하기 위하여 고유한 자기화를 추구하고자 할 때, 스스로 자신을 확실히 납득시키지 않으면, 보통에서 멀어질 수 없다.

6 물론 성공의 방법을 제대로 몰라서 그럴 수도 있다. 그렇다면, 스스로 성공의 방법을 학습하고 터득해야 한다. 그러나 생각해보라. 여기저기에 성공에 관한 방법서와 정보들이 널려있다. 현실에서 성공을 실천하지 못하는 것은 성공의 방법을 몰라서가 아니다. 성공의 방법이나 지혜보다 더 중요하게 점검해야 할 것은 자기가 추구하려고 하는 자기와 자기 현실에 대한 온전한 납득이다.

7 대부분의 국제계약에서 서로 국제적으로 협력하여 전개하고자 하는 사업에 대한 MOU 각서에 조인함으로써 국제적 활동이 비로소 착수되고 개시된다. 여기에서 MOU란 서로 이해한 것을 약조하는 비망록Memorandum of Understanding을 말한다. 그러나 서로 주장하는 바가 다르거나 이해되지 못한다면, 그것이 제대로 납득이 되지 못하여 체결을 맺지 못하게 되거나 그 이행이 제대로 실천되지 못한다.

8 자기와의 약속이나 타인과의 약속이건 동의하지 않으면, 실천행동이 착수조차 되지 않는다.

9 어떤 사람들은 '상황을 봐서 좋으면 하겠다고 하면서 해보자'고 하고 어떤 사람은 '무조건 해보자'고 하기도 한다. 이럴 경우, '무슨 일이 있어도 그것만은 해야 한다'고 생각하는 사람들은 주변의 사람들의 행동에 대하여 실망을 표출하게 되기도 한다.

10 이와 같이 자기 맘대로 속단하고 간주하게 되면, 종종 일이 뒤틀리게 전개될 때, 속았다거나 배신감을 느끼고 실패에 대한 불안감과 상대방에 대한 불신감을 느끼게 되기도 한다. 상대방의 납득과 동의의 내용과 배경, 의사를 제대로 이해하지 못하고 있기 때문이다.

11 예를 들면, 용돈의 저축이나 금연, 또는 자기 계발을 위하여 학업을 계속하겠다는 약속이나 계획들이 제대로 실천되지 않을 때, 종종 자신의 의지가 박약하다거나 또는 현실적응의 무능력을 토로하기도 한다. 그러나 자기가 하고자 하는 의사나 의지, 계획에 대하여 자기의 동의를 막연하게 하거나 또는 제대로 하지 않으면, 자기 결의決意가 철두철미하게 이루어지지 않게 되어 제대로 이행되지 못하게 되는 현실을 빈번하게 경험하게 된다.

12 어떤 사람들은 대충 알아들으면 본인이 스스로 납득했다고 믿는다. 그러나 어떤 사람들은 어떤 사실이나 현상, 또는 다른 사람들의 의견에 대하여 충분히 이해하면서도 전혀 납득하려고 하지 않는다. 또한 납득을 하게 될 경우에도, 전체를 납득하는 것이 아니라 부분적으로만 납득하여 상황에 따라 그 실천을 주저하거나 이행하지 않기도 한다.

13 자신이 스스로를 납득시키려면, 무엇이 자기의 성공이며 왜 성공해야 하는가를 철저히 알게 하여 주지시키고 수용하게 하여 실천하도록 해야 한다. 자기 자신을 납득시키려면 철두철미徹頭徹尾하게, 즉, 머리끝부터 발끝까지 철저히 납득시켜 제대로 실천하게 하라.

14 자기 현실에서 스스로 성공적 현실을 창조하고 실현해나가기 위해서라면 주변에서 아집이 세다는 평가를 받는 것쯤은 문제없다고 생각해도 좋다.

15 공동의 작업에서 지나치게 자기중심적 태도를 취하게 되어 오히려 성과를 그르치거나 불필요한 마찰이나 오해가 유발되어 상황을 잘못 이끌게 된다면, 그것은 아집의 잘못된 행동전개를 고쳐야 한다. 아집이 나쁜 것이 아니다. 주변과의 관계에서 아집의 행동전개를 잘못하기 때문에 비난을 듣게 되는 것이다.

16 만약 주변에서 지적이나 비난이 일고 있다면, 현실행동의 전개과정에서 주변과의 오해나 마찰, 또는 유연하거나 기민한 상황대응이나 대응의 원활한 수정을 자신의 지나친 고집이 저해하기 때문에 비롯된다.

17 스스로 납득할 수 있고 납득시킬 수 있다면, 고집이건 아집이건 그것은 전혀 잘못된 것이 아니다. 그것은 납득의 성립요건이 근거와 합리성, 명확성, 실천가능성, 현실의 타당성을 필요로 하기 때문이다. 만약, 그와 같은 납득의 성립요건이 충족되지 못한다면 그것은 납득이 아니라 억지이며 잘못된 강요이다.

18 왜냐하면, 아무리 소극적인 것처럼 보이는 사람도 자신이 납득하고 실천하려고 하는 경우, 놀라울 정도의 적극성을 보이기 때문이다. 이와 마찬가지로 매사에 적극적인 것처럼 보이는 사람도 자신이 제대로 납득하지 않을 경우, 소극적 태도를 일관한다.

19 따라서 자기의 소중한 현실에 대하여 사랑하는 마음이 억제되고 현실을 개척하고 창조하려는 마음이나 생각도 억제되고 왜곡된다.

20 현실에 대하여 납득도 제대로 하지 않고 부정하는 경우, 제대로 그 실제와 전모를 알지 못하면서 부정하게 되어, 그러한 부정은 사실에 입각하지 못한 잘못된 부정이 된다.

21 가장 대표적인 예는 법률 집행의 경우를 들 수 있다. 자신의 무죄를 변호하려면, 현실의 법률을 납득해야 법률적 자기변호를 해낼 수 있게 된다.

22 현실적으로 머릿속으로는 부정해도 현실에 끌려 순응하고 살아가는 사람들이 있다. 그와 같은 경우, 자신의 납득 내용을 점검하면 자신이 순응하며 살아가고 있는 현실을 중심으로 자신의 이해와 확신, 동의, 수락의 과정을 점검하고 무엇을 어떻게 부정해야 하는지 명확하게 알 수 있다.

23 물론 납득의 내용과 수준은 거부에서 완전이행에 이르기까지 다양하게 전개된다. 기업의 전략이건 사업전략이건, 또는 개인의 성공전략이건 전략도 현실에 대한 납득의 실천과정을 중심으로 전개된다.

24 자기 자신과 자기의 현실을 파멸로 이끌어갈 수도 있고, 우울한 상태로 이끌어 갈 수도 있으며, 자신이 추구하는 현실을 실현하여 성공적으로 이끌어갈 수도 있다.

25 진행의 방향은 동서남북과 같은 공간적 방향만을 의미하는 것은 아니다. 좋은 쪽과 나쁜 쪽이 있는가 하면, 힘든 방향과 쉬운 방향도 있으며, 길게 보아서 현재의 생애에서만의 성공과 사후 영적 세계를 포함하여 자기가 추구해야 할 현실의 방향을 설정하기도 한다.

26 자기가 자기 자신을 도울 수 없다면, 아무도 자신을 도울 수 없다. 심지어 하늘도 자기 자신을 돕지 못한다. 그래서 '하늘은 스스로 자신을 돕는 자를 돕는다Heaven helps those who help themselves'는 말도 생겼다.

27 자신과의 대화를 통하여 알고 싶은 것을 정확하게 묻고 이해할 수 있게 된다. 그러나 자신과 대화를 하지 않는 사람들은 자신이 무엇을 알고자 하는지, 무엇이 필요한 지도 잘 이해하지 못한 채로 주변의 사람들에게 불분명한 질문을 하게 된다.

28 이러한 현상은 자기와 진실하고 솔직한 대화를 하지 않기 때문에 발생한다. 방법이나 해답을 몰라서가 아니다. 자신에게 솔직하게 대응하지 않기 때문이다.

29 예를 들면, 자기 현실의 상황이나 일이 잘못 되었다고 판단될 경우, 그 원인을 주변으로 돌리지 말라. 주변으로 핑계를 둘러대기 시작하면, 자신과 정직하고 진실한 대화가 불가능해진다.

30 동전의 양면은 같은 동전에 붙어있기 때문에, 즉 근원이 같기 때문에 그 태도를 바꾸는 방법만 알게 된다면 쉽게 바꿀 수 있다. 그러나 용서와 냉혹함은 서로 뿌리가 다르다. 용서는 사랑에 기초하지만, 냉혹함은 증오에 기초하고 있기 때문이다. 물론 사랑과 증오 역시 더 깊이 파고들면 마음이라고 하는 하나의 뿌리에서 뻗어 나오기도 하지만, 사랑과 증오는 성질이 크게 다르다.

31 그래서 법구경에서는 사랑하는 마음이나 미워하는 마음을 모두 비워낼 것을 명하고 있다.

제3부

현실대응의 유형과 성공전략에 관한 유의사항

현실의 성공은 제각기 다르다.

사람들의 생김새와 특성이 제각기 다르듯,
각자가 추구하는 성공도 제각기 다르다. 사물에도 제각기 특성에
따른 용도와 용처가 있듯이, 사람들이 추구하고 실현하는
성공의 대상, 방법, 범위와 포지션이 다르다.

우선 서로 제각기 다르다는 사실을 알라. 다르다는
사실을 아는 순간부터 자신의 성공을 설계하고
실천하는 지능과 의지, 방법과 전략을 발휘할 수 있게 된다.

자신의 생김새와 특성이 다르면, 그에 맞는 방법으로 성공을 추구하라.
모두가 똑같은 방법으로 성공해야 하는 것은 아니다.
성공의 출발점이 다르면, 출발점에 합당한 성공전략을 세워 대응하라.
서로 추구하는 목적지가 다르면, 추구해야하는 성공전략도 다르다.
자신이 추구하는 목적지로 가기 위하여 필요한 전략을 세워 대응을 하라.

1. 성공에 관한 유의사항

자신의 성공에 투자하라

우선 자신의 성공전략을 보다 더 정교하게 점검하고 다듬어 성공 활동에 자신의 시간과 노력을 투자하라. 투자하지 않으면 얻을 수 없다.

이제부터는 자신의 소중한 능력과 자원, 열정을 엉뚱한 곳에 낭비하고 소진하지 말라.

쓸모없는 것들에 매달려 자신의 소중한 자원과 행동을 낭비하거나 소진시키지 말고, 자신의 성공에 집중하여 투입하라. 자신이 활용할 수 있는 모든 것을 집중하여 자신의 성공에 투입하라. 현실에서 자신이 추구하는 성공을 위하여 자기를 헌신하라. 자기의 헌신은 성직자나 종교적 생활에서만 전개되는 것이 아니다. 정치적 목적을 위하여 자기를 헌신하거나, 사회적 문제와 그에 대한 교육적 해결을 위하여 자기를 헌신하는 이도 있다.

아름다운 목소리를 만들어 내거나 훌륭한 작품을 만들어내기 위하여 자기와 자기 현실을 희생하고 자기를 헌신하는 이들도 있다. 세상과 사회의 여러 분야, 각계각층에서 헌신함으로써 자기 능력의 극치를 만들어내고 성공을 실현하는 사람들을 보라.[1]

자신의 성공에 노력과 열정, 지능과 의지를 투자하라.

평범한 노력이나 상식적 대응만으로는 성공할 수 없다

성공은 노력에 의하여 결정된다. 따라서 많은 사람들이 자신과 자기 현실에서의 성공을 위하여 부단히 그리고 열심히 노력하고 있다. 그런데 이상하게도 자신이 투입한 노력에 비하여 자기 현실에서 실현되고 있는 결실과 결과에 만족하지 못하게 되는 경우가 많다.

이와 같은 경우 자신의 현실에서 '성공이란 열심히 공을 들여 노력함으로써 이루는 결실'이라는 일반적이고 통념적 상식이 자기 자신에게는 적용되지 못한다고 현실의 불공평함을 푸념하거나 자기 현실에 대하여 스스로 좌절하기도 한다.[2] 그런 점에서 보면 일반적인 성공상식을 발휘할 때에도 그것이 현실에 제대로 적용될 수도 그렇지 못할 수도 있다는 사실을 알 수 있다.[3]

유의해야 할 점은 자신의 현실성공을 위하여 성공에 관한 지식을 제대로 알고 제대로 실천하는 경우에도, 자기 현실에서의 성공이 보장되는 것은 아니라는 사실이다. 자기 현실의 상황과 환경의 변화가 기존의 통념적 상식이 적용되지 않는 특수한 경우이거나 새로운 성공대응방법의 실천이 요구될 경우에는 더욱 그러하다.

도시 개발이 지속적으로 진행되고 있는 지역에서 길을 찾아갈 경우를 생각해보라.

자신이 확보한 지도책에는 현재 진행되어 완공된 신설 도로에 관한 안내가 빠져있거나, 과거에 사용되었지만 폐쇄된 구도로에 관한 정보가 제대로 기록되어 있지 못한 경우가 많다. 그러한 도로안내책자는 자기가 목적하는 새로운 목적지와 길을 찾는데 더 이상 유용한 도움을 주지 못하게 된다.[4]

그렇다면 이미 알고 있는 지식이나 정보에 의한 대응은 변화하고 있는 새로운 현실대응에는 한계가 있음을 알 수 있다. 따라서 자신이 파악할 수 있는 지식과 정보를 포함하여 추가적으로 당면하고 있는 현실의 문제나 해결과제에 대응할 수 있는 지능적 전략 대응을 스스로 강화하지 않으면 곤란하게 된다.[5] 이와 같은 경우 자신이 추구해야 할 성공경로는 통념적, 일반적 상식에 의하여 인쇄된 또는 누군가가 입력시킨 성공지도Success map에 의한 성공경로가 아니라는 사실을 빨리 깨닫는 것이 중요하다.

자신에게 반드시 필요한, 그리고 자신이 추구해야 하는 성공지도는 자신이 당면하고 있는 새로운 상황에 가장 적합하게 대응할 수 있도록 스스로 완성시켜가는 새로운 성공경로이기 때문이다.

즉, 자신의 성공지도는 부단히 변화하고 있는 현실에서 자신이 새로이 자신의 성공경로들을 그려가면서 실천을 통하여 수정하고 완성시켜 가야 하는 것이다.

성공지능의 정의

미시간 호프 칼리지의 심리학부 마이어스 교수는 자신의 저서에서 지능에 대하여 다음과 같이 정의하고 지능에 관하여 주목할 만한 연구내용들을 설명하고 있다.[6] 논의의 전개를 위하여 지능에 관한 심리학적 고찰에 대하여 간략하게 살펴보도록 하자.

Intelligence: Mental quality consisting of the ability to learn from experience, solve problems, and use knowledge to adapt to new situations.
지능 : 경험을 통하여 학습하고, 문제를 해결하며 새로운 환경에 대처할 수 있는 지식을 활용할 수 있는 정신능력

이와 같은 지능은 보편적 지능general intelligence과 다양한 상황에 대처하기 위하여 여러 가지 형태로 특화된 고유지능들primary mental abilities로 나누어 볼 수 있다.

고유지능에는 언어영역, 논리-수학 영역, 음악영역, 운동영역, 공간영역, 대인관계영역interpersonal, intrapersonal, 자연계 영역의 8가지가 있으며,[7] 최근에 새로이 제기된 존재영역, 즉 삶과 죽음과 존재를 인식하는 영역을 포함하여 9가지로 구분된다.[8]

복합지능

가드너H. Gardner는 지능이 여러 가지의 형태로 구성되고 있음을 입증하고 있다. 예를 들면, 여러 가지의 서로 다른 환경의 도전에 대처하기 위하여 우리의 인류의 조상들이 다양한 능력들을 발휘해

왔음을 주목하고, 여러 가지의 능력들 중에서 특정한 능력들이 탁월한 개인들의 특성을 분석함으로써, 지능이란 여러 가지의 복합적 능력들이 결집된 형태로 복합지능multiple intelligence으로 발휘되고 있다는 사실을 입증하고 있다.

이와 같은 논거를 토대로 한다면, 높은 지능지수IQ를 보이는 사람들의 그룹이라고 하는 멘사MENSA에 속하지 않는 사람일지라도, 리더십의 천재가 될 수 있는 것이다.

사회지능

이와 같은 지능에 관한 연구에 캔터와 킬스트럼이 정의한 사회지능societal intelligence이 추가적으로 제시되었다.[9] 사회지능은 사회적 행동의 상황을 성공적으로 통제하고 관리하는 능력을 말한다.[10]

감성지능

사회적 지능과 관련하여 핵심적인 내용으로 살로버리와 마이어P. Salovery and J. Mayer는 감정을 느끼고, 표현하며, 이해하고 통제하는 감성지능emotional intelligence을 제시하였다.[11] 감성지능은 위기상황에서도 공포, 노여움, 걱정, 사기저하와 같은 감정을 통제한다.

성공지능

스턴버그R. Sternberg는 가드너의 복합지능론에 동의하고 이를 좀 더 간략하게 하여 성공지능successful intelligence을 제시하고 세 가지

의 핵심적 특성을 다음과 같이 분석하였다.[12]

분석적 지능 Analytic (academic problem-solving) intelligence
창조적 지능 Creative intelligence
실천적 지능 Practical intelligence

분석적 지능은 소위 IQ테스트와 같은 형태의 논리적, 구조적 문제
를 통하여 파악되는 지능을 의미한다. 창조적 지능은 새로운 상황에
적절히 대처하고 새로운 개념이나 아이디어들을 창조하는 능력이라
고 할 수 있으며, 실천적 지능은 일상생활에서 당면하고 있는 문제
의 특성이 잘 정의되지 않고, 복잡하며 다양한 대안을 원하고 있는
일상적 과제들을 처리하는 능력을 말한다.

이상과 같은 관점과 분석을 토대로, **성공지능**은 스턴버그의 성공
적 지능의 관점을 확장하여 인지적 관점에서의 분석적 지능과 감성
적 관점에서의 감성지능, 실천적 관점에서의 실천지능, 그리고 사회
적 관점에서의 사회지능을 포괄하여 '자기 현실의 과제나 당면하는 현
실의 환경과 상황에 성공적으로 대응할 수 있는 복합적 정신능력'으로
정의한다.

성공지능이란?
'자기 현실의 과제나 당면하는 현실의 환경과 상황에 성공적으로
대응할 수 있는 복합적 정신능력'

자신의 현실대응의 **성공지능**을 높이고 강화하라. 성공지능은 자신의 현실 성공을 실현하기 위하여 필수적인 성공요소이다.

성공지능과 **성공의지**와 더불어 현실 성공에는 자신의 현실대응을 실현하는 **성공실천행동**이 필수적으로 요구된다.[13] 이를 자기 현실을 성공으로 이끄는 현실대응의 **3요소**라고 한다.[14] 자신의 성공지능과 성공의지, 그리고 성공실천이 제대로 잘 전개될 때, 현실 성공을 보장할 수 있게 된다. 따라서 성공전략은 자기 자신과 자신이 대응하고 있는 현실에 대하여 성공지능과 성공의지, 성공실천을 효과적으로 전개하여 현실성과를 높이기 위해 필요한 방법과 능력을 설계하고 실천하도록 하는 것이다.

현실에서 목격되는 세 가지의 행동양식들

자기 현실을 지탱하고 전개하는 힘이 떨어지고 환경이 불안해지면, 크게 세 가지의 행동양식이 등장한다.

첫째는 격동과 불안함 속에서 안정적인 환경을 찾아서 자기 현실을 안전하게 유지하려고 하는 행동이다. 둘째는 격동과 불안의 환경과 현실에 자기를 적응시키고 그 속에서 새로운 기회를 찾아 대응하려는 행동이다. 그리고 셋째는 자포자기의 심경으로 될 대로 되라는 태도로 자신과 현실을 방임하는 행동이다.

격동과 불안이 증대하는 환경현실에서는 이러한 상황적응의 행동들이 생각처럼 쉽게 전개되지 않을 뿐만 아니라 실패로 이어지기도 한다. 과거와는 다른 현실에서 적용해야 할 자신의 지능적 대응이 현실성과를 보장하지 못하기 때문이다.

성공 지능도 한계에 이르기 시작

성공이 힘들어지고 실패가 잦아지게 되면, 자신이 당면하고 있는 환경과 현실에 대하여 성공적으로 대응하고 생존하기 위하여 지능이 발휘된다.[15]

그러한 자신의 현실대응의 지능이 격동과 불안이 증대하는 환경현실에서 제대로 발휘되지 못하고 있는 것이다. 설상가상으로 자기의 현실을 지탱하는 힘조차 떨어지고 있다는 것이 문제이다.[16]

성공하는 사람들은 더욱 큰 성공을 실현하고 있는 반면에, 실패하는 사람들의 수가 더 많아지면서 사회의 양극화 현상은 더욱 더 극렬하게 진행되어가고 있다. 거시적으로 볼 때, 성공의 사회적 편중현상이 지속된다면, 사회의 20%의 구성원이 전 사회의 80%의 소득을 확보하는 20대80의 법칙은 10대90의 법칙이나 또는 5대95의 법칙으로 전환될 수도 있다.[17]

주저앉아 있지 말라. 분발하여 성공현실을 만들어라

현실에서 등장하고 있는 성공의 기회는 단지 기회일 뿐, 성공을 보장해주는 것은 아니다. 더욱이 성공의 기회는 역동적으로 변화하면서 생동하고 소멸되어가고 있다. 아무리 기회를 제공하여도 당신이 자기의 기회를 포착하고 대응할 수 있는 능력을 발휘하여 대응행동을 전개하지 않으면, 단지 그림의 떡에 지나지 않는다.[18]

자기 스스로 자기 현실을 이끌어가기 위하여 분발하고 좀더 현명하게 대응하는 수밖에 없다. 즉, 자기 스스로 자신의 성공지능을 강화하여 여기저기에서 성공기회들을 찾아내고 전략적으로 대응하여 성공하는 현실로 만들어가는 수밖에 없는 것이다.

성공전략의 점검

그동안 성공전략과 관련된 대부분의 책자들은 성공인들의 행동특성, 행동양식, 사고방식을 중심으로 기술하고 있다. 즉, 성공해서 유명해진 사람들이 이와 같이 하여 성공하였으니 당신도 현실적으로 이렇게 해야 성공한다는 논리에 입각하여 성공전략을 제시하고 있다. 특히 남다른 방식, 남다른 노력을 기울여 큰 성공을 이룬 사람들의 성공을 주목하여, 그들이 자신의 현실과 인생을 어떻게 이끌어왔는지 이해하고 그들과 같이 극복할 것을 권하는 내용과 방식이 주류를 이루고 있다.

이와 같은 논리는 타당한 것처럼 보이지만, 여기에는 세 가지의 맹점이 있다.

첫째, 성공전략의 배경과 현실의 입장의 차이에서 오는 맹점이다. 즉, 성공전략을 배워서 추구하고자 하는 사람들은 기존의 성공전략을 만들어 낸 사람들과는 다른 조건의 현실을 살아오고 있으며, 앞으로도 그들과는 다른 조건의 현실을 살아갈 사람들이라는 점이다.

이러한 사실을 감안하지 않고, 독특하고 위대한 성공전략을 제시하게 되면, 자기와는 다른 현실, 자신이 성공현실을 추구할 수 없는 플랫폼platform에서 과거에 또는 현재 성공하고 있는 다른 조건의 사람들이 추구한 성공의 방식을 독자들이 수용하고 따라서 실천할 것을 강조하게 된다.[19]

특히 주의하고 경계하여야 할 것으로 기존의 성공전략에 관한 서술에서는 동일한 성공전략과 같은 방식으로 도전하고 노력해도 성공하지 못한 사람들의 이야기는 언급되지 않고 있다는 점이다.[20] 이러한 사실은 기존의 성공전략들에 대한 타당성에 대하여 독자들이 스스로 판단해야 할 뿐만 아니라 그 현실적 적합성을 각자가 충족해야 한다는 것을 의미한다.[21]

그래서 자신도 성공하기 위하여 그와 같은 성공전략들을 따라 무작정 시도하는 순진한 사람들은 자신의 역부족을 깨닫게 되고 종종 중도에 좌절하게 된다. 성공전략의 과대 포장과 잘못된 수용과 전개가 여러 사람들의 현실에서 스스로의 성공을 잘못 이끌게 되는 것이다.

두 번째의 함정은 대부분의 성공전략은 독자에게 보편적이고 동일한 성공행동을 이끌고 있다는 점이다.[22]

기존의 성공전략은 대부분 사람들이 처하고 있는 각자의 현실에서 나름대로의 성공보다는 위대한 업적을 이루어 내는 성공을 실현하는 방법과 실천행동의 논리를 강조한다. 즉, 모두가 성공이라는 미명하에 동일하게 위대한 목적지를 지향하게 하고 동일한 방법과 실천행동을 권장한다.[23]

세 번째로 그리고 성공의 관점에서 가장 유의해야 할 중요한 맹점으로는 사람들이 힘들게 노력하기 보다는 조금 덜 힘들게 노력하여 성공하는 쪽에 초점이 맞춰져 있으며 그러한 점을 부각시키고 사람들을 안심시킨다는 점이다.[24]

이러한 안심감은 자신의 행동을 지속하게 하고, 언젠가는 성공할 수 있다는 희망을 주는 장점이 있지만, 성공하지 못하게 될 경우, 더욱 큰 좌절을 하게 된다는 점에서 유의할 필요가 있다.[25]

참으로 이상한 것은 성공이라는 것이 자기 자신의 노력을 통하여 결실을 얻는 일이라는 것을 알면서도 많은 사람들이 스스로 성공을 위하여 깨닫고 스스로 자신의 성공을 창조하려는 노력은 소홀히 한다는 사실이다. 그보다는 다른 사람들이 어떻게 해서 성공했는가에 더 관심을 가지고, 자신의 성공을 그러한 타인의 성공에 대입하려고 하고 편승하려고 한다. 이것은 명백히 성공을 희구하는 사람들이 반드시 깨달아야 할 인간의 약점이며 맹점이다.[26]

이제부터는 그렇게 할 것이 아니다. 막연하게 타인의 성공전략을 따라 할 것도 아니다. 그동안 전개해왔던 방법을 바꿔라. 자기 스스로 성공을 설계하고 성공을 실현해나가라. 필요하다면, 이 책에서 제시하고 있는 주요한 성공원칙들을 참조하여 스스로 자기의 성공원칙, 자기의 성공전략을 만들어가라. 그것이 이 책의 목적이며, 당신이 이 책을 통하여 자신의 성공을 실현하는데 도움을 얻을 수 있는 현실적인 방법이다.

2. 성공전략의 유형과 일반적 원칙

자신의 현실과 자신이 추구하는 꿈과 소망을 명확히 하라

전략은 자신이 추구하는 꿈이나 소망을 현실에서 실현하기 위하여 필요한 가교의 역할을 한다. 그렇다면, 우선 자신이 어떠한 현실에 있고 어떠한 특성을 지니고 있는지를 알아야 한다.

자신의 현실과 자신이 추구하는 목표가 확립되어 있는 사람이라면, 전략과 실천에 집중하여 성공전략을 추구하면 된다. 그러나 자신의 현실이 불안하고 자신이 추구하는 꿈과 소망이 확립되어 있지 않은 사람이라면, 전략을 추구하기 전에 현실과 꿈을 우선적으로 정립시키고 전략을 세워 성공을 실현해나가야 한다.

이와 같이 성공을 실현해나가는 방법도 각자의 특성에 따라 그 추진의 내용이 달라진다.

똑같이 성공전략이라고 표현해도 그 전략이 추구하는 방향과 내용에 따라 다양한 유형들이 있다.

'열심히 노력하면 성공 한다'와 같은 성공원칙은 주로 노력과 행동을 중심으로 하는 성공원칙이다. 이와 같은 성공원칙이 성립되려면, 방향과 방법, 그리고 성공을 위한 행동에 투입되어야 하는 능력이나 자원이 제대로 확립되어 있어야 한다.

'성공의 신념을 가지고 행동하면 성공한다'는 신념의 성공원칙도 어떠한 신념인가에 따라 다를 뿐만 아니라, 자신이 추구하는 성공의 내용과 그에 필요한 성공요소들이 제대로 확립되고 실천되지 못할 경우, 신념의 효과는 제한된다.

또한 '성공적 사고방식을 전개하면 성공한다'는 관점도 '무엇이 성공적 사고방식인가?'에 대한 판단이 불명확하거나 실천적 전략이나 방법이 결여되면, 그 현실적 타당성을 상실하게 된다.

현실적으로 당신의 성공은 처세술이나 책략 또는 전략에 의하여 완성된다고 하기 보다는 실천적 노력과 땀에 의하여 완성된다. 어떤 기법이나 기술, 또는 원칙은 그러한 실천적 노력을 효과적으로 달성하는데 유용한 도움을 제공하는 요소이기는 하지만, 그 자체만으로 성공이 실현되는 것은 아니다.[27]

성공의 유형에는 외부적 성공을 추구하는 유형이 있는가 하면, 내부적 성공을 추구하는 유형이 있다.

외부적 성공을 추구하는 사람들은 예를 들어 자신의 성공을 사회적 관계나 지위, 또는 사회적 성과를 중심으로 추구한다. 따라서 자신의 개인적 행복은 외부적 성공을 중심으로 억제된다. 대망의 정치적 성공을 꿈꾸는 정치후보생들의 가정이 그 대표적인 예라고 할 수 있다.

취업희망자들이 입사를 희망하는 회사를 선택할 때나, 사업을 구상할 때에도 사회적 성공을 추구하는 사람들은 외견상 크고 좋은 것이나 사회적으로 지명도가 높은 것, 사회적 존중감이 큰 것을 선택하려고 한다.

그러나 내부적 성공을 추구하는 유형은 성공의 초점을 외부보다는 내부적 성공에 맞춘다. 예를 들면, 자신이나 가족의 건강과 안녕, 행복을 중심으로 성공을 추구한다.

내부적 성공을 추구하는 사람들은 사회적 성취가 중요하다고는 생각하지만, 자신의 내부적 행복을 교란하거나 파괴하는 사회적 성취는 원하지 않는다. 따라서 외부적 성취보다는 개인적이고 실리적 성취를 더욱 더 중요하게 생각한다. 또한 회사를 만들거나 또는 취업을 할 때에도, 남들이 자신의 사업이나 직업을 어떻게 보는가에 대하여 관심을 두지 않는다. 자신의 현실에서 자기 성취가 무엇보다도 중요하기 때문이다.

사람들 중에는 이 두 가지를 다 추구하는 사람들이 있는가 하면, 어느 한 가지를 중심으로 자신의 성공을 추구하려는 사람들도 있다. 이 두 가지를 모두 추구하여 다 충족할 수 있다면, 그야말로 금상첨화일 것이다. 그러나 어느 한 가지라도 자신이 추구하는 성공을 실현한다면, 그것도 참으로 행복한 성공이 아닐 수 없다.

방향을 중심으로 외부적 성공과 내부적 성공을 나누어 보았지만, 성공의 차원의 관점에서 생존전략, 기본전략, 성장전략과 같은 성공전략으로 나누어 볼 수 있다. 이와 같은 성공전략에 경쟁적 요소를 추가할 경우, 경쟁전략이 전개된다. 즉, 경쟁 현실과 상황에 대하여 대응하는 성공전략은 경쟁전략의 성격을 반영하게 된다.[28]

성공현실에 따라 필요한 성공요소도 다르다

기업을 운영하건, 또는 취업을 하여 직업활동을 하건, 아니면 가사에 전념하는 현실을 추구하건 어떠한 성취를 목표로 하는가에 따라, 자신이 선택하고 추진해야 할 성공전략도 달라진다.

어떠한 현실에서 성공을 추구하는가에 따라 성공에 필요한 요소도 달라진다. 직장인, 학생, 가정주부, 기업가, 새로 작은 점포를 시작한 새내기 경영주가 추구하는 성공은 그 내용과 방법, 실천의 노력이 제각기 다르다.

직장인의 성공요소는 자신에게 부여된 과업을 충실히 이행하고 성과를 높이기 위하여 필요한 요소들이 성공요소가 된다. 학생은 자신이 추구하는 전문분야나 학업에서 성과를 높이는 요소들이 성공요소가 된다. 주부는 자신의 가정을 잘 운영하고 이끌어가며, 가족구성원들을 행복하게 해주는 일에 필요한 요소들이 성공요소가 된다. 기업가나 경영주는 기업경영을 성공적으로 전개하는데 필요한 요소들이 성공요소가 된다. 이와 같이 자기 현실에서 필요한 성공요소들을 찾아내서 분별하고 잘 결합하여 대응하고 실천하는 일이 성공원칙이 된다.

이와 같이 자신이 처한 현실에 따라, 그리고 자신의 성공에 대한 관점에 따라 성공전략을 전개하는 방향과 전략의 영역, 내용이 다르게 된다. 따라서 자신의 성공전략을 점검하고 자신의 현실에 성공적으로 대응하려면 자신이 대응해야 할 성공전략의 프레임워크를 이해할 필요가 있다.

성공전략의 프레임워크는 〈도표 11〉에서 보는 바와 같이 내부와 외부, 실천과 통제의 관점을 기준으로 x축과 y축을 구성한다.[29] 이와 같은 성공전략의 프레임워크를 중심으로 자기의 성공현실을 살펴보자.

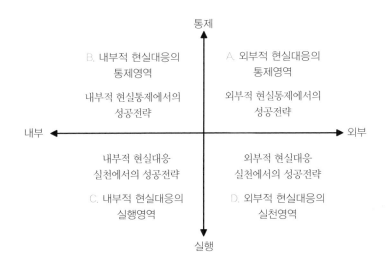

도표 11 | 성공전략의 기본 프레임워크

오른쪽 위 A는 외부적 현실대응의 통제영역으로 외부적 현실통제에서의 성공전략이 전개된다. 왼쪽 위 B는 내부적 현실대응의 통제영역으로 내부적 현실통제에서의 성공전략이 전개된다. 왼쪽 아래 C는 내부적 현실대응의 실행영역으로 내부적 현실대응 실천에서의 성공전략이 전개된다. 오른쪽 아래 D는 외부적 현실대응의 실행영역으로 외부적 현실대응 실천에서의 성공전략이 전개된다.

대부분의 성공전략은 이 네 가지의 영역의 현실의 어느 한 부분 또는 여러 영역에 대하여 대응해야 할 방법적 논리나 노하우, 지혜를 제시하고 있다.

이와 같은 성공전략 프레임워크를 확장하면, 성공전략의 평면적인 기본 프레임워크에 현실대응 성공전략의 핵심적 요소인 창조와 파괴의 Z축을 결합하여 〈도표 12〉에서 보는 바와 같이 3차원적으로 구성할 수 있다. 이를 이해하기 쉽게 구분할 수 있도록 하기 위하여 〈표 8〉에서 세부적으로 제시하고 있다. 표에서 보는 바와 같이 성공전략의 공간영역은 창조와 파괴를 추가적으로 감안할 때 8가지의 성공 전략영역이 도출된다.

성공전략은 이 8가지의 영역을 중심으로 전개된다. 예를 들어 이웃 국가에 대응하는 경우를 보자. 이웃 국가에 전쟁을 일으켜 지배적 전략을 전개할 경우, 표의 (3)ECD와 (4)EED의 영역에 대응한다.

그러나 동일하게 이웃 국가에 지배적으로 대응할 경우에도, 창조를 통한 전략전개는 (1)ECC와 (2)EEC의 성공영역에 대응한다. 소위 최근 아프리카 등의 신흥개발도상국에 접근하는 국가전략과 외교의 차원에서 대응하는 성공전략이 이에 해당한다.

성공전략 영역*	내부/외부 (X)	통제/실행 (Y)	창조/파괴 (Z)	결합된 성공전략영역
1. ECC	외부적	통제	창조	외부적 현실대응의 통제와 창조영역
2. EEC	외부적	실행	창조	외부적 현실대응의 실천과 창조영역
3. ECD	외부적	통제	파괴	외부적 현실대응의 통제와 파괴영역
4. EED	외부적	실행	파괴	외부적 현실대응의 실천과 파괴영역
5. ICC	내부적	통제	창조	내부적 현실대응의 통제와 창조영역
6. IEC	내부적	실행	창조	내부적 현실대응의 실천과 창조영역
7. ICD	내부적	통제	파괴	내부적 현실대응의 통제와 파괴영역
8. IED	내부적	실행	파괴	내부적 현실대응의 실천과 파괴영역

표 8 | 성공전략의 기본 8영역

*약어표기: 1열(E: External, I: Internal) 2열(C: Control, E: Execution)
　　　　 3열(C: Creation, D: Destruction)

　개인의 자기 현실에서도 자기 자신의 현실파괴를 시도하는 외부 세력에 대응할 경우, 제3주의 성공원칙에서 살펴본 바와 같이 (3)과 (4)의 영역에 대응하며, 내부적 현실에 대하여 자기를 좌절시키고 파괴하려는 요소들에 대하여 (7)ICD와 (8)IED의 성공영역에 대응한다.[30]

　이와 마찬가지로 자신의 새로운 성공현실을 창조하고자 할 경우, 외부적 성공현실의 창조를 위하여 (1)ECC, (2)EEC의 영역에 대응하며, 자기 현실에서 그 대응의 성과를 높이기 위하여 (5)ICC, (6)IEC

의 성공영역에 대응한다.[31] 뿐만 아니라 자신이 추구하는 새로운 성
공현실을 창조하는 과정에 외부와 내부의 저항세력이나 억압, 파괴
의 요소들에 대응한다.

생존전략, 성장전략, 기본전략

〈표 8〉의 성공전략 프레임워크를 이해하면, 생존전략과 성장전
략, 기본전략의 핵심적 관점을 파악할 수 있게 된다. 〈도표 11〉의
연장선상에서 〈도표 12〉에서는 **성공전략의 프레임워크와 현실 대응전
략의 전개**를 제시하고 있다.

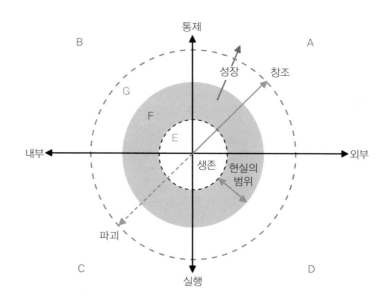

도표 12 | 성공전략의 프레임워크와 전략의 전개

도표의 중앙에 자리하고 있는 작은 원의 점선 E는 현재 자신이 처한 현실에서 요구되는 **생존의 한계수준**을 설명하고 있다. 자기 생존의 한계수준 E에서 자기 현실의 범위 F에 이르는 영역까지 대응하는 전략이 자신의 현실대응의 성공을 위한 **기본전략**이다.

기본전략에서는 자신의 현실생존과 적응의 성공적 전개를 추구한다. 만약 현실생존의 상황과 여건이 치열하고, 척박하여 역경으로 치닫게 될 경우, 제1주와 2주의 성공원칙에서 살펴본 바와 같이 현실대응의 생존의 범위를 축소하여 버티고 견뎌낸다.

여기에서 보다 확장하여 기본전략의 범위를 초월하는 영역 G으로 나아가는 전략이 **성장전략**이다. 성장전략은 기본전략이 충실하게 전개될 경우, 그와 같은 전략전개를 중심으로 확장시키는 안정적 성장전략과 기본전략을 제대로 전개할 수 없을 경우, 부득이하게 성장을 통한 생존과 기본전략의 전개의 확장적 성장전략이 있다. **안정적 성장전략**을 점진적으로 진행하는 성장전략이라고 한다면, **확장적 성장전략**은 급진적, 비연속적으로 전개하는 성장전략이라고 할 수 있다.

안정적 성장의 예를 들면, 수십 년간 동네의 음식점을 해오던 사람이 그동안의 경험과 축적된 자본을 통하여 보다 확대된 지역에서 대규모의 점포를 전개하는 경우나 부모로부터 물려받은 작은 공업사工業社를 발전시켜 첨단 제조 기업으로 발전시키는 경우를 들 수 있다. 이와 같은 경우는 그동안 기본전략에서 터를 잡고, 성공을 실천해온 경험과 자본, 능력을 활용하여 새로운 현실을 창조해나가는 예라고 할 수 있다.

KH컴퍼니 강훈(43) 대표는. 스타벅스 다음으로 큰 토종 카페 브랜드를 만드는 데 성공했다. 국내에서 매장 수로 스타벅스를 넘어서는 카페를 만들겠다는 목표도 달성했다. 이제는 세계 시장에서 스타벅스와 당당히 겨루는 카페 브랜드를 만들겠다고 한다. 할리스를 만들고, 카페베네에 합류해 카페베네를 국내 1위 카페 브랜드로 만드는 데 일조한 강 대표가 지난 4월 이름도 생소한 웰빙 디저트 카페 '망고식스'를 만들어 세 번째 도전에 나섰다.[32]

손대는 카페마다 대박, 조선일보 2011-9-24일자

이에 비하여 급진적 성장의 예로는 새로 창업하여 추진하는 사업 전개에서 현실에서 요구하는 능력과 여건이 불리하기 때문에 전통적인 방법으로는 기본전략을 충실히 전개하기 어려울 경우, 공격적이고 급진적이며 확장적 성공전략을 전개하는 것을 들 수 있다. 예를 들면 현실의 환경과 여건이 척박하기 때문에, 대응해야 할 현실에서 대응해야 할 규모와 방법을 조정하여 공격적으로 대응한다.

척박한 토양에서 자생적으로 자라나고 있는 딸기를 보라. 자신이 터를 잡고 있는 공간영역에서 **기전략과 본전략** 전개의 한계를 보일 경우, 일정한 거리를 두고 줄기를 뻗어 구조를 변형시킴으로써 **자기 복제의 현실대응논리**를 전개한다. 딸기뿐만이 아니다. 작게는 미생물에서부터, 대규모 군사조직에 이르기까지 자기 복제의 현실대응의 생존과 성공전략들이 전개된다.

이와 같은 자기 복제의 대응은 현실에 대하여 안정적 성장보다는 공격적 성장전략을 통하여 주변의 환경현실과 균형을 유지시킬 뿐만 아니라 성장전략을 고려하고 감안하여 기본전략, 생존전략을 전개한다.

필요하다면, 주변의 여건과 자신의 성장과 생존을 억제하는 요소들에 대응하여 공격적인 독소를 배출함으로써 자신의 현실대응의 성공전략을 실천한다. 예를 들면, 단풍나무는 가을이 되면 떨어질 나뭇잎에 주변의 식물들이 자라나지 못하게 독소를 침착시켜 색을 변화시키고 낙엽을 만들어 주변의 토질을 변화시켜 일정한 영역을 안정적으로 확보할 수 있게 한다. 단풍나무뿐만이 아니다. 대부분의 꽃을 피우는 식물이나 낙엽을 떨구는 나무들이 제각기 이와 같은 **생존전략, 기본전략, 성장전략**을 전개하고 있다. 이와 마찬가지로, 동물들도 배변에 독소를 만들어 배출함으로써 자신에게 유해한 것들의 접근을 통제하고 자신의 현실 영역을 확보한다.

이와 같이 생존하는 모든 것들은 제각기 내부, 외부, 통제, 실행, 창조, 파괴의 요소들에 결합적으로 대응하는 현실의 성공영역에 대하여 필요한 성공요소들과 성공전략의 원칙들을 찾아내서 대응한다.

관련성을 중심으로 성공요소들을 찾아내라

자기의 성공원칙을 만들어내려면, 우선적으로 자기가 추구하는 성공과 현실에서 무엇이 성공요소인지를 알아야 한다. 자기가 추구하는 현실에서 필요한 성공요소를 찾아내려면, 우선 무엇이 자기 현실과 어떠한 관련성이 있는지를 알아내야 한다.

이를 위하여 자기 현실과 무관한 요소들은 일단 배재하고, 밀접한 요소들과 성공에 필요한 요소들을 열거한다. 요소는 '없어서는 안 되는, 필요한 것'이 요소이다.[33]

예를 들어 가정주부가 자기 가정의 현실과 밀접한 요소들을 생각한다면 어떠한 것들이 있을까? 남편과 자녀, 부모, 친척과 같은 가족의 밀접한 관계가 가정의 중요한 구성요소들이다. 뿐만 아니라, 가족의 건강과 행복을 창조하는데 필요한 요소들, 예를 들면 사랑, 이해, 친절, 배려와 같은 정신적 요소들, 자녀의 육아와 지도에 필요한 요소, 생활과 주거를 이끌어가는 가정경제의 요소와 같은 것들이 가정을 성공을 이끌어 가는데 필요한 요소들이다.

이와 같은 요소들을 결합하여 자신과 가족이 추구하는 가정의 성공을 창조하고 실현하기 위하여 필요한 원칙들을 만들어 대응하는 것이 자신의 성공전략이 되고 성공원칙이 된다.

누구나 이와 같이 성공에 필요한 요소들을 찾아낼 수 있다. 그 중에 어떤 것들이 가장 중요한 것이며, 어떠한 것들이 덜 중요한 것인지도 알아낼 수 있다.

자기가 스스로 필요한 성공원칙을 만들어 활용하라

자기가 만들어내는 성공원칙은 다른 사람들이 제시하는 성공원칙과는 내용이나 방법이 다소 다르거나, 그 실행의 성과가 떨어질 수도 있다. 그래서 이미 현실에서 성공한 사람들이 이룬 성공원칙들의 활용을 권장하고 장려하는 경향이 있으며 자신의 현실에서 구체적으로 실천에 옮기기는 쉽지 않지만 자신도 그러한 원칙을 활용하여 성공하고자 하는 마음이 일게 된다.

그러나 자기가 만들어 활용하는 성공원칙의 가장 큰 장점은 역시 자기 스스로 자기 현실에 합당하게 만들어내어 활용해볼 수 있다는 점에 있다.

단기적으로 볼 때에는 이와 같은 자기 원칙이 다소 제한적인 성과에 그칠 수 있지만, 장기적으로는 자기가 만들어낸 성공원칙을 스스로 교정하고 보완해가면서 더욱 높은 성과를 올리며 강력한 성공원칙을 만들어낼 수 있다. 뿐만 아니라 자신에게 부적합한 타인의 성공원칙을 적용하면서 힘들어하는 것 보다 자신의 성공현실을 한결 재미있고 쉽게 만들어, 새로운 자기 현실의 성공과 창조에 적용해갈 수도 있고 실험적으로 전개해볼 수도 있다.

더욱이 자기 현실이 개선되어가는 과정에서 자기의 현실 성공의 지능, 즉 성공지능이 급격히 향상되어간다. 이 점은 변화하고 있는 현실에서 지속적인 성공을 추구하고자 할 때, 특히 요구되는 성공능력이라는 사실을 주목할 필요가 있다.

그러나 자기가 만들어 대응하는 방법에는 각별히 스스로 주의해야 할 점이 있다. 그것은 자기가 만들어내어 대응하기 시작한 **자기의 방법**에 계속 집착하거나 또는 새로운 방법이 필요한 시점에서도 자신의 방법을 고집하고 방법변경을 하지 않으려는 경향에 대응해야 한다는 점이다.

계획적이지 못한 사람들의 고민

계획을 잘 세우지 못하는 사람들에게 계획을 세워서 실천하라고 하면, 마치 대입 논술시험이나 논문을 작성하는 것처럼 어려워한다.

자신의 일이나 사업, 또는 현실의 계획을 세우는 일에 익숙한 사람들이라면, 간단한 메모들을 이용해서도 자신의 계획을 충분히 세워나갈 수 있지만, 계획적이지 못한 사람들은 **계획을 세워 일을 추진하는 일이 너무도 복잡하고 어렵게만 느껴진다.**[34]

계획적으로 전개하는 방향으로 현실대응의 지능을 발달시키지 않았기 때문에, 계획을 제대로 세운다고 해도, 그 계획을 잘 적용하지 않는다. 이러한 사람들은 계획에 의한 실천보다는 현장에서의 관찰과 실천에 의한 행동에서 더욱 더 능숙한 성과를 보인다. 따라서 분석적 판단을 하게 되면 그 판단성과가 떨어지지만, 상황적 판단을 하게 되면, 순식간에 효과적인 판단을 내리게 된다.

이러한 유형의 사람들은 분석적 지능에 의한 계획보다는 현실에서 필요한 것이 무엇인지를 즉각적으로 감별해내고 대응해야 할 반응들을 순식간에 뽑아내어 대응한다. 소위 현실적 지능이 발달해있기 때문이다.

이러한 사람들이 분석적 판단에 의존하지 않아도 되는 이유가 바로 감感과 촉觸에 있다. 즉, 현상에 대하여 몸소 느끼고 그 대상에 접촉하여 그 배경과 원인, 그리고 진행의 과정을 파악하여 어떻게 될 것인지를 분석하지 않아도 미루어 알기 때문이다.

이와 같은 유형의 사람들에게는 계획적 대응보다는 상황적 과제에 대한 대응을 중심으로 자신의 현실적 문제나 상황에 대응하고 자신의 현실창조를 추구하도록 하는 것이 한결 유용한 도움이 된다. 이러한 부류의 사람들에게는 분석적 사고는 오히려 장애가 될 뿐만 아니라, 심각한 경우에는 **분석에 의한 판단기능마비**와 같은 현상도 등장한다.

그러나 여기에는 조건이 있다. 분석적 상황판단을 해낼 수 없다면, 상황적 판단을 기민하게 해낼 수 있는 감感과 촉觸이 발달해있어야 한다.

감은 현상에 대하여 느끼는 것이며 촉은 마음이 현상 속의 대상에 접촉하여 일어나는 인지작용을 말한다. 그러나 자신의 감과 촉이 당면하고 있는 현실상황에 대하여 제대로 발휘되지 못한다면, 현실과 상황 또는 해결해야 할 과제나 일에 대하여 분석하고 어떻게 대응해야 할 것인지에 대하여 나름대로 계획을 세우고 대응해나가야 한다.

만약 자신의 감이 떨어진다면, 감을 강화하라. 또한 촉이 떨어진다면, 촉을 강화하라. 감과 촉도 떨어진다면, 감과 촉이 강한 사람과 함께 일하여 성공을 도모하라.

3. 현실대응의 유형

사람들의 유형을 분류하는 기준과 방법들에는 다양한 접근방법들이 있다. 자신의 성공을 추구하기 위하여 자기 현실의 행동에 대한 계획과 실행에 관한 구분과 자기 현실행동의 방향과 범위를 중심으로 현실대응의 유형이 구분된다. 이를 네 가지로 구분해보자.

사람들 중에는 현실에 대하여 안정을 추구하고 자신이 처하고 있는 현실에서 성공을 실현하는 것을 선호하는 부류가 있고, 자신이 처하고 있는 현실을 바꾸고 개혁하여 성공을 추구하려는 사람들이 있다.

이러한 사람들 중에도 계획과 실행을 세밀하게 편성하여 대응하는 부류가 있고, 대충 생각하거나 또는 별다른 생각 없이 즉흥적으로, 또는 직감적으로 행동하는 사람들도 있다.

계획과 실행을 세밀하게 편성하여 대응하는 사람들은 자기 통제력이 강하기 때문에 전략을 정비하면 명확하게 그 성과가 달라진다. 소위 합리적인 전략대응을 통하여 자신의 현실성과를 높여간다.

그러나 그때그때 상황에 따라 즉응적卽應的으로 대응하는 사람들은 계획을 세워 대응하기보다 본능적 상황대응행동에 더욱 의지하는 경향이 있다. 따라서 전략을 추구할 경우에도 합리적이고 분석적인 전략보다는 직감적이고 본능적 전략에 의존하려는 경향을 보인다. 이러한 부류의 사람들에게 분석적이고 합리적인 전략을 세워서 대응하라고 하면 아주 어려워하고, 머릿속이 복잡해져서 전략세우기를 포기하기가 쉽다.

이와 같은 유형을 중심으로 구분하여 살펴보면, 〈도표 13〉과 같이 네 가지의 유형구분을 도출할 수 있다.

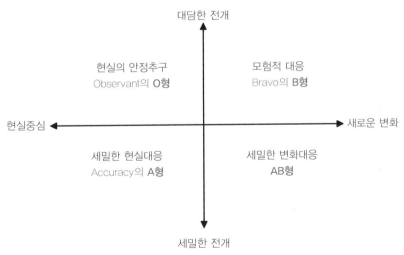

도표 13 | 현실대응의 유형구분

주의: 여기에서의 A, B, AB, O형의 분류는 혈액형 분류에 의한 것이 아니다.

도표의 왼쪽은 현실의 안정을 지향하는 유형이며, 오른쪽은 변화와 창조를 지향하는 유형이다. 도표의 아래쪽은 현실대응의 전개에서 세밀하고 치밀한 전개를 추구하는 유형이며, 위쪽은 대담한 전개를 추구하는 유형이다.

이와 같은 분류를 통하여 살펴보면, 왼쪽에는 현실의 안정추구의 O형과 세밀한 현실대응의 A형, 그리고 오른쪽의 모험적 대응의 B형과 세밀한 변화대응의 AB형으로 구분할 수 있다.[35] 이와 같은 분류를 보면, 사람들은 제각기 자기 현실의 성공전략에 대하여도 다르게 대응한다는 것을 알 수 있다.

예를 들면, B형과 AB형은 변화를 추구하는 성공전략을 선호하는 반면, O형과 A형은 변화보다는 안정을 추구하는 성공전략을 선호한다. 이와 같은 선호는 단순히 취향에 따른 선택과 선호가 아니라 현실적으로 그러한 전략과 대응행동이 자신에게 적용하기 편리할 뿐만 아니라 익숙하게 실천할 수 있기 때문에 형성된다.

따라서 현실적 성과를 중심으로 보면, 새로운 변화를 추구하는 B형과 AB형보다는 O형과 A형이 단연 우세하게 된다. 그러나 새로운 변화의 성과를 중심으로 보면, B형과 AB형이 우세하다.

또한 현실의 전개에 있어서도 O형과 B형은 대범한 전개가 가능하며, 성공전략을 추구할 때에도 대담한 전략을 구사하고 사소한 것들에 크게 구애받으려고 하지 않는다. 따라서 큰 성공을 도모할 수 있다. A형과 AB형은 그에 비하여 논리적이고 치밀한 대응을 통하여 자신의 실행성과를 높인다.

그러나 단점을 보면, O형과 B형은 치밀성이 떨어지기 때문에, 다양한 시행착오를 반복할 소지가 있으며, A형과 AB형은 치밀성은 높지만, 모험적 도전을 기피함으로써 리스크가 큰 도전과제에 대응하려고 하지 않는다.

어떠한 유형이건 대응특성에 따라 고유의 장단점이 존재하며, 어떠한 유형에서도 성공을 실현할 수 있다. 문제는 자신이 추구하는 삶과 성공의 꿈을 실현하기 위하여 자신의 유형별 장점을 어떻게 살리고 단점을 어떻게 보완하여 성공을 실현할 것인가에 관한 것이다.

나는 어떠한 유형인가?

다음과 같은 간단한 체크리스트를 통하여 자기의 현실대응의 유형을 점검해보자. 최근 3년간 자기 자신의 현실대응의 특징은 어떠한가?

일단 자신의 유형을 이해하게 되면, 자신이 어떠한 현실의 성공세계를 추구하는지를 알 수 있게 되고, 어떠한 방식의 성공전략이 자신에게 적합한지 이해할 수 있게 된다.[36]

즉, 가장 기본적인 특징들을 중심으로 구분한 유형에 따라, 자신이 추구하는 성공의 방식과 전략이 남들과 다르다는 점을 이해하고 그에 따라 어떠한 성공전략을 어떻게 추구해야 할 것인지를 살펴보도록 하자.

현실대응 유형의 간이형 자기 점검 체크리스트[37]

1. 나는 일을 추진하기 전에 미리 구체적으로 세밀한 실천계획을
   세워 실천한다.( )

2. 새로운 범위의 새로운 일을 구상하기 보다는 현재의 상황과 현실에서
   최선을 다하는 편이다. ( )

3. 현재의 상황에 얽매이기 보다는 새로운 현실에 대담하게 도전하고
   창조하는 일이 더욱 흥미롭다. ( )

4. 세밀한 계획을 세우기보다는 일단 현실에 부닥쳐보고
   그때그때 직감적으로 대응한다.   ( )

5. 새로운 현실을 창조하기 위하여 예상되는 환경의 조류와
   자신의 능력을 분석하고 추진해야 할 전략을 세워 전개한다. ( )

6. 현재 하고 있는 일을 변경하거나 수정할 때, 현실에 입각하여
   어떻게 전개할 것인지 계획을 우선적으로 세운다. ( )

7. 현실의 안정을 해치는 일들에 대하여 적극적으로 대응한다. ( )

8. 현실의 범위를 현재의 대응범위보다도 좀 더 넓게 살펴보고, 요소들의
   사실관계를 확인하여 가장 효과적인 방법으로 대응하려고 한다. ( )

구분	항목별 유형배치	항목별 배점합계	구성비율(%)
O형	2번, 7번문항		
A형	1번, 6번문항		
B형	3번, 4번문항		
AB형	5번, 8번문항		
총점			100%

표 9 | 항목별 점수집계 및 분석표

4. 현실대응의 유형별 성공전략

만약 당신이 A형이라면, 우선 축하하고 싶다. 왜냐하면, 네 가지의 유형 중에 현실적으로 성공을 가장 착실하게 실현할 수 있는 유형이 A형이기 때문이다.

A형은 전형적으로 분류특성에 따라, 현실적이라는 점과 치밀하다는 특징이 있다. 따라서 당면하고 있는 현실에 대하여 분석적이고 계획적으로 대응할 뿐만 아니라, 치밀하게 대응함으로써 현실적 성과를 착실히 축적시켜간다.

A형은 다른 행동유형들에 비하여 성공전략이나 원칙에 대하여 가장 관심이 높으며 성공모델에 입각하여 실천전략과 계획을 전개한다. 자녀의 배우자감으로는 A형이 최적격이라고 할 수도 있다. 소위 전략경영이나 전략적 의사결정은 대부분 치밀하고 분석적이며 현실적 성과를 중심으로 실행에 매진하는 A형의 전형에 입각하고 있다고 해도 과언이 아니다.

또한 A형은 자신이 해야 할 인생의 목표와 추진 원칙을 설정하고, 그에 따라 세부적으로 실천해나가야 할 일들을 계획하여 실천하여 현실적 성과를 크게 높인다. 예를 들어 자신의 결혼식을 진행하는 것을 보면, A형은 스스로 예식장의 선정뿐만 아니라, 청첩장의 디자인, 문안, 예식의 진행과 내빈과 하객의 명단작성과 점검, 피로연의 방식과 절차, 시간계획, 식후행사와 다음 스케줄 등, 열거하기 시작하면 끝이 없지만, 모두 일목요연하게 정리하고 실천에 옮긴다. 뿐만 아니라 신혼여행지의 선정과 준비물, 여행지에서의 일정, 부모님에게의 연락 시간표, 선물목록, 경비지출 영수증 등이 점검되고 관리된다. 어떤가? 참으로 완벽하지 않은가?

하지만, 옥에 티처럼 이와 같은 A형도 한계를 보인다. 우선 현실에서 등장하는 일상에 대하여 끊임없는 판단과 분석, 그리고 계획과 통제활동에서 분주한 일상을 보내면서 스스로의 힘이 서서히 떨어지게 되는 것이다.

힘이 떨어지게 되면, A형은 자신의 통제범위를 서서히 좁혀간다. 즉, 외부적 대응의 범위와 활동을 줄여나가기 시작한다. A형은 서서히 자신의 적극성을 상실해가고 소극적인 현실대응으로 변화하기 시작하게 되면서 자신의 성공현실의 범위와 규모가 더 이상 확대되지 못하게 된다. 즉, 통제범위의 축소와 소극성이 그 첫 번째 약점이 된다.

이와 같은 자신의 현실을 인지하게 되면, 좀더 의욕을 내어 자신을 분발시키고 자기 성공현실의 범위를 넓히고 확대하기 위하여 추가적인 노력을 기울이기 시작한다. 바로 이때쯤부터 자기 한계를 극복하기 위한 필사적인 자기 투쟁이 시작된다.

여기에서 승리하게 되면, 자기의 성공현실의 범위와 규모는 일정 수준까지 급격하게 확장된다. 만약, A형이 그동안의 성공경험을 중심으로 적극적인 태도와 의욕을 발휘하게 될 경우, 자신의 성공범위를 확장하는 일이 불가능하게 되거나, 주변의 여건에 의하여 확장하지 못하게 될 경우, 조바심을 내거나 무리수를 두기도 한다.

그러나 한편으로는 자신이 대응할 수 있는 범위나 규모를 자신이 감당할 수 없는 수준까지 확장하거나 또는 자기와의 싸움에서 승리하지 못하게 되면, 극도의 스트레스와 과로에 휩싸이게 된다.

이와 같은 상황에 처하게 되면, 의욕을 잃게 되고 자신의 대응범위나 규모를 최소한으로 축소하여 현실안주에 머무르게 된다. 즉, 높은 스트레스와 그에 따른 현실안주가 A형의 두 번째의 약점이다.

성장이 정체하거나 또는 위기에 처해있는 조직들을 접하였을 때, 기획부문에서 활동하고 있는 A형의 인물들이 대부분 이와 같은 상태에 처해있었음을 기억할 수 있다. 그런데도 본인들은 그 회사의 기획부문의 책임자라는 직책과 권한으로 아주 적극적이고 도전적으로 회사를 회생시켜야 할 바로 그 자리에서, 도전적이고 과감한 전략대응을 하지 않고, 사태를 그 지경까지 이끌어왔던 현실안주의 유형에 계속 의존하면서 여전히 그동안 추진했던 것과 같은 방식으로 전략기획을 수립하고 있는 것이다.

결과적으로는 머지않아 회사의 사운이 다해갈 것이라는 사실을 인지하고 있음에도 이를 바로잡아야 할 경영자나 기획부문의 책임자들이 공동으로 자기 현실에 소극적으로 대응하고 있는 현실이 더욱 안타까울 뿐이다.

특기할만한 점으로는 A형은 현재는 극도의 피곤과 소극적 현실을 보내고 있을망정, 언제나 자신의 치밀했던 과거의 경험을 중심으로 자신이 추구해왔던 과거의 방법론을 금과옥조로 여기고 있으며, 새로운 방법의 연구나 도입적용, 새로운 시도를 스스로 억제한다는 점이다. 이것이 세 번째의 약점이다.

이상과 같은 세 가지의 약점들은 A형의 최대의 강점인 현실중심의 관점과 치밀함의 추구에서 비롯하는 최대의 약점이라고 할 수 있다.

따라서 A형의 성공전략은 통제범위의 축소와 소극성, 높은 스트레스와 현실안주, 그리고 새로운 방법연구나 도입 적용을 억제하고 새로운 시도를 억제하는 자기 자신의 약점을 최대한 보강하면서 A형의 장점을 최대한 살리는 방향으로 전개되어야 한다.

B형의 성공대응의 전형적 전개방법

만약 당신이 B형이라면, 우선 모험적 시도와 용기에 '브라보'를 외쳐주고 싶다. 왜냐하면, A형 같은 유형은 절대로 하지 못할 과감한 시도들을 거리낌 없이 실행에 옮길 수 있는 능력이 있기 때문이다.

최근 비연속적 변화가 극심해지면서 일본의 전략 컨설턴트이자 교수인 오마에겐이치는 이미 1990년대에 "치밀한 계획과 실천의 A형으로는 곤란하며, 모험적인 B형의 도전자가 각광을 받는 시대가

되고 있다"고 강조해왔다.[38]

 현실적으로는 대부분의 사람들이 생각으로나 해볼 수 있는 일들을 선뜻 해볼 수 있다는 점에서 B형은 한편으로는 용감하다고 할 수도 있고 뻔뻔스러움도 불사하고 자신이 추구하는 일들을 과감하게 실천에 옮길 수 있다. 따라서 호기심도 풍부하고 도전적이기 때문에 다양한 현실 실험을 '준비 없이도 실행에 옮길 수 있다'는 장점이 있다.
 뿐만 아니라 계획도 치밀하게 세우지 않고도 직감과 촉에 의하여 현실에서 즉각적으로 대응하는 현실적 능력이 발달하여, 신속한 추진이 돋보이기도 한다. 한마디로 요약하자면, A형이 하지 못하는 것들을 해낼 수 있는 능력이 있다.

 예를 들어 자신의 결혼식을 준비하는 것을 보면, B형은 예식장도 대충 생각나는 곳을 골라 결정하고, 청첩장의 디자인, 문안, 예식의 진행과 내빈과 하객의 명단작성과 점검, 피로연의 방식과 절차, 시간계획, 식후행사와 다음 스케줄과 같은 것들은 닥치면 그 때가서 필요하면 생각나는 대로 대충, 신혼여행지의 선정과 준비물도 필요하다고 생각되면 최소화시켜 가져가고, 여행지에서의 일정은 현지에 가서 상황을 보고, 둘러보는 것으로 한다.

 어떤가? 너무도 다르지 않은가? 즉, A형이 잘 할 수 없는 것들을 B형은 추진할 수 있다는 장점은 돋보이지만, A형이 잘 할 수 있는 것들을 B형은 제대로 할 수 없다는 것이 B형이 당면하고 있는 문제이다. 우선 계획성이 부족하기 때문에, 일처리의 순서나 절차가 복잡해지면, 감이나 촉만으로는 그러한 일들을 효과적으로 해결하는

데 어려움을 겪게 될 뿐만 아니라, 그 현실성과도 떨어지게 된다.

뿐만 아니라 감이나 촉만으로는 인식하기 힘든 현상이나 문제들에 대하여는 어떻게 대응해야 할지 당황하게 되고, 전혀 속수무책인 경우가 많다.

더욱이 현실에서 절차적으로, 체계적으로 요구하는 것들에 대하여 착실한 대응을 전개하는 일을 힘들게 느낀다. 뿐만 아니라 당면하고 있는 못마땅한 것들을 참지 못하고, 자신이 처한 현실을 바꾸거나 새로운 현실에 대응하는 쪽에 관심을 두고 있으므로 현실 대응에 있어서의 실천성과의 관리가 저조하다.

따라서 다양한 도전과 모험적 시도에도 불구하고, 현실적 성과가 높지 않다. 소위 상처뿐인 영광이 B형의 인생에 여기저기 얼룩져 있지만, 자신의 현실 에너지의 대부분을 계속 절제되지 못한 도전이나 관리되지 못한 시도를 하는데 모두 투입한다.

심지어는 그와 같은 반복적인 실패에도 불구하고, 자신의 시도와 노력의 방법에는 잘못이 없다고 믿고 예를 들면, 다음과 같은 변명을 일삼기도 한다. 즉, 대체로 주변사람들의 지원이 부족해서, 또는 자신이 불운하기 때문에, 때를 잘못 만났기 때문에, 또는 아직 시도가 부족하기 때문에 자신의 성공이 아직 찾아오지 못하고 있다고 생각한다.

이것은 B형의 탁월한 현실도전의 능력에 비하여 참으로 안타까운 면이지만, 그와 같은 자신의 현실적 문제점들에 대하여 별로 관심조차 보이지 않는다는 것이 B형이 자기 자신에 대하여 경계하고 유의해야 할 점이다. A형이 볼 때에는 자기 주변의 현실에 대하여 그토록이나 변화를 추구하고 새로운 현실을 추구하는 B형이 어째서 자기 자신의 변화에 대하여는 크게 관심을 갖고 변화를 주도하지 못하는지가 의아하게 생각된다.

따라서 B형의 성공전략은 무모한 도전을 억제하거나 또는 관리함으로써 도전의 성과를 관리해나갈 수 있는 방법을 도입하여 성공을 실현해나갈 수 있도록 하고, 현실적으로 안정된 기반을 확보할 수 있도록 하는 방향으로 설계되어야 한다.

AB형의 성공대응의 전형적 전개방법

AB형은 서로 대립적으로 보이는 A형과 B형의 특성을 혼합한 형태로, 치밀하기도 하지만 A형처럼 현실에 안주하지는 않고, 새로운 변화를 모색하지만, B형처럼 무모한 모험은 하지 않기 때문에, 네 가지 유형에서 가장 바람직한 유형이라고 할 수 있다.

따라서 최근의 급속하게 변화하고 있는 현실, 창조적 대응의 추세의 현실에서 네 가지 유형 중에 가장 필요한 성공의 요소를 갖추고 있다.

즉, 급변하고 있는 환경속에서 새로운 변화의 현실을 주목하고, 그에 대하여 치밀한 전략대응을 기획하여 대응할 수 있기 때문에, 새로운 사업의 추진이나 전략의 전개, 새로운 현실의 창조에서 성과가 가장 높은 유형이다.

그렇다면, 앞에서 오마에겐이치 교수가 강조했던 유형은 이 책에서 말하는 B형이라기 보다는 AB형이라고 볼 수도 있다. 그러나 현실적으로 AB형은 A형의 장점과 B형의 장점을 결합한 유형으로 전개될 수도 있지만, A형의 단점과 B형의 장점, 또는 A형의 장점과 B형의 단점, 또는 A형과 B형의 단점만 결합된 형태로 전개될 수도 있다.

따라서 AB형은 A형과 B형의 단점을 최소화시키면서 장점만 살려 대응할 수 있도록 관리하는 것이 필요하게 된다. 그러나 치밀함을 추구하게 되면, 대범함을 상실할 소지가 있고, 대범한 도전을 추구하고자 하면, 현실적 요소들의 치밀한 전개는 희생될 수도 있기 때문에, 현실적으로는 이 두 마리의 토끼를 쫓는 일이 상호 모순의 상황을 창조하게 되는 일이 발생하게 된다.

따라서 A와 B의 결합적 대응은 단순히 서로 대립적인 요소들을 결합적으로 전개하는 것이 아니라, 현실적으로 「근원과 응용」의 관점에서 통합적으로 전개하는 방법이 필요하게 된다.

즉, A형을 근본으로 하면서 필요할 때마다 B형의 방식이나 특성을 전개하여 응용할 수 있도록 하거나, 그 반대로 B형을 바탕으로 하면서 A형의 특징을 적용할 수 있도록 하는 방식이다.

좀 더 강력한 자기 통제와 효과적인 행동실천의 관리가 가능하다면, A형과 B형의 특성들에 대하여 상호충돌과 모순적 대립을 유지하면서, 가장 성과가 높은 방법들을 결합적으로 적용시키는 방법도 있다.

어떠한 방법을 적용하건 현재 이와 같은 AB형에 대한 효과적인 관리방법과 경영기법은 아직 체계화되지 못하고 있으며 서로 유형이

다른 특성을 이중적으로 구분하여 관리하기 위한 방법이 제시되고 있는 실정이다.

따라서 AB형의 성공전략은 A형과 B형의 장점을 유지하고 A형과 B형의 단점이 작용하지 못하게 하면서 지속적으로 현실창조를 성공적으로 전개하고 추진할 수 있는 방향으로 전개한다.

O형의 성공대응의 전형적 전개방법

O형은 전형적 특성은 현실적이라는 점이다. O형은 치밀한 계획보다는 대범한 현실 수용과 전개를 통하여 현실에서 적응하는 유형이다. 따라서 현실을 지속적으로 주목하고 관측하며, 현실의 유지와 성과를 억제하는 요소들에 대응하고 필요하다면 대범한 시도를 통하여 현실의 성과를 극대화한다.

따라서 자기 현실 영역에 대한 지배적 욕구가 강하고 자기 현실을 유지하기 위하여 필요한 조치를 강구하며, 필요하다면, 과감한 모험적 조치들도 불사한다.

그러나 계획적이고 치밀한 실천행동의 전개가 미흡하여, 시행착오를 경험하게 되고, 세밀한 관리나 전개에 미숙하여 현실유지의 노력에 비하여 성과가 떨어질 수 있다. 특히 자신의 현실유지를 위하여 주변에 대응해야 할 노력이 늘어나게 되면, 현실의 범위를 축소할 우려가 있으며, 그와 같은 연유에서 자신의 현실 지배적 욕구가 제한을 받게 된다.

따라서 O형은 자기 현실의 지배적 수단을 확보하려고 노력하며,

자신의 현실영역의 유지를 안정적으로 전개할 수 있도록 하기 위하여 현실상황을 주시하고 대응하는 특성을 보인다.

O형은 현실의 유지와 성과에 초점을 기울이기 때문에, 주변의 환경변화에 신속히 적응하지 못할 소지가 크다는 점이 가장 큰 약점이다. O형은 특히 자신이 현실을 지속적으로 주목하면서도 자기 현실의 변화에 대하여는 잘 주목하지 못한다는 점에서 특히 유의할 필요가 있다.

이와 같은 현상은 현실에 대한 선별적 감시의 특징에서 등장하는 현상으로 자기 현실을 유지하는데 중점을 두는 소극적 태도에 기인하고 있다. 즉, 새로운 현실의 조류가 눈앞에 등장하고 있는데도, 자기의 현실유지에만 초점을 맞추어 보기 때문에, 눈앞에 일어나는 것만 보고 대국적 관점에서 대응하지 못하는 근시안적 착오에 빠지기 쉽다.

따라서 O형의 성공전략은 근시안과 현실에 안주하려는 현상을 극복하고 새로운 현실 변화를 수용할 수 있도록 하며, 무모한 도전을 줄이고 계획성을 높여서 현실의 성과를 높일 수 있도록 자기 성공전략의 방향을 설정하여야 한다.

이제 자신의 유형과 그에 따른 자기 전략의 방향을 이해했다면, 성공의 기본원칙들을 중심으로 자기 성공의 요소들과 전략을 정비하여 현실 성공에 대응하라.

5. 출발 현실에 따라 다른 성공전략

어디에서 출발하는가에 따라 성공추구의 내용이 다르다

사람들은 성공을 마라톤 경주나 스포츠 게임에 비교하기도 한다. 만약 당신이 다른 사람들보다 먼저 성공의 트랙에서 달리기 시작하고 있다면, 참으로 다행스럽게도 당신의 성공은 다른 사람들보다 훨씬 더 가까이에 있다고 할 수 있다.

그러나 다른 사람들이 절반 이상을 달리고 있는 상황에서 뒤늦게 성공 마라톤의 대열에 참여하게 된다면 당신은 그 사람들이 달려간 거리를 모두 달려가야 할 상황에 처해있다고 할 수 있다.[39]

이미 자신의 성공을 위하여 설정한 목표를 향하여 상당한 수준의 노력이나 자원을 투입해온 사람들은 새로 시작하는 사람들에 비해 여러 가지로 유리한 것이 사실이다. 뒤늦게 시작하는 사람들에게는 못마땅하게 생각될 수도 있다.

그러나 자신이 뒤처지고 있다는 점에 대하여 못마땅하게 생각할 것이 아니다. 그것은 자신이 현실에서 다른 것들에 대하여 관심을 기울이고 몰두하고 있을 때, 상대방들은 일찍부터 자신의 성공을 위하여 노력해왔기 때문이다. 그것은 전혀 불공정한 것이 아니다.

현실적으로는 처음부터 상대적으로 아주 유리한 입장에서 성공의 여정에서 그나마 지름길로 나아가는 사람들도 있으며, 이와는 반대로 아주 불리한 여건에서 악전고투의 과정을 겪어가면서 겨우 생존을 지속하는 사람들도 있다. 인생이 불공평하다고 느껴지기도 하며 그 때문에 상처받기도 한다.

그러나 불리한 출발의 현실을 확실히 이해하고 납득하였다면 그것이 자신의 성공을 위하여 더욱 분발해야 할 명분과 강력하고 확실한 동기를 부여한다. 이와 같은 분발의 동기가 먼저 앞서가는 사람들보다 더욱 강력하게 자신의 성공을 촉진하고 이끌게 되어 경쟁력을 높이고 담대한 시도로 자신을 강하게 이끌어 오래지 않아 서로 성공의 지위가 뒤집히게 된다.

인생의 성공여정은 일회로 끝나는 마라톤이 아니다. 어디에나 빛과 어둠이 존재하며, 기쁨과 슬픔, 행복과 고통이 어우러져 있다. 먼저 출발한다고 먼저 성공하는 것도 아니며, 많이 가진 채로 시작한다고 끝까지 그런 상황이 지속되는 것이 아니라는 점이 인생의 묘미라고 할 수 있다.[40] 더욱이 내 자신의 시대에 못한다면, 자녀를 포함한 후손의 시대까지 결합하여 대응할 수도 있다.

그렇다면, 이제 자신의 성공을 향한 비행을 시작하라. 성공의 비행고도에 오르기 시작하면, 땅에서는 높게 보이던 언덕이나 산들도 모두 발밑 저 아래에 머무르게 된다. 그와 같이 자신의 성공 비행의 과정에서 자신은 어디에 있는가를 우선적으로 살펴야 한다.[41]

성공의 경로와 단계를 점검하라

자신이 추구하는 성공에 이르는 경로와 단계를 점검하라. 자신이 어디에 있으며 어디로 가야하는지를 확실히 하라. 그것이 명확해지면, 성공의 경로와 단계를 파악할 수 있다. 이러한 과정에서 누구나 가능하다면 좀더 빨리, 편하게 성공에 도달하는 방법을 찾고 싶은 생각이 들게 된다.

그러나 지름길을 찾으려고 너무 고생하지 말라. 지름길은 목적지에 이르는 가장 짧은 길을 의미한다. 그러나 가장 짧은 길이 성공을 보장하는 것은 아니다. 조금 돌아가게 되는 길이라도 현실적으로는 확실하고 안정적인 길이라면 그 편이 한결 유리하다.

성공에 이르는 가장 빠른 방법은 지름길을 찾는 것이 아니라 확실한 방법을 지능적으로 그리고 지속적으로 부지런히 실천하는 일이다.[42]

출발의 상황이나 지름길에서 얻을 수 있는 것보다 더욱 중요한 것은 성공의 과정에서 당면하게 되는 실패의 허점들을 줄이는 것이다. 만약 실패의 허점을 줄일 수 있다면, 먼 길을 돌아가거나 출발의 단계를 아주 낮추어 미리 고전하게 하는 것이 오히려 현실 성공의 첩경이 될 수 있다.[43]

누구나 성공의 경로와 단계의 선택과 결정을 할 수 있다. 다른 점이 있다면, 자기가 처한 환경에서 성공의 지능과 노력의 방법과 투입할 수 있는 자원과 능력에서 차이를 보일 뿐이다. 그렇다면, 자신이 처한 현실 상황에서 성공을 위한 지능과 노력, 방법, 투입자원, 능력을 어떻게 보강하고 발휘하며 대응할 것인가에 따라 성공이 결정된다는 사실을 명심하라.

성공의 출발점에서 반드시 확인해야 할 것

성공의 경로를 결정할 때, 대부분의 사람들은 가장 높은 곳에 오르는 것을 생각한다. 그러나 현실에서는 높이 오르는 것만이 성공이 아니다. 가장 낮은 곳으로 내려가는 것이 성공일 수도 있으며, 가장 멀리 다녀오는 것, 또는 자신의 현재를 지키는 것이 성공일 수도 있다.

자신에게 성공은 무엇인가를 점검하라. 자신에게 성공을 통하여 이루고 싶은 것이 무엇인가를 우선적으로 확인하라.[44]

생각을 잘하는 사람이 있는가하면, 어떤 사람들은 실천행동을 잘해낸다. 이와 같은 생각과 행동에 대한 대비에서 생각을 잘해내는 사람은 행동이 굼뜨며, 행동을 잘 해내는 사람들은 생각이 예리하지 못하다는 평을 하기도 한다. 그러나 현실에서는 생각을 잘해내는 사람들 중에도 행동이 민첩하고 기민한 사람이 있는가 하면, 실천행동을 잘해내는 사람들 중에도 분석적 논리와 직관적 판단을 잘해내는 사람들이 있다.

만약 행동이 굼뜨거나 생각이 치밀하거나 예리하지 못하다면, 그러한 자기 특성을 살려 대응할 필요가 있다. 예를 들면, 생각이 빠르지 못하다면 자신의 행동전개를 통하여 축적되는 지능을 강화하여 대응한다. 이와 마찬가지로 행동이 느리다면, 행동을 잘 수행하기 위하여 필요한 기능과 방법을 훈련하고 단련, 숙련시켜 행동의 성과를 높인다.

문제는 생각과 행동이 민첩하며 그 성과도 높지만, 자신이 추구하는 성공을 제대로 실현하지 못할 경우이다.

이와 같은 경우, 자신이 추구하는 성공의 목표와 전개의 단계와 경로, 방법이 어떻게 전개되고 있으며 그에 따라 필요한 것들이 무엇인지를 제대로 알 필요가 있다.

〈도표 14〉는 성공의 시작부터 전개, 성취, 그리고 쇠퇴에 이르는 라이프사이클과 그 아래에는 그에 따라 전개되는 **성공전개의 프레임워크**를 제시하고 있다.

당신이 성공의 초기 단계에서 대응해야 하는 상황이라면, 현재 해야 할 일은 자신의 성공전개에 있어서 돈을 벌거나 수익을 실현하는 일이 아니다. 이때에는 아래 도표에서 보는 바와 같이 (I)자기 자신을 정비하고 성공도전을 실천하며, (II)그러한 성공도전과 실천에 필요한 계획과 자기 현실의 통제를 잘 전개하는 일이다.

이와 같이 보이지 않는 곳에서의 집요한 성공도전과 계획통제는 도표의 윗 그림에서 왼쪽 아래의 점선과 음영으로 표기된 영역이다. 물론 여기에는 성공실현을 위하여 기본적으로 요구되는 희생과 투자, 노력과 열정도 포함된다.

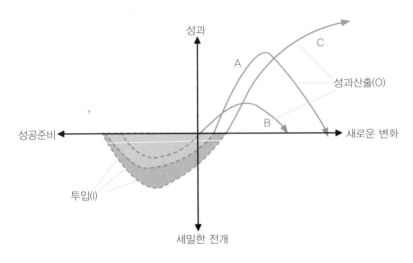

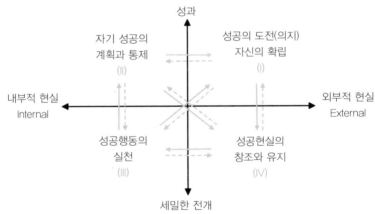

도표 14 | 성공전개의 라이프사이클과 프레임워크

돈을 벌거나 수익을 실현하는 일은 (III)의 성공행동의 실천을 통하여 획득되는 결과에 지나지 않는다. 그런데 앞에서 요구되는 (I), (II), (III)의 단계를 충실히 전개하지 않고 그 결실만을 추구하게 될 때, 자신의 성공현실의 추구는 수포로 끝나게 되고 만다.

어떤 사람들은 자신이 유명한 사람이 되는 것을 희망하기도 한다. 그러나 유명한 사람이 되려면, 먼저 그에 합당한 현실적 업적이나 성과를 이루어야 한다. 앞에서 예를 든 바와 같이 (I), (II), (III)의 단계를 충실히 전개하지 않고 유명한 사람이 되고 싶어 하는 것은 그림의 떡과 같다. 자신이 추구하는 현실에서 (I), (II), (III)의 단계를 충실히 전개하라.

만약 자신이 추구하는 성공의 과정과 자신이 처하고 있는 단계에서 미흡한 부분이 있다면, 그 점을 신속히 보완하라. 자신이 이미 성공을 실현하고 있다면 (IV)단계에서 요구되는 성공유지와 새로운 현실성공의 창조의 활동을 전개하라.

〈도표 14〉의 윗 그림은 이와 같이 자기의 성공을 위한 준비단계와 실천단계를 거쳐 성공행동의 시간적 전개에 따라 귀결되는 성공의 성과의 변화에 대한 라이프사이클의 관점에서의 논리를 설명하고 있다.

도표 오른쪽 위에서는 A, B, C 세 사람의 성공전개의 과정과 성과를 예시하고 있다. 도표 오른쪽 위의 A의 경우, 어느 정도의 성공을 실현하다가 급속히 성과가 떨어지고 있음을 보이고 있다. 이에 비하여 B는 좀더 일찍 성공을 보이는 것처럼 보이지만, A의 성공수준보다 못한 성과를 달성하고 난 후, 성공에서 멀어지고 있다. 한편 C의 경우는 가장 늦게 성공의 대열에 합류하고 있지만, 지속적인 성공을 실현하고 있다.[45]

이와 같은 점을 고려해볼 때 성공전개의 라이프사이클의 전개는 성공에 대한 다음과 같은 특징을 반영하고 있다.

첫째, 성공은 보이지 않는 곳에서의 자기 노력과 희생, 열정과 지능, 전략의 투입이 밑거름이 되어 성공으로 실현된다.

둘째, 성공의 크기나 수준은 자신이 성공을 위하여 투입한 성공의 요소들과 그 운영 전개에 따라 달라진다.

셋째, 일단 성공을 하게 되었다고 해서 반드시 그 성공이 지속되는 것은 아니다. 성공을 하기 시작하였다고 자만하는 순간부터 이미 쇠락과 실패의 나락에 떨어지는 경우도 있다. 따라서 성공을 유지하고 지속하기 위하여 성공의 단계와 국면에 따라 필요한 성공의 요소들을 지속적으로 투입하고 자신의 성공전개의 과정과 행동을 관리, 통제해야 한다.

넷째, 자신이 어느 단계에 있는가에 따라 필요한 성공의 요소들이 변화한다. 예를 들면, 초기의 성공전개 단계와 성공의 실현단계, 자기 현실 성공의 유지와 새로운 성공의 창조단계에 따라 자신이 대응해야 할 성공의 요소들이 달라진다.

〈도표 14〉 성공전개 라이프사이클과 프레임워크에서 자신은 어느 단계에 있으며 어떠한 성공요소에 대응해야 할 것인가를 점검하라.

성공은 희생을 요구한다

삶의 과정에서 무엇인가를 추구하는 것은 한편으로는 자기의 희생을 요구한다. 예를 들어 정직을 추구하는 인생은 정직하지 못한 일들을 따르거나 부도덕한 행위와의 타협을 거부한다.

성공은 교환이다. 자신의 시간이나 노력, 자금, 현실을 주고 자신이 원하는 성공을 획득하는 것이다. 따라서 무엇을 주고 무엇을 얻을 것인가에 대한 선택적 판단과 행동이 전개된다.

성공현실을 보면 성공을 위하여 무엇을 주거나 포기해야 한다는 점에서 성공은 자기 또는 자기 현실의 희생을 요구한다. 따라서 성공을 추구하는 일은 성공과 거리가 먼 행동들의 희생을 전개하게 된다.[46] 더욱이 큰 성공을 추구하려면 그만큼 자기희생도 크게 된다는 것을 각오해야 한다.

성공의 경로와 단계를 결정할 때, 우선적으로 염두에 두어야 할 것은 바로 자기희생이다. 자기희생을 각오할 수 없다면, 큰 성공을 기대하지 말라. 따라서 자기 현실에서 현재 큰 만족을 하고 있다면, 새로운 성공을 꿈꾸기 보다는 희생을 최소화하여 자기 현실의 유지를 잘 할 수 있도록 하는 것이 자기 성공이 된다.[47]

성공의 경로와 단계, 과정을 관리하라

성공을 실천해 나아갈 때, 한 번에 모든 것을 이루려는 것은 생각처럼 쉽지 않다. 그것은 성공이 실천되는 현실이 시공간적으로, 입체적으로 전개되기 때문이다.

휴일이 되어 가까운 산에 등산을 가는 일도 준비물과 등산의 경로

선택이 필요하다. 아무리 가벼운 일상적 행동도 무작정 실천하기만 한다고 성공하는 것이 아니다. 이와 같이 성공의 실천도 준비행동의 단계와 실천행동이 단계가 있다.

만약 준비상태가 완전하다면, 바로 실천단계로 진입하여 전력투구하면 된다. 그러나 실천행동에 필요한 준비상태가 불완전하다면, 우선 준비행동의 단계를 충실히 전개할 필요가 있다. 이러한 상황에서 무작정 실천을 서두르는 일은 오히려 성공을 그르치게 한다.

같은 직장에 다니는 유능한 젊은 두 사람이 사랑하게 되어 마침내 결혼을 준비하게 되었다. 이 두 사람은 서로에 대한 이해와 사랑이 깊었지만, 결혼준비과정에서 양가의 사소한 의견마찰로 결국 파경에 이르게 되었다. 결혼은 당사자들의 사랑과 애정, 마음과 생각, 의지가 무엇보다도 중요하다. 그런데 이들의 경우, 무엇이 잘못된 것일까?

결혼은 명백히 패밀리 비즈니스의 현실적 특성을 지닌다. 따라서 서로 어느 정도의 관계가 진행이 되면, 서로의 부모와 가족간의 교류를 통하여 패밀리 비즈니스가 원만하게 진행될 수 있도록 서로 이해하고 교감하며, 서로 인격적으로 존중해줄 수 있는 여건과 분위기를 만들어야 한다.

즉, 가족 간에 서로 만날 수 있는 기회를 미리 그리고 자주 만들어 서로 깊은 이해가 바탕이 된다면, 사소한 마찰이나 충돌은 사전에 예방될 수 있었을 뿐만 아니라, 서로 화목한 패밀리 비즈니스를 이끌어갈 수 있게 된다는 사실을 이 젊은이들은 간과했던 것이다.

준비가 안 되었으면 준비를 하라

성공의 기회는 누구에게나 주어진다. 이것을 명심하라. 기회는 사람을 차별하지 않는다. 문제는 성공의 기회가 와도 실천할 수 있는 준비가 되어 있지 않기 때문에 기회를 놓치게 된다는 점이다.

준비를 하려고 해도, 준비하는 과정이 번거롭다고 느끼거나 불편하다고 생각하여 준비과정을 소홀히 하는 사람들이 많다. 그와 같은 행동이 스스로 성공의 기회를 멀리 내쫓아버린다.

꾸준히 성공실천에 필요한 준비를 열심히 하고 실천대응을 부지런히 전개하는 사람들이 성공의 기회를 누리게 된다. 지금이라도 준비하라. 늦었다고 포기하지 말라.

눈높이와 방향을 바꾸면, 어디에든 길이 있다. 당신은 언제 어디에서나 새로운 성공인생을 출발할 수 있다. 문제는 성공을 위한 준비와 전략을 제대로 세워 그 실천을 충분히 하고 있는가이다.[48]

자기의 성공을 향해 매일 나아가라

자기의 현실과 행동에서 매일 성공하라. 큰일이거나 작은 행동이거나 매일 성공하라. 이제부터 매일 성공하라. 성공의 실적을 매일 쌓아가라. 그러나 단번에 성공하려고 하지 말라.

성공은 당신의 손과 발, 땀과 열정, 노력과 지혜를 투입하여 만들어내는 시간의 작품이다.

현재 자기의 현실이 못마땅하거나 또는 현재의 성과가 저조하다고 해서 비관하지 말라. 자신이 지금까지 이룩했던 크고 작은 여러 가지의 성공경험들을 기억하라. 당시에는 어떻게 해서 성공을 해왔었는지를 냉철하게 살펴보라. 그렇다면 지금의 현실에서 자신의 성공을 위하여 무엇을 해야 할 것인지를 깨닫게 된다.

그동안 실패했다면, 그 경험을 소중히 여기고 이제부터는 어떻게 하면 자신의 성공을 이룰 수 있는지를 찾아내서 이를 신속히 교정하여 자기 현실에서 성공하기 위해 필요한 자신의 성공원칙을 매일 실천하라.

매일 성공을 실천하는 사람이 성공현실을 창조한다. 자신의 능력을 가볍게 보지 말라. 자신의 능력과 지능, 자신의 의지와 전략을 제대로 사용할 수 있는 사람은 바로 당신뿐이다.

바로 당신이 주인공이기 때문이다.

1 자신의 능력과 현실대응의 극치를 창조하여 성공을 이루는 〈원칙 6.8〉을 참조.

2 주변에서 성공한 사람들은 한결 같이 자신의 성공의 비결에 대하여 아주 일반적이고 상식적인 내용으로 설명하고 있다.

3 물론 성공에 관한 일반적 상식이나마 어렴풋하게 이해는 하지만, 자기 현실에서 제대로 실천하지 못하여 자신은 아직 성공을 이루지 못한 상태일 수도 있다. 그렇다면, 현실의 성공은 아는 것만 가지고 완성되는 것이 아니라 확실히 알고 제대로 실천해야 된다는 점을 깨닫게 된다.

4 내비게이션 장치를 쓰면 된다고? 내비게이션 장치도 제때에 지도 데이터베이스를 업데이트를 하지 않으면 사정은 마찬가지이다.

5 이와 같은 현상은 급속하게 변화하고 있는 현실에서 자기의 성공대응을 실천하거나 새로운 자기 현실을 찾아나가려고 할 때, 종종 경험하게 된다.

6 David G. Myers, Psychology, (6th ed.), p. 394, Worth Publishers, New York, 2001

7 Primary mental abilities: L. L. Thurstone(1887~1955), ibid, p. 395.

8 Multiple Intelligence(1983, 1993, 1995): Howard Gardner, ibid, p. 395.

9 Societal Intelligence(1987): Nancy Cantor and John Kilhstrom, ibid, p. 398.

10 "만약 학문적 소양(academic aptitude)이 사회적 능력을 반영하는 것이라면, 높은 학문적 소양을 지닌, 즉 많이 배우고 똑똑한 사람들이라고 하는 사람들이 왜 결혼을 잘 하지 못하고, 아이들을 성공적으로 키우지 못하는가? 또한 정신적, 물질적 삶을 풍요롭게 살아가지 못하는가?" 이와 같은 문제에 대하여 학문적 지능과 사회적 지능에 관한 관계가 논의되고 있다.

11 Emotional Intelligence(1990, 1993, 1995, 1997): Peter Salovery and John Mayer, ibid, p. 398.

12 Successful Intelligence(1985, 1997): Robert Sternberg, ibid, p. 397.

13 유의할 점은 성공지능이 높은 사람이라고 반드시 성공하는 것은 아니라는 점이다. 아무리 지능이 높아도 현실대응의 의지가 박약하거나 실행의 의지와 노력이 부족하면, 지능이 제대로 발휘되지 못한다. 지능은 자신의 현실대응 의지 발휘에 따라서 더욱 향상되기도 하고 제한되기도 하기 때문이다. 따라서 성공지능과 더불어 자신의 현실대응에 필수적인 성공의지를 어떻게 유지하고 발휘할 것인가에 대하여 유의해야 한다.

14 제2권 3주와 제3권 5주 참조.

15 즉, 지능은 자신의 경험과 학습을 통하여 그동안 획득된 지식과 방법을 동원하여 현실대응의 성과를 높인다.

16 먹을거리가 부족하거나 또는 영양부족으로 힘이 떨어지는 것이 아니다. 우리가 처하고 있는 현실은 과거 50년 전보다 훨씬 더 풍요로운 사회를 경험하고 있다. 물질적 풍요로움 속에서도 빈곤의 현실이 확대된다.

17 이와 같은 불균형 현상에 대하여 성공하지 못한 사람들도 성공할 수 있는 기회를 갖게

해달라는 기회평등에 대한 국민적 요구의 정치적 압력을 정부에 행사할 수도 있다. 그러나 사회적 기회가 제공된다고 해도, 당신이 스스로 성공의 기회를 포착하여 성공을 실현하지 못하면, 그러한 기회마저 성공을 실현하는 사람들의 몫으로 귀속되어 버린다.

18 이와 같은 현실에서는 스스로 주저앉아 누군가의 도움을 바라고 상황이 개선되기를 기다려봐야 아무 소용이 없다. 외부적 현실과 담을 쌓고 자기 현실 속에 숨어 지낼 수도 없다. 자기의 현실도 외부의 격동과 불안의 파도가 휩쓸어대며, 요동을 치기 때문이다.

19 따라서 사람들이 자기 현실에서 이미 성공한 사람들의 성공방식을 모방하여 추구하게 되고, 결과적으로 많은 사람들이 똑같은 성공방법에 의존하게 되어 각자의 방법적 차이를 만들어내지 못하게 되고 자신의 성공이 힘들게 된다. 결국에는 이와 같은 대응이 많은 사람들의 시행착오를 높일 뿐 아니라, 더욱 더 어려운 성공현실에 직면하게 된다.

20 심지어는 유명인들이 자신의 기회적 성공을 더욱 돋보이게 하고, 자신의 현실성과를 강조하기 위하여 자신의 의지와 지혜, 그리고 투입했던 성공노력을 사실과 다르게 과장하려는 시도를 하게 되기도 한다.
    좀더 교묘하고 악의적인 경우에는 자신의 성공 플랫폼에 결합을 유도하는 경우도 있다. 예를 들면, 자신이 운영하는 프랜차이즈 사업의 확장을 위하여 고객을 유도하기 위한 경우나, 금융자산운영사업을 전개하는 사람 또는 기관이 자산운영이나 투자고객을 유치하기 위하여 재테크 성공전략이라는 이름으로 포장하여 독자를 현혹하는 경우도 있다.

21 흥미로운 사실은 대부분의 성공인들은 자신의 성공에 대하여 스스로 다른 사람들에게 가르치려고 하지 않는 반면에, 성공의 주변인들이 성공전략을 가르치려고 한다는 점이다. 그러다보니 성공하기 위하여 필요할 듯한 수많은 것들을 수집하고, 성공하기 위하여 가장 그럴듯한(?) 위대한 공식들을 만들어낸다.

22 큰 성공을 추구하는 사람들이 있는가 하면, 작은 성공을 추구하는 사람들도 있다. 새로운 현실을 만들어내야 할 사람들이 있는가 하면, 기존의 자기 현실에서 성공을 추구하는 사람들도 있다. 이와 같이 각자의 현실에서 성공을 추구하는 내용과 방식이 제각기 다르다. 즉, 각자의 현실에서 제각기 출발점과 목적지가 다르고 그 추진의 방법이 제각기 다른 것이다.

23 한편으로는 제시하고 있는 성공의 방법에 따르지 않는 것은 실패자의 전형이며, 실천자의 책임이라는 사실을 주입한다. 즉, 성공전략을 알려주었으니 이를 실천하지 못하는 것은 전적으로 본인의 노력의 부족이며 무능력한 대응이라는 점을 스스로 암시하게 되어 사람들을 더욱 암울하게 만들게 된다.

24 대부분의 성공전략에서는 사람들이 추구하는 소망이나 성공의 꿈을 만들고 일구어내는 과정과 참다운 자기 성공을 다양하게 창조해내는 것에 관심을 두기 보다는 이렇게 하면 성공한다는 사실에 동감하게 하고, 동참하게 함으로써 그러한 행동실천을 하는 사람들에게 안심감과 희망을 부여하고 있다는 사실이다.

25 가장 대표적인 경우가 프랜차이즈 가맹점 영업현실에서의 빈번한 실패이다. 잘된다고 하는 프랜차이즈에 가입하여 영업을 해도 그 성공확률은 25%~30%수준에 지나지 않는다.

26 그래서 성공을 지도하고 가르치며 성공을 이끌어가는 세계에서도 사이비 성공전략들이 소개되고 있으며, 성공의 명분으로 사기를 치고 실패로 이끄는 사람들도 등장하고 있다.

그와 같은 사람들이 성공을 상품으로 포장하여 영업을 하고 그 활동을 지속할 수 있는 있는 근본적인 이유는 사람들이 '쉽게 성공하기를 바라는 심리'를 이용하여 사업을 전개할 수 있기 때문이다.

27 자신의 성공에 필요한 요소들을 알 수 있다면, 필요한 요소들을 확보하여 결합하고 그 요소들을 잘 실천함으로써 자신의 성공을 창조할 수 있다. 이는 마치 필요한 재료를 구하여 조리를 하고 요리를 만들어 내는 것과도 같다고 할 수 있다.

28 경쟁전략의 전개에 관한 관점은 이 책의 제2권을 참조.

29 엔터프라이즈에서 활용하는 기본적인 전략 아키텍처 프레임워크는 박동준, 전략 아키텍처로 대응하라, 소프트전략경영연구원, 2011을 참조.

30 통제에 대한 대응의 성공원칙은 이 책 제2권 '자신과 현실을 통제하라'를 참조.

31 새로운 성공현실의 창조와 전개에 대하여는 이 책 제2권과 3권을 참조.

32 손대는 카페마다 대박, 조선일보 2011-9-24일자

33 자기 현실을 분석해보지 않은 사람들은 이러한 작업이 서툴 수도 있다. 예를 들면, 가정주부가 자기 현실과 밀접한 요소들이 무엇인지를 생각해내는 일이 쉽지 않을 수 있다. 그것은 요소要素라는 개념이 생소하기 때문이다. 요소는 필요한 것을 말한다. 한때 요리를 할 때, 반드시 넣어야 하는 줄로 알았던 조미료의 대명사 아지노모토味の素라고 하는 상품이 있었다. 맛을 낼 때 없어서는 안 되는 필요한 것이라는 의미의 단어를 상표로 활용한 것이다.

34 아쉽게도 이러한 사람들은 계획을 세워 대응하는 계획실천의 지능이 근본적으로 떨어지기 때문이다. 이와 같이 계획성이 떨어지는 유형의 사람들에게 계획을 잘 세워 성공하라고 하는 것은 거의 무의미한 말에 지나지 않는다. 설령 계획을 세우게 되더라도, 그 계획에 의하여 제대로 실천되지 않을 뿐만 아니라, 계획을 세우느라 시간과 노력만 낭비한다고 느끼게 된다.

35 여기에서 유의할 점은 분류의 표기가 혈액형처럼 표기 되었다고 해서, 또는 약간의 유사성이 보인다고 해서 이와 같은 유형구분이 혈액형의 구분에 따라 구성된 것은 아니라는 점이다.

36 이와 같은 간이형 체크리스트에 의하여 자기 분석을 해보면, 대표적인 유형이 한 가지로 드러날 수도 있고 두 가지 유형이 함께 두드러지게 나타날 수도 있다. 만약, 여러 가지의 유형에 걸쳐 있다면, 그것은 그동안 자기 현실에서 특정한 형태의 대응에만 의존하지 않고, 자기 스스로 다양한 형태의 현실대응을 시도해왔음을 의미한다.

37 1. 유형에 대한 간이형 자기 점검은 마이성공스쿨의 온라인테스트(현재 준비중)를 통하여 무료로 점검해볼 수 있습니다.
2. 본서에서 제공하고 있는 자기 점검 체크리스트의 저작권은 개발자와 마이성공스쿨에서 보유하고 있으므로 저작권자의 협약 없이 영리적 목적으로 무단복제, 전재하여 사용할 수 없습니다.

38 오마에겐이치의 A형과 B형의 분류는 이 책에서 분류하고 있는 유형분류의 A및 B와 거

의 유사한 구분이라고 할 수 있다. 오마에겐이치, 異端者の時代, 박동준 역, 이단자시대의 공격우위, 소프트전략경영연구원, 1997.

39 그렇다고 체념할 필요는 없다. 지금이라도 부지런히 달려간다면, 일정 시간 뒤에는 당신도 성공의 목적지에 도달할 수 있기 때문이다. 그렇다면, 자신이 당면하고 있는 문제는 성공을 할 수 있는가의 문제가 아니라 시간 내에 성공할 것인가의 문제로 귀결된다.

40 인생의 어떤 국면에서 자신이 어떠한 출발선상에 있는가, 어떠한 것을 가지고 출발하는가가 중요한 것이 아니다. 중요한 것은 자신의 성공을 위하여 자신이 출발한다는 것과 그 성공을 자신이 거두어들인다는 것이다. 얼마나, 언제까지, 그리고 어떻게는 자신이 결정한다. 출발의 조건이나 상황은 일단 출발하여 성공실현의 과정이 시작되면, 시작할 때의 상황은 이미 저만큼 물러가게 된다.

41 만약 아직 비행기를 타지 못했다면, 비행기를 타는 일부터 시작해야 한다. 비행기를 타게 되었다면, 이제부터는 이륙부터 비행, 그리고 성공적인 착륙의 과정에서 성공 행동을 전개해야 한다. 이와 같이 자신의 성공전개의 현주소에 따라 추진해야 할 성공행동이 다르다.

42 흥미롭지 않은가? 등잔 밑이 어둡다거나 대장간의 식칼이 녹이 슬고, 최고 수준의 행정학을 지도하는 대학의 행정 시스템이 엉성하기 짝이 없다는 사실을 보라. 학창시절에 가장 지각을 많이 하는 학생들은 학교에서 가장 가까운 거리에 있는 학생들이라는 사실을 생각해보라.

43 그래서 귀한 자식은 어린 시절부터 일부러 고생을 사서 시키기도 한다. 그와 같은 고난의 현실의 경험이 자신이 성공을 위하여 극복해야 하는 실패의 허점들에 대응하게 할 수 있는 요령이 되기 때문이다. 부자가 3대를 가지 못한다는 말은 자녀들에게 자기의 현실 성공을 실현하기 위하여 당면하게 되는 여러 가지 고난과 현실의 문제들을 극복하는 방법과 지혜를 터득하게 하지 못하였기 때문이다.

44 성공은 추구해야 할 삶의 목적이 아니라 삶의 과정에서 추구해야 할 덕목이다. 성공 그 자체가 중요한 것이 아니라, 자신이 성공적 삶을 통하여 이룩하려고 하는 것이 중요한 것이다.

45 물론 좀더 긴 차원에서 보면, C의 경우도 결국에는 A와 B처럼 쇠퇴와 실패의 과정을 경험하게 될 수 있다. 그러나 자신의 성공을 유지하고 지속적으로 성공을 창조하여 자신의 성공을 관리해나간다면, 보다 지속적인 성공을 전개할 수 있다.

46 공부를 열심히 하여 성공하려는 학생은 놀고 싶은 마음과 행동을 희생해야 한다. 돈을 많이 모으려는 사람은 현실에서 돈을 쓰고자 하는 마음과 생각, 행동을 희생시켜야 한다. 만약 그와 같은 희생을 하지 않으려고 하면서 성공을 추구하려고 하는 것은 무위도식, 또는 공짜로 성공하려고 하는 것과 같다. 이와 같은 심리를 이용하여 현실에서는 도박과 사행산업이 성행하고 있다. 그러나 이와 같은 공짜성공을 기대하는 일은 자기 현실에서의 실패와 파멸을 더욱 크고 빠르게 전개시킨다는 점을 명심하라.

47 그러나 자기 현실에서 불만이 크고, 새로운 현실의 창조를 추구하면서 큰 성공을 하고자 한다면, 자기희생의 정도도 그만큼 크게 될 것을 각오해야 한다.

48 성공전략에 관한 실전원칙은 이 책의 제2권과 3권을 참조.

누구나 성공을 추구하고 있지만 많은 사람들이 자기 현실의 성공의 과정과 문턱에서 좌절한다. 때로는 현실과 환경이 생각처럼 전개되지 못하여 성공하지 못할 때도 있고, 때로는 스스로 좌절하거나 함정에 빠져서 성공하지 못할 때도 있다.

성공의 과정이 점점 힘들어 지면, "나는 정말 성공을 해야 하는가?" 또는 "나는 성공할 수 있을까?"에 대하여 스스로 회의감에 빠져 노력하려고 하는 의지가 온몸과 정신, 마음에서 술술 빠져나가게 되기도 한다. 심지어는 스스로 자기의 성공을 희망하는 것조차 자기 현실에서 배재하거나 성공의 꿈을 상실하게 되기도 한다.

이 책의 저술을 시작하여 마치는 동안 우울증에 관한 이야기를 여러 번 듣고, 또 주변에서 세 분의 자살소식을 접하게 되면서 과연 우리에게 성공은 무엇이고 실패는 무엇인가에 대하여 자문하게 되었다.

오늘날 성공하지 않으면 안 된다는 생각에 빠져 엄청난 스트레스를 느끼고 있는 대부분의 우리 현대인들의 삶이 안타깝기도 하다. 그까짓 성공이 뭐길래, 또 실패 좀 했다고 암울해하는 우리들의 자화상을 보면서 "왜 그랬을까? 정말 그렇게 해야 하는가? 어쩌다 그 지경까지 가게 되었는가?"하는 생각을 하게 되기도 한다.

이런 상황에서 불행한 사연의 사람들이나 흉악한 사회적 범죄의 사건기사를 듣기라도 하면, 더욱더 한숨만 느는 것은 비단 저자만의 심경은 아닐 것이다. '서둘지 않고, 조금만 참았더라도, 조금만 늦추었더라도 괜찮았을 텐데……' 하는 생각이 너무도 간절하다. 내면에서의 자기 파괴의 급속한 연쇄반응을 조금만 늦추었더라도 충분히 극복할 수 있는 사람들이었는데, 너무나 애석하게도 존귀한 목숨을 잃고 만 것이다.

자신의 성공을 위한 전략도 없이 무작정 열심히 노력만 하는 순진한 사람들을 보면, 참으로 안타깝기 짝이 없다. 이 책의 원고는 복잡하고 참담하게 느껴지는 자기 현실 속에서 상황을 극복하지 못하고 있는 보통의 사람들에게 새로운 자기 현실을 창조하고, 성공을 실현하는데 조금이라도 도움이 될 수 있기를 바라는 마음으로 작성되었다.

누구나 좌절하거나 실패할 수 있다. 그럴 때마다, 이 책에서 소개하고 있는 성공원칙들이 자신의 현실인식과 현실창조에 도움이 될 수 있기를 간절히 기대한다. 특히 이 책에서 제시하는 성공원칙을 자신에 합당하게 가공하고 조합하여, 당신 자신의 현실에서 성공원칙으로 만들어 활용하기를 당부한다.

그리고 가능하다면, 자신이 실천해야 할 성공원칙들을 선별하여 자신의 성공실천의 원칙으로 재구성하여 수첩에 적어놓고 매일 그 실천을 점검하여 스스로 매일의 성과를 높여갈 수 있도록 성공지능을 강화하고 자기를 독려하길 바란다.

사업을 경영하거나 관리하는 사람들은 소속 구성원들을 지도하고 이끌어가는 활동을 통하여 조직의 사고와 행동에서 교정되어야 할 성공원칙들을 착안하고 개선하여 조직의 성과를 크게 개선하는데 유용하게 활용하고 조직과 사업의 성과를 크게 높이는데 이 책이 도움이 되기를 기대한다.

> "자기의 성공현실의 완성을 위해
> 부단히 노력하는 당신의 삶에 대한 열정과
> 자기 자신과 자기 현실의 아름다운 성공을 창조하기 위하여
> 분투노력하는 당신에게
> 뜨거운 격려의 박수와 진정한 갈채를 보낸다."

성공원칙의 기본을 다루고 있는 이 책과 더불어 제2권, 3권에서 제시하고 있는 내용은 〈도표 15〉에서 보는 바와 같이 일반적인 사람들이 전개하는 자신의 성공여정에서 필요한 길라잡이와 조언자의 역할을 수행하기 위하여 필요한 성공전략과 원칙을 단계적으로 제시하고 있다. 새로운 현실창조를 꿈꾸거나 계획하는 독자들이나 자신의 주변의 동료에 조언을 하거나 학생을 지도하는 위치에 있는 사람들은 당신이 주인공입니다—성공원칙 제2권과 3권을 살펴보기 바란다.

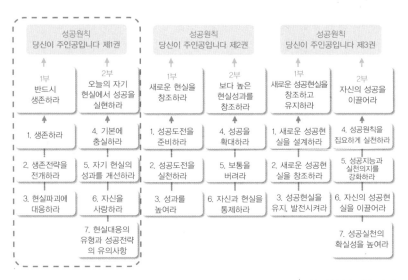

도표 15 | 성공원칙의 내용전개

　　또한 소프트전략경영연구원 부설 마이성공스쿨에서는 간편하게 일반인들이 온라인으로 스스로 측정하고 판단할 수 있는 성공전략지능Strategic Success Intelligence의 분석기법을 개발하여 자신의 현재 수준에서의 성공지능이 어떠한지를 측정하고 주기적으로 자신의 성공지능의 변화를 점검하여 자신의 성공현실에 대응할 수 있도록 하기 위하여 온라인 성공지능 자기점검 및 강화 프로그램을 제공하기 위하여 준비하고 있다.

　　아울러 이 책의 제2권과 3권에서 제시하고 있는 성공원칙을 바탕으로 하여 좀 더 다양한 상황과 주제에 맞추어 세부적인 성공원칙들을 정리하여 후속적인 저술과 교육과정을 준비 중이다. 여러분들의 많은 관심과 활용이 있기를 기대한다.

| 저자소개 |

박동준 朴東濬

저자 박동준은 숭실대학교 철학과, 연세대학교 경영대학원에서 경제학 석사 (경제기획 전공), 국민대학교 BIT대학원에서 경영정보학 박사를 취득하였다. 삼성공채입문(22기)으로 직장생활을 시작하여 한국상업은행, 한국생산성본부 교육기획실장, 책임전문위원으로 근무하였으며 서강대학교 경영회계연수원의 책임연구원으로 재직한 바 있다.

1993년 소프트전략경영연구원을 설립하여 전략경영분야의 실천기법을 개발하고 관련된 도서와 자료를 저술, 출간해왔다. 국내 주요 정부기관 및 주요 기업 그룹의 경영진과 관리자, 전략부문의 실무책임자들을 대상으로 전략경영 교육과 워크숍을 지도해왔다. 현재 소프트전략경영연구원장, 미국 법인 ESPRO Inc. 대표이사, 한국ITA/EA학회 이사(학술분과)로 재임하고 있다.

일본전략경영협회(JSMS) 이사, 앤소프 코리아(Ansoff Korea) 대표, 앤소프전략경영스쿨(USIU/AIU MBA과정) 주임교수, Ansoff Institute Board of Director, Strategic Change(John Wiley) Editorial Board를 역임하였다.

■ 주요저서로는 「전략 아키텍처로 대응하라: 엔터프라이즈 전략경영 – 엔터프라이즈 전략 아키텍처와 거버넌스의 통합적 실천기법」, 「당신이 주인공입니다–성공원칙 기본편」, 「EA 성과제고를 위한 엔터프라이즈 戰略 아키텍처의 설계에 관한 研究 (박사학위논문)」, 「뉴스와트전략 2.0」, 「경영관리자의 성공전략」, 「전략포맷(피터 앤토니오 공저)」, 「전략적 위기경영–실무기법(김승렬 공저)」, 「경영명상 100제 (피터 앤토니오 공저)」, 「뉴스와트전략」, 「성공경영을 위한 전략 C」, 「기업병(李民光 공저)」, (이상 소프트전략경영연구원 출간), 「소프트파워전략」, 「무계획은 실패를 계획하는 것이다」(이상 도서출판 성림), 「ソフトパワー戰略」(都市文化社, 日本 東京) 등이 있다.

■ 저자의 주요 연구개발 성과 및 전략실천 기법으로는 「New SWOT 기법」, 「경쟁전략 매트릭스 기법」, 「공생전략 SWOT 매트릭스 기법」, 「Strategy Format 기법」, 「Strategic Issues Solution 기법」, 「Enterprise Strategy Architecture(ESA)와 엔터프라이즈 전략경영 기법」, 「전략 거버넌스 실천기법」, 「전략적 위기경영 대응기법」, 「Risk SWOT 매트릭스 기법」, 「Risk Issues Clustering 기법」, 「전략성공 SECRETS Model」등이 있다.

당신의 성공을 기원합니다.